PYTHON
POUR LE
DATA SCIENTIST

Des bases du langage au machine learning

Emmanuel Jakobowicz

DUNOD

11 rue Paul Bert, 92240 Malakoff
www.dunod.com
ISBN 978-2-10-077075-5

TABLE DES MATIÈRES

DEUXIÈME PARTIE
La préparation et la visualisation des données avec Python

TROISIÈME PARTIE
Python, le machine learning et le big data

AVANT-PROPOS

◆ *Pourquoi un ouvrage sur Python en data science ?*

Python s'impose aujourd'hui dans de nombreux domaines comme un langage de programmation de référence. Dans le cadre de la science des données (data science), il s'avère être un outil de premier plan permettant d'articuler des projets complexes avec un langage « universel ». Il est aujourd'hui l'outil idéal pour mettre en place des prototypes et un grand allié du big data, du machine learning et du deep learning.

Cet ouvrage vous guidera afin d'aborder ce langage simple, et d'approfondir son utilisation en tant que data scientist.

L'objectif est de vous donner les outils nécessaires à la compréhension et à l'utilisation de Python en data science. Si vous êtes ou voulez devenir data scientist, la maîtrise de Python est aujourd'hui un avantage important et tend à devenir un prérequis.

Ce livre va vous permettre de prendre en main ce langage et d'en comprendre toutes les subtilités afin d'être capable de développer en Python des processus de data science.

Notre objectif n'est pas ici de présenter des méthodes de manière théorique mais plutôt d'illustrer l'application de méthodes de data science grâce au langage Python et à toutes ses spécificités.

◆ *À qui s'adresse ce livre ?*

Comme son titre l'indique, cet ouvrage s'adresse aux data scientists ou aux futurs data scientists. De manière plus large, il intéressera tous ceux qui, au quotidien, traitent des données et tentent de mettre en place des traitements de données dans des cadres concrets.

Plus spécifiquement, il est destiné :

- ✓ Aux professionnels de la Business Intelligence qui désirent analyser plus finement leurs données grâce à un nouveau langage.
- ✓ Aux statisticiens (notamment ceux qui utilisent SAS ou R) qui ont besoin de mettre en place des processus automatisés et qui désirent s'initier à Python.
- ✓ Aux développeurs qui souhaitent acquérir une compétence en data science avec l'utilisation de Python.
- ✓ Aux étudiants de niveau master en informatique ou en statistique qui désirent s'initier et se perfectionner au langage Python en travaillant sur des cas pratiques.
- ✓ Aux analystes et consultants amenés à gérer des projets et des analyses de données en Python dans le cadre de leurs activités.

Cet ouvrage ne demande pas de connaissances particulières. Néanmoins, la compréhension des notions de programmation et des connaissances rudimentaires en statistique faciliteront l'apprentissage.

◆ *Qu'est-ce que la data science et que fait le data scientist ?*

Les termes de data science et de data scientist sont assez récents. La data science ou science des données consiste à résoudre des problèmes complexes en utilisant de grands volumes de données.

Le data scientist est celui qui mettra en place et fera fonctionner des processus de data science. Son rôle est de faire le lien entre des problèmes métiers et des solutions par le biais d'algorithmes et d'infrastructures modernes. À ce titre, il devra avoir une vision assez large du cadre opérationnel, technique et théorique. On demande aujourd'hui au data scientist d'être très technique mais il faut garder en tête que sa principale plus-value sera sa capacité à résoudre des problèmes qui n'avaient pas de solutions opérationnelles jusqu'alors. Bien entendu, il doit avoir de bonnes connaissances en statistique, en machine learning, mais aussi des compétences techniques en développement et une bonne appréhension des environnements de traitement.

◆ *Comment lire ce livre ?*

Ce livre est organisé en trois grandes parties qui peuvent être lues séparément suivant les connaissances et les objectifs du lecteur.

La première partie propose d'acquérir les bases du langage Python et de découvrir les outils et les principes du langage. Elle se divise en deux chapitres. Le premier vous permettra de comprendre l'histoire de Python et tous les outils qui vous aideront à coder en Python (Anaconda, Jupyter notebooks, iPython...). Le second est une initiation au langage pour maîtriser ou réviser les bases de Python.

Dans la seconde partie, tous les outils pour traiter des données avec Python sont détaillés. En premier lieu, les structures de NumPy et Pandas pour le traitement des données sont introduites. Puis, nous étudierons la préparation des données et les statistiques élémentaires. Finalement, nous détaillerons l'utilisation des outils de visualisation des données (notamment Matplotlib, Seaborn et Bokeh).

La dernière partie présente des traitements plus complexes en data science, basés sur des exemples concrets. L'utilisation du machine learning ou la communication avec les environnements big data y sont abordés. Dans cette partie, nous traiterons des cas de machine learning avec Scikit-Learn, de deep learning avec Keras et de traitement de données non structurées. Le dernier chapitre de ce livre s'intéresse à la communication avec les infrastructures big data, notamment avec Apache Spark.

◆ *Les supports supplémentaires*

Cet ouvrage ne se limite pas à sa version papier, tous les contenus et des contenus supplémentaires sont disponibles en ligne.

L'ensemble des exemples présentés dans cet ouvrage sont disponibles sous forme de Jupyter notebooks. Ils sont accessibles directement à l'adresse :

https://www.github.com/emjako/pythondatascientist

À cette adresse, vous trouverez de nombreuses informations qui complètent la lecture de cet ouvrage.

Afin de les lire et de tester vos connaissances, nous vous conseillons d'installer Anaconda ou Python 3 sur votre ordinateur ou d'utiliser un service du type MyBinder.

Tous les détails sur les notebooks, et les environnements à installer sont détaillés dans le premier chapitre. Un processus d'installation pas à pas est disponible dans les annexes du livre.

◆ *Remerciements*

Je voudrais en premier lieu remercier Olivier Decourt sans lequel ce projet n'aurait pas pu voir le jour. Merci à mes relecteurs, tout spécialement Jean-Paul Maalouf, à l'équipe de Dunod et à mon éditeur Jean-Luc Blanc pour sa relecture minutieuse. Par ailleurs, je voudrais aussi remercier tous ceux qui m'ont permis de construire cet ouvrage au fil des années, tous ceux que j'ai pu former à Python avec Stat4decision qui m'ont fourni d'incessants challenges. Merci aussi à la communauté Python orienté data pour ses échanges passionnants, ses conférences innovantes et ses Meetups de grande qualité. Et pour terminer, je tiens tout spécialement à remercier mon épouse, Nathalie, et mes deux fils qui m'ont soutenu tout au long du long processus d'écriture de cet ouvrage.

PREMIÈRE PARTIE

Les fondamentaux du langage Python

Python est un langage simple qui doit vous permettre de vous concentrer sur la mise en place de processus automatisés en data science. Néanmoins, il est nécessaire de bien maîtriser son environnement. Cette première partie vous permettra avant tout de comprendre les spécificités du langage Python au sens large, ses subtilités et ses bases. Elle vous permettra aussi de mettre en place un environnement de travail orienté data science afin de maîtriser tous les aspects de Python en tant que langage pour traiter des données et automatiser des processus.

1

Python, ses origines et son environnement

Objectif

Dans ce chapitre, nous allons découvrir toutes les pièces nécessaires à la compréhension et à l'utilisation de Python. Vous y trouverez des explications sur les installations nécessaires, sur les bonnes pratiques et sur les outils développés pour vous simplifier la vie lors de votre utilisation du langage Python.

1.1 HISTOIRE, ORIGINES ET ÉVOLUTION : DE LA NAISSANCE À LA VERSION 3.7

Python est né à la fin des années 1980, période extrêmement riche en création de langages de programmation. C'est Guido van Rossum qui a créé ce langage et c'est lui qui en parle le mieux (en 1996) :

« *Over six years ago, in December 1989, I was looking for a "hobby" programming project that would keep me occupied during the week around Christmas. My office... woul... closed, but I had a home computer, and not much else on my hands. I decided to write an interpreter for the new scripting language I had been thinking about lately: a desce ndant of ABC that would appeal to Unix/C hackers. I chose Python as a working title for the project, being in a slightly irreverent mood (and a big fan of Monty Python's Flying'Circus).* »[1]

1. Texte de Guido van Rossum écrit en 1996. Traduction : « Il y a six ans, en décembre 1989, je cherchais un projet de programmation pour mes loisirs sachant que mon bureau était fermé pendant la période de Nöel. J'avais un ordinateur à la maison et pas grand-chose d'autre. J'ai donc décidé de créer un interpréteur pour un nouveau langage de script. J'y pensais déjà depuis un moment : il fallait un héritier de ABC qui serait attractif pour les hackers utilisateurs de Unix/C. J'ai choisi Python comme nom pour ce projet car j'étais dans une humeur plutôt provocatrice (et aussi car j'adore le Monty Python's Flying Circus). »

1.1.1 Les origines et l'évolution du langage

Dès sa création, Python a été conçu pour mettre à la disposition du plus grand nombre un outil de développement simple et intuitif pour créer des scripts.

Les cadres de développement de Python

CWI : Le Centrum voor Wiskunde en Informatica d'Amsterdam est le berceau du langage Python qui se développe comme langage de script pour le projet Amoeba. Dans le cadre du CWI, la première version officielle de Python est publiée (0.9.0) en février 1991. La version 1.0 est aussi publiée dans cette structure.

CNRI : Le Corporation for National Research Initiatives à Reston dans l'état de Virginie est le second lieu dans lequel le langage Python s'est développé, à partir de 1995. Python devient un langage d'apprentissage dans le cadre du projet Computer Programming for Everybody.

BeOpen : Après la sortie de la version 1.6 en 2000, l'équipe de développement de Python change de base et crée l'équipe PythonLabs de BeOpen avec la version 2.0 de Python.

Python Software Foundation : Cette association à but non lucratif est créée en 2001. Elle va héberger le développement du langage Python à partir de la version 2.1. Elle est aussi à l'origine de la licence d'utilisation du langage ; la Python Software Foundation Licence. En 2008, l'équipe de développement de Python décide de publier la version 3.0, qui n'est pas rétro-compatible avec la version 2.

La Python Software Foundation héberge toujours les codes sources du langage, de nombreuses documentations, le répertoire des packages (PyPi) et gère la licence d'utilisation.

On voit bien que Python s'est cherché durant toutes les premières années de développement et que son orientation vers le traitement de la donnée n'a jamais été central dans son développement au cours de ces trente années.

1.1.2 La rencontre entre Python et la data science

L'émergence de la data science est récente, et ces nouveaux usages de la donnée ont souvent eu des difficultés à trouver des outils adaptés. En effet, le data scientist se doit d'être un bon développeur tout en restant un bon analyste de données. Il a fallu opter pour un outil qui permette de combiner cette demande de plus en plus forte de développement et d'automatisation (d'autant plus avec l'arrivée de l'intelligence artificielle et des objets connectés), avec la nécessité d'avoir une boîte à outils adaptée aux applications data.

De nombreuses pistes ont été explorées, notamment avec le logiciel R qui continue d'être une référence en data science mais qui pouvait paraître trop orienté vers la statistique pour des data scientists plus dirigés vers le développement. De nombreux autres outils permettant de mettre en place des processus de data science ont été développés (la plupart propriétaires tels que Matlab ou SAS), mais il s'avère que Python (qui combine un langage puissant et extrêmement simple) a réussi à tirer son épingle du jeu.

La première avancée réelle a été la création du package **NumPy** (Numerical Python), qui est toujours aujourd'hui la pierre angulaire de l'écosystème Python pour la data science. D'autre part, la mise en place d'environnements Python orientés data avec notamment **Anaconda** a aussi permis à toute une communauté de se créer autour de Python et de la data. Finalement, IPython et ses notebooks (devenus Jupyter aujourd'hui) ont parachevé l'écosystème afin de proposer à des data scientists un langage simple mais extrêmement complet pour la data science. Cet environnement global a abouti au développement de nombreux packages et de nombreuses API, qui font aujourd'hui de Python le meilleur outil pour automatiser des traitements de data science.

1.1.3 L'évolution actuelle

Depuis quelques années, Python a pris une place extrêmement importante dans le monde du traitement des données. Alors qu'au début des années 2010, il semblait clair que dans le monde des outils open source de traitement de données, le logiciel R allait se tailler la part du lion, un changement important a eu lieu depuis quelques années. L'émergence de Python en tant que langage lié à la data science, au machine learning, au deep learning et à l'intelligence artificielle est extrêmement rapide. Grâce à une communauté extrêmement active sous la bannière PyData et à des évènements fréquents et nombreux (les PyCon, les PyData, les JupyterCon, les SciPyCon...), le développement du langage prend une tournure inattendue. Alors qu'on pouvait entendre en 2015 des développeurs dire que du point de vue du machine learning le développement de Python se calquait sur celui de R avec quelques mois de retard. Aujourd'hui, c'est R qui commence à calquer ses développements dans le domaine du machine learning, du deep learning et du big data, sur les packages développés en Python. En 2018, KDnuggets, un blog influent dans le monde de la data science, a même effectué un sondage auprès de milliers de data scientists dans le monde entier qui, pour la première fois, montre plus d'utilisateurs de Python que de R.

L'aventure de Python en data science est donc récente mais ne fait que commencer car c'est un langage qui s'adapte parfaitement à l'approche menée par un data scientist, lequel serait : « *meilleur en programmation qu'un statisticien et meilleur en statistique qu'un développeur.* »

1.1.4 Le futur de Python

Le futur proche de Python, c'est avant tout l'abandon de la version 2 et la généralisation de la version 3.

L'autre grand développement actuel concerne l'utilisation d'interfaces interactives avec Python comme langage de communication avec des API de plus en plus évoluées. Nous parlerons un peu plus loin des widgets de Jupyter qui permettent de développer de manière interactive et de construire des interfaces en quelques lignes.

Python est de plus en plus utilisé comme un langage pour communiquer avec d'autres environnements. Ainsi Python permet de communiquer avec Apache Spark par l'intermédiaire de PySpark, ou avec des écosystèmes de deep learning tels que TensorFlow. Les calculs ne se font plus dans le moteur Python mais dans des moteurs bien plus puissants utilisant des infrastructures distribuées ou des calculs basés sur des GPU (Graphical Process Units). Cette tendance n'en est qu'à ses débuts avec la massification des données et les demandes de traitements en temps réels toujours plus fréquents.

Python ne peut pas répondre seul à ces challenges mais, combiné à d'autres outils, il permet au data scientist de gérer tout l'écosystème des traitements de la donnée qu'elle soit big, small, smart...

1.2 PYTHON vs R vs LE RESTE DU MONDE

Si vous lisez cet ouvrage, vous avez forcément entendu parler d'autres outils en data science. On trouve aujourd'hui un écosystème extrêmement développé dans ce domaine avec des langage tels que R et Python mais aussi des logiciels plus classiques comme DSS de Dataiku, IBM-SPSS Modeler, SAS Entreprise Miner, Azure machine learning de Microsoft... En tant que data scientist, vous pourrez être amené à croiser certains de ces outils dans vos missions. Il est donc important de comprendre où se situe la force de chacun.

Nous nous concentrons ici sur Python et son utilisation par les data scientists. Alors pourquoi Python gagne du terrain sur la concurrence ?

Depuis quelques années, la tendance globale s'oriente vers plus de code dans les processus de traitement et Python répond parfaitement à cette demande. Ainsi, les outils du data scientist se différencient de plus en plus de ceux de l'analyste BI (business intelligence) qui eux sont de plus en plus intuitifs. Dans ce contexte, deux outils open source prennent les devants : Python et R.

Concernant les outils propriétaires, une tendance se généralise. Il s'agit de l'utilisation de langages tels que Python ou R à l'intérieur de ces outils dès qu'on aura besoin d'effectuer des opérations complexes. Ainsi, DSS de Dataiku, RapidMiner ou KNIME intègrent des modules pour développer en Python ou en R. Vos compétences en Python pourront donc être valorisées aussi dans le cadre de l'utilisation de ces outils.

1.2.1 R

R et Python sont aujourd'hui les bases indispensables du data scientist. De plus, l'évolution rapide des deux langages aboutit à une forme de compétition saine permettant de les rendre de plus en plus complets pour le traitement des données. Il existe néanmoins des différences qui sont notables et qui orienterons vos choix lors de la décision du langage à utiliser pour un projet.

R est basé sur un langage créé pour des statisticiens par des statisticiens, il s'appuie avant tout sur une approche descriptive et de modélisation des données. Les sorties de R sont des sorties dignes des logiciels de statistiques « classiques » avec de nombreux détails. Python n'est pas basé sur cette approche, c'est un langage de programmation visant à automatiser des processus en ne recherchant qu'à calculer le strict minimum. Dans le cadre des approches actuelles d'application de la data science, Python est adapté à d'autres besoins que R.

D'autre part, Python est un langage de programmation extrêmement simple se basant sur une syntaxe très lisible. Sa compréhension par de nombreux utilisateurs est facilitée, ce qui permet une meilleure interaction entre les différents métiers liés aux systèmes d'information (responsables, développeurs, data scientists, data ingeneer...).

Le tableau suivant s'intéresse à quelques points clé de vos traitements et tente de comparer l'utilisation que l'on peut en faire avec Python et R. Il s'agit d'une vision subjective et qui peut être souvent ajustée par l'utilisation de packages spécifiques.

Propriété	R	Python
Lisibilité du code	Moins lisible au premier abord	Plus lisible, notamment à cause de l'indentation
Rapidité	Langage interprété donc peu rapide (possibilité d'intégrer d'autres langages plus rapides Rcpp)	Langage interprété donc peu rapide (possibilité d'intégrer d'autres langages plus rapides C, cython...)
Préparation des données	Peu pratique avec sa version de base mais extrêmement efficace avec l'environnement Tidyverse	Efficace grâce au package Pandas
Capacités big data	De nombreuses API vers les infrastructures big data (parfois un peu de retard au développement)	De très nombreuses API vers les infrastructures big data avec un développement rapide
Gestion des données non structurées	Surtout spécialisé sur les données structurées	Très bien adapté notamment avec des packages comme NumPy ou Scikit-Image
Traitements statistiques	Clairement le meilleur outil	Des possibilités avec SciPy et Statsmodels mais pas son point fort
Analyse de données multivariées	Très bien adapté avec notamment des packages comme FactoMineR	Toutes les méthodes sont présentes mais manque d'outils de visualisation adaptés

Propriété	R	Python
Machine learning	Toutes les méthodes sont présentes mais manque de cohérence (existence du package caret pour créer de la cohérence)	Clairement en avance grâce au package Scikit-Learn
Deep learning	Rattrape actuellement son retard sur ce sujet	La combinaison des traitements de données non structurées et d'API vers les principaux environnements deep learning lui donne un réel avantage
Visualisation	Capacités fortes grâce à ggplot2	Bonnes capacités avec Matplotlib et Seaborn
Construction d'applications « web »	En avance grâce au package shiny	Quelques packages se mettent en place avec Bokeh et Dash
Mise en production de code	Parfois un peu complexe mais de plus en plus simplifié	Extrêmement simple grâce aux environnements et à la simplicité du code
La licence d'utilisation	GPL v3	PSF (proche BSD)

Pour résumer, Python est le langage de l'automatisation qui s'intègre parfaitement dans un cadre plus large de service informatique et qui s'adapte aux contextes de l'intelligence artificielle (données non structurées, environnements complexes). Il reste néanmoins plus faible que R pour un statisticien qui recherche un logiciel de statistique.

R et Python sont aujourd'hui complémentaires et vous seront nécessaires très fréquemment pour vos traitements.

Remarque – Comme vous avez pu le voir dans le tableau ci-dessus, Python et R ne sont pas basés sur la même licence d'utilisation. Ce sont bien entendu tous les deux des langages open source pour lesquels vous pouvez utiliser ces outils dans vos activités personnelles et professionnelles de manière libre. Il faut néanmoins garder en tête une grande différence. La licence de Python est une licence libre « classique », elle vous permet de réutiliser du code source, de le modifier, de le commercialiser et d'en faire tout usage sans obligation d'ouverture de votre code. Il s'agit du type de licence utilisée classiquement pour les langages de programmation. L'ensemble de l'écosystème Python pour la data est basé sur cette licence. D'un autre côté, R est basé sur une licence plus contraignante, il s'agit de la licence GPL v3. Celle-ci vous donne des responsabilités par rapport à la communauté de développement. En effet, si vous utilisez du code source R et que vous le modifiez pour le distribuer, vous serez forcé de rendre ce code accessible aux utilisateurs (open source). En allant encore plus loin, cette licence est « contaminante », c'est-à-dire que si vous intégrez du code sous licence à votre code, votre code passe sous licence et doit être open source. Ce point peut effrayer certains développeurs qui se tournent parfois vers Python. Cette différence entre les deux langages que sont R et Python traduit une différence de développement du langage entre les deux communautés. Les développeurs de R sont plus dans une idée de « forcer » les utilisateurs avancés à contribuer au projet alors que les développeurs Python parient sur une utilisation très large du langage qui aboutira à plus de contributions pour le développement du langage.

1.2.2 Outils de traitement de flux

Les autres outils de la data science sont pour la plupart des facilitateurs, ainsi la majorité de ces outils se basent sur la création de flux (DSS de Dataiku, RapidMiner, KNIME, IBM-SPSS Modeler...) en utilisant votre souris. Ils simplifient la vie des utilisateurs et, suivant vos besoins, pourront vous faire gagner du temps. Cependant, tout ce que peuvent faire ces outils peut être fait directement avec Python et ils intègrent tous des moyens d'ajouter du code en Python dans les flux.

Ces outils vont vous permettre de créer des analyses, allant de l'acquisition à l'analyse des données en quelques clics. Par exemple, vous pourrez aller chercher des données dans différents formats dans un premier niveau, vérifier et fusionner ces données au niveau suivant, transformer les données, les découper et appliquer et valider des modèles prédictifs sur ces données. Tout ceci est inclus dans un seul flux, comme nous pouvons le voir dans la figure 1.1 (il s'agit ici de KNIME).

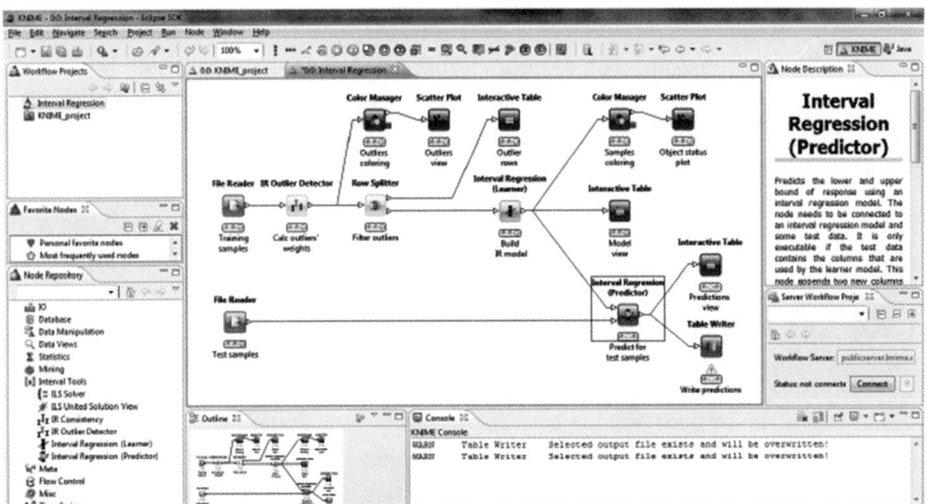

Figure 1.1 – Exemple de traitement de flux en data science.

Python sera donc très différent de ce traitement visuel mais permettra assez facilement de reproduire ce type de flux sous forme de code. De plus, dès que les « briques » de vos traitements deviennent plus complexes, l'utilisation de Python à l'intérieur de chaque brique devient nécessaire.

1.2.3 SAS

Nous allons nous attarder ici sur un point spécifique car il concerne de nombreux utilisateurs dans le monde professionnel. Depuis quelque temps, de nombreuses entreprises décident de migrer leurs infrastructures de l'historique SAS aux nouveaux venus (R et Python). Il est sans doute utile de clarifier quelques points à ce sujet.

SAS est un logiciel propriétaire spécialisé dans le traitement de données. Il cumule près de quarante ans d'expérience dans ce domaine et ne peut pas être remplacé de manière simple dans des entreprises qui se sont souvent basées sur cet outil pour le traitement de leurs données. Néanmoins, le passage vers un outil comme Python peut se justifier pour plusieurs raisons :

- ✓ D'un point de vue économique : c'est souvent la première raison invoquée. En effet, les licences d'utilisation de SAS coûtent très cher. Mais le changement aussi va coûter cher, il demande de modifier les façons de travailler et une plus grande prise en charge des infrastructures qu'auparavant.
- ✓ D'un point de vue technologique : c'est le point le plus important. Le passage à Python va permettre d'accéder à des méthodes de machine learning, de deep learning et de traitement de données non structurées bien plus puissantes qu'avec SAS.

Il faut garder en tête que ce changement va amener un certain nombre d'inconvénients. Principalement le fait que Python est un langage qui va charger les données en mémoire dans votre machine alors que SAS utilisait un système intermédiaire de tables stockées sur de la mémoire physique. Il vous faudra donc modifier vos habitudes et passer par des requêtes plus élaborées vers vos bases de données. Ensuite, le processus de transformation et de traitement des données sera largement simplifié. Vous pouvez voir beaucoup de détails sur la documentation de Pandas, l'une des composantes centrales de Python, à l'adresse suivante :
https://pandas.pydata.org/pandas-docs/stable/comparison_with_sas.html

Python va donc vous apporter une flexibilité importante mais il faudra modifier votre approche de la gestion des données et du développement de code avec Python.

1.2.4 Les autres langages

Nous avons comparé Python a des outils de data science mais une autre comparaison intéressante peut se faire par rapport à d'autres langages de programmation. Aujourd'hui de nombreux langages sont disponibles. On pourra citer dans l'univers de la data : Julia, MatLab, C/C++, Scala. Ces langages ont tous leurs spécificités, nous pourrons les classer dans deux catégories :

- ✓ Les langages interprétés tels que MatLab, Julia et Scala qui sont des alternatives crédibles à Python dans un cadre orienté data science.

✓ Les langages compilés tels que C, C++, Java qui entrent dans une autre catégorie et qui s'adressent à des développeurs plus chevronnés.

Dans certains cas, ils sont plus efficaces que Python mais ils ne possèdent pas un environnement de packages et d'API aussi développé que celui de Python.

1.3 COMMENT DÉVELOPPER EN PYTHON ?

C'est une question récurrente : « quel *logiciel* utiliser pour coder en Python ? » La réponse n'est pas simple et nous devons d'abord déconstruire certains préjugés.

Python n'est pas un logiciel, c'est un langage de programmation ! Donc si vous voulez coder en Python, il suffit de l'installer, de lancer un terminal de commande et de taper le mot python. Vous pouvez commencer à coder. Bien entendu, ça n'est pas ce que vous allez faire au quotidien.

La solution la plus simple pour débuter avec Python est d'installer Anaconda (http://www.anaconda.com). Il s'agit d'un environnement de développement multi-plate-forme (Linux, Mac, Windows), intégrant un interpréteur Python mais aussi de multiples fonctionnalités, notamment l'interpréteur IPython, l'IDE Spyder, les notebooks Jupyter mais aussi des centaines de packages permettant de débuter rapidement à coder en Python. Si vous commencez votre voyage avec Python, je ne peux que vous conseiller de partir avec Anaconda. Je reviendrai en détail sur les procédures d'installation de ces différentes composantes dans la dernière partie de ce chapitre.

Autre point fondamental : lorsque nous faisons du Python, nous développons des programmes informatiques. Que votre objectif soit l'analyse d'une petite base de données ou la construction d'un programme complexe d'intelligence artificielle, il faudra vous poser un certain nombre de questions liées au développement informatique. Ces points ne sont pas spécifiques à Python mais sont centraux dans votre processus de travail en tant que data scientist.

Développer des outils en Python est un processus de développement simplifié qui permet une réelle agilité dans le développement mais nécessite tout de même des principes fondamentaux qui vont s'intégrer dans le cadre spécifique de la data science.

Le processus de traitement d'un problème en data science passe par un certain nombre d'étapes :

1. La définition du problème métier
2. La transformation du problème métier en un problème data science
3. La recherche et la découverte des sources de données
4. La préparation et la mise en forme des données
5. La construction et l'ajustement de modèles
6. La validation des modèles
7. La réponse à la question et la mise en production des modèles

Toutes ces étapes sont centrales dans le processus de travail du data scientist. Le développement va intervenir à différentes étapes et Python sera un outil qui vous accompagnera au mieux lors de toutes ces étapes.

Votre façon de développer dépendra surtout des points (1) et (7). Votre processus de développement dépendra :

✓ Du **commanditaire** ou du porteur de projet : c'est lui à qui il faudra répondre. En fonction de son rôle, de son niveau d'expertise, de ses attentes, vous ne développerez pas de la même manière. Imaginons que la problématique soulevée émane du CEO de votre entreprise, pour répondre à cette question, il faudra mettre à sa disposition des outils qui seront le moins technique possible, il pourra s'agir d'un rapport « classique » ou d'un outil interactif. Si cette question vient d'un collègue data scientist, des scripts ou des notebooks seront souvent suffisants pour fournir une réponse satisfaisante.

✓ Du **livrable attendu** : s'il s'agit d'une simple demande ponctuelle sur une analyse à effectuer, il vous suffira de développer un script simple et de construire un rapport « figé ». En revanche, si l'attendu (ce qui est de plus en plus le cas) est un outil interactif ou la mise en production d'un algorithme avancé de machine learning, vous devrez mettre en place un processus extrêmement strict de développement.

Pour bien gérer votre projet de data science au niveau du développement, vous allez donc vous baser sur un certain nombre de points :

1. Détermination des besoins et des objectifs :

   On va essayer de répondre lors de cette étape à un certain nombre de questions : que doit faire le logiciel ? Dans quel cadre va-t-il servir ? Qui seront les utilisateurs types ?

   À partir des réponses, la rédaction d'un cahier des charges avec le commanditaire du logiciel est nécessaire.

2. Conception et spécifications :

   On va alors rentrer dans le détail des attentes des utilisateurs. Quelles sont les fonctionnalités du logiciel ? Avec quelle interface ?

   C'est souvent à cette étape qu'on choisit le langage de programmation approprié. Il peut s'agir d'une combinaison de langage (pour le front, le back...).

3. Programmation :

   C'est la partie qui nous intéresse dans cet ouvrage mais ce n'est pas la plus importante du processus global. Si les étapes précédentes sont mal menées alors nous ne pourrons pas aboutir aux résultats attendus.

4. Tests :

   Un code a toujours des bugs ! Que ce soit des bugs de codage ou des cas que l'on n'avait pas prévu lors du codage, il faut tester son code. Moins les utilisateurs sont techniques, plus il faut tester son code.

5. Déploiement :

   On n'a pas toujours la nécessité de déployer son code ailleurs que sur son ordinateur. Mais beaucoup de projets de data science impliquent le passage en production des algorithmes développés. Cette partie est critique et nécessite une vérification des systèmes extrêmement attentive.

6. Maintenance :

   C'est une partie souvent laissée de côté par les non-développeurs mais elle est absolument centrale. Un code informatique n'est jamais parfait, il faut donc maintenir votre code afin de corriger les problèmes mais aussi faire évoluer l'outil. L'outil de versionnement le plus connu actuellement se nomme Git.

Toutes ces étapes doivent rester à l'esprit du data scientist lors du développement de ses outils en Python ou dans n'importe quel langage.

1.4 LES OUTILS POUR CODER EN PYTHON

Lorsqu'on me parle de Python, l'une des premières questions que l'on me pose est de savoir quel environnement j'utilise au quotidien. À la différence de certains langages (je pense en premier lieu à R et à RStudio), Python n'a pas d'environnement de référence. Donc pour répondre à la question, j'utilise IPython comme interpréteur, Anaconda pour gérer mes environnements et mes packages, Spyder, PyCharm, Atom, Sublime, Jupyter Lab et les Jupyter notebooks pour coder.

Afin de vous familiariser avec ces environnements, nous allons en explorer les principaux avantages.

1.4.1 Python et PyPi

Python est bien sûr indispensable pour coder en Python. Il est fourni par la Python Software Foundation (PSF) sous forme de deux versions : Python 2 et Python 3. Nous reviendrons en détail sur les différences entre ces deux versions dans le chapitre suivant. Python est installé par défaut sur les Mac et les machines tournant sous Linux (attention souvent en version 2). Je vous conseille néanmoins d'installer une version qui vous permettra de travailler directement dans un cadre orienté data science. Pour cela, la solution la plus simple est l'utilisation d'Anaconda.

Si vous utilisez votre terminal (terminal de commande), pour coder en Python, il vous suffit d'entrer le mot python.

```
(base) C:\>python
Python 3.6.5 |Anaconda custom (64-bit)| (default, Mar 29 2018, 13:32:41) [MSC v.
1900 64 bit (AMD64)] on win32
Type "help", "copyright", "credits" or "license" for more information.
>>>
```

Figure 1.2 – La ligne de commande Python.

Cette ligne de commande simplifiée vous permet de soumettre des scripts dans le format *.py mais aussi de coder de manière simple. Cette approche est toutefois délaissée au profit d'outils plus évolués.

Python dans sa version classique est hébergé par le site de la PSF sur lequel vous trouverez toutes les informations sur le langage et les exécutables pour l'installer. Par ailleurs, vous y trouverez une quantité impressionnante de documentations pour vous perfectionner en Python à l'adresse suivante :

https://www.Python.org/

Ce site est couplé au répertoire PyPi (https://pypi.org/) qui rassemble tous les packages développés en Python. Ce répertoire, extrêmement large, comprend des milliers de packages (plus de 150 000 aujourd'hui) qui ne sont ni validés ni évalués. Ils concernent tous les domaines et pas uniquement la data. Ce répertoire donne accès aux packages et renvoie généralement vers le site GitHub associé au développement du projet.

Pour installer sur votre machine un package en utilisant le répertoire PyPi, vous pouvez bien sûr le télécharger mais cette approche n'est généralement pas conseillée car vous risquez de ne pas avoir toutes les dépendances nécessaires. On préférera utiliser la commande pip depuis votre invite de commande (terminal sous Linux ou invite de commande Windows sous Windows).

Par exemple, pour installer NumPy, nous utiliserons :

```
pip install numpy
```

Pour que cela fonctionne, il faut avoir ajouté Python au path utilisé par votre machine. On préférera bien souvent l'utilisation d'Anaconda à celle de Python directement et de pip.

1.4.2 Anaconda

◆ *Les principes*

Anaconda est une distribution Python libre qui intègre directement un grand nombre de packages (il n'est donc plus nécessaire de les installer, mais nous pouvons en ajouter d'autres si nécessaire avec le gestionnaire de packages Conda).

Anaconda est aussi une entreprise qui propose des solutions pour le développement et la mise en place d'environnements de développements en entreprise.

Anaconda, c'est finalement un système d'environnement et un répertoire de packages orientés vers les projets data.

Anaconda est multi-plateforme et vous permet de travailler très rapidement avec des outils adaptés et les packages les plus importants en data science.

Vous pouvez le télécharger ici : https://www.anaconda.com/download/

Figure 1.3 – Anaconda Prompt pour gérer votre environnement Anaconda.

Suivez les instructions du site et vous pourrez alors lancer l'invite de commande Anaconda (Anaconda Prompt).

Nous voyons sur la figure 1.3 que cette fenêtre ressemble à un terminal mais avec une légère différence : le terme (base) avec le chemin vers notre répertoire. Il s'agit de l'environnement dans lequel nous travaillons. Base étant l'environnement racine comportant tous les packages qui ont été installés initialement avec Anaconda ainsi que ceux que vous avez pu ajouter depuis.

Les principales commandes sont rassemblées dans le tableau suivant.

Action	Commande
Vérifier l'installation de conda	`conda info`
Mettre à jour conda	`conda update conda`
Obtenir la liste des packages disponibles dans votre environnement	`conda list`
Installer un package depuis le répertoire des packages d'Anaconda	`conda install mon_package`
Mettre à jour un package	`conda update mon_package`
Rechercher un package	`conda search mon_package`

Action	Commande
Installer un package issu directement du PyPi	`pip install mon_package`
Récupérer des packages moins distribués et stockés sur conda-forge	`conda install --channel conda-forge package`

Anaconda permet de créer simplement des environnements de travail exportables sous la forme de fichier .yml.

◆ *Les environnements*

Un environnement, c'est une paramétrisation de l'écosystème de travail qui pourra être exporté vers d'autres machines afin de permettre de reproduire les traitements effectués sans avoir à installer un environnement trop complexe.

En Python, deux systèmes de gestion d'environnements existent : virtual-env et les environnements d'Anaconda. Nous nous concentrerons sur les environnements d'Anaconda qui proposent une solution simple à mettre en œuvre et, vu la généralisation de l'utilisation d'Anaconda, les plus adaptés aux applications data science.

Un environnement dans Anaconda est resumé dans un fichier .yml qui rassemble toutes les informations nécessaires au fonctionnement de vos programmes :

- la version de Python
- les packages et leurs dépendances

Par défaut, lorsque vous travaillez dans Anaconda, vous utilisez l'environnement racine (base) dans lequel tous les packages disponibles sur votre machine sont accessibles depuis votre code. Vous allez petit à petit ajouter de nouveaux packages dans cet environnement ce qui va rendre sa reproductibilité difficile à mettre en œuvre. Je vous conseille donc de mettre en place pour chaque projet un environnement dans lequel vous ne mettrez que les packages dont vous avez besoin.

Nous commençons par vérifier les environnements installés sur la machine :

```
conda info --envs
```

Ensuite nous pouvons créer un nouvel environnement que nous activons directement :

```
conda create --name mon_env
#sous linux
source activate mon_env
#sous Windows
activate mon_env
```

Une fois dans votre environnement, vous pouvez ajouter des packages de la même manière que dans l'environnement racine.

L'environnement créé est vide, mais il peut être intéressant, plutôt que de créer un environnement vide, de cloner un environnement existant. Si nous voulons cloner l'environnement mon_env dans un environnement mon_clone, nous utiliserons :

```
conda create --name mon_clone --clone mon_env
```

◆ *Répliquer un environnement*

Deux approches s'offrent à vous pour la réplication :

✓ Vous désirez répliquer un environnement en termes de packages sans spécifier de versions ou de système d'exploitation précis, dans ce cas, nous utiliserons un fichier .yml qui peut être créé en utilisant la ligne de commande :

```
conda env export > environment.yml
```

Ensuite, nous chargerons l'environnement créé en utilisant :

```
conda env create -f environment.yml
```

✓ Vous désirez répliquer à l'identique votre environnement (version des packages sur le même système d'exploitation). Dans ce cas, nous utiliserons un fichier de spécification que nous récupérerons en utilisant :

```
conda list -e > spec-file.txt
```

Dans ce deuxième cas, vous pourrez exporter cet environnement sur une nouvelle machine, mais elle devra avoir le même système d'exploitation :

```
conda create --name MyEnvironment --file spec-file.txt
```

Vous pouvez alors charger les scripts développés sur votre environnement sur l'autre machine sans risque de problèmes de compatibilité de versions.

Anaconda offre aujourd'hui la meilleure solution pour gérer vos projets en Python.

1.4.3 IPython

IPython veut dire *interactive Python* et permet de simplifier la vie du développeur. En effet, IPython se présente comme la ligne de commande Python mais propose un grand nombre de subtilités qui vont vous permettre de gagner un temps précieux. IPython est disponible dans Anaconda.

◆ *L'interpréteur IPython*

Pour lancer l'interpréteur IPython, il suffit de taper la commande `ipython` dans votre ligne de commande. La figure 1.4 illustre l'interpréteur IPython.

```
(base) C:\Users>ipython
Python 3.6.5 |Anaconda custom (64-bit)| (default, Mar 29 2018, 13:32:41)
[MSC v.1900 64 bit (AMD64)]
Type 'copyright', 'credits' or 'license' for more information
IPython 6.4.0 -- An enhanced Interactive Python. Type '?' for help.

In [1]:
```

Figure 1.4 – L'interpréteur IPython.

Les principaux avantages de IPython sont :

- ✓ La complétion automatique avec la tabulation
- ✓ L'accès aux aides et codes sources des fonctions grâce aux commandes ? et ?? après le nom de la fonction
- ✓ Des « clés magiques » grâce à la commande %
- ✓ Des clés d'accès aux différentes étapes de calcul (In[], Out[])

IPython permet donc de transformer Python en langage interactif. En effet, l'invite de commande de IPython permet simplement de récupérer des commandes et des résultats intermédiaires, par exemple, on pourra avoir le code de la figure 1.5.

```
In [1]: x=5

In [2]: x+2
Out[2]: 7

In [3]: Out[2]+4
Out[3]: 11

In [4]:
```

Figure 1.5 – Commande IPython.

Dans la première ligne, on alloue une valeur de 5 à x. Ensuite on calcule x+2, la ligne suivante (Out[2]) est un résultat intermédiaire qui ne serait pas affiché si on l'avait mis dans un fichier .py. Ici on affiche ce résultat et on peut ensuite le récupérer dans la commande suivante. C'est la première motivation pour la création d'IPython par son créateur Fernando Perez[2].

◆ *Les spécificités de IPython*

Les autres spécificités de IPython en tant qu'interpréteur sont multiples, on pourra citer :

- ✓ L'historique des entrées (Input).
- ✓ La mise en mémoire des sorties pour une session avec possibilité de références (Out).
- ✓ La complétion en utilisant la tabulation aussi bien pour les objets Python que pour les keywords et les noms des fichiers.
- ✓ La possibilité de faire des actions spécifiques avec les clés magiques et des actions sur le système d'exploitation.

2. Voici comment il décrit ce qui l'a motivé pour créer IPython : « When I found out about IPP and LazyPython I tried to join all three into a unified system. I thought this could provide a very nice working environment, both for regular programming and scientific computing: shell-like features, IDL/Matlab numerics, Mathematica-type prompt history and great object introspection and help facilities. I think it worked reasonably well, though it was a lot more work than I had initially planned. » issue de la documentation d'IPython.

✓ L'intégration simplifiée dans d'autres programmes Python ou dans des IDE (environnements de développement).

✓ Le système de profilage avancé.

Toutes ces spécificités font de IPython un outil indispensable pour vos développements. Bien souvent, vous ne vous rendrez même pas compte que vous l'utilisez car il est installé par défaut dans la plupart des IDE de développement, c'est le cas notamment de Spyder.

Nous reviendrons sur IPython et notamment sur ses clés magiques dans le chapitre suivant.

1.4.4 Spyder

Nous pourrions parler ici de PyCharm, de Visual Studio ou d'une autre IDE (Environnement de développement). Votre choix d'IDE dépendra de vos habitudes et de vos préférences, essayez-en plusieurs et sélectionnez celui qui vous convient le mieux.

Nous parlons ici de Spyder car c'est une solution multi-plateforme intelligente pour une utilisation en data science. Spyder est un environnement de développement (IDE) bien adapté au développement de scripts en Python pour du traitement de données. Il permet de coder et de débugger son code rapidement. Il repose sur l'interpréteur d'IPython et affiche de nombreuses informations utiles dans l'interface utilisateur.

Pour les utilisateurs de R, Spyder vous rappellera Rstudio. Vous pouvez lancer Spyder, soit depuis les raccourcis créés, soit depuis l'Anaconda prompt. Si vous n'avez pas installé Anaconda mais uniquement Python, vous pourrez installer Spyder depuis l'invite de commande de votre ordinateur en utilisant la commande

```
pip install spyder
```

Une fois lancé, l'interface de Spyder apparaît comme dans la figure 1.6.

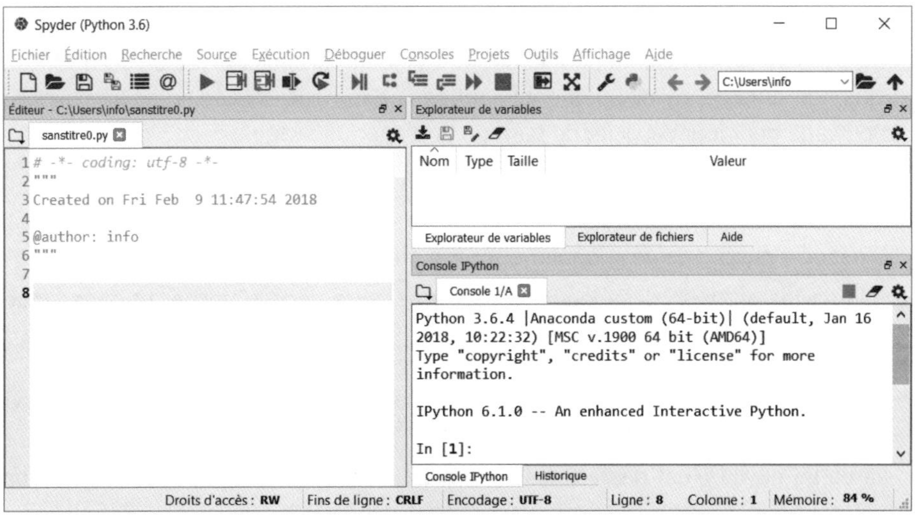

Figure 1.6 – Interface de Spyder.

Cette interface se sépare en plusieurs parties : une première partie dans laquelle vos scripts Python sont ouverts (à gauche), une seconde partie permettant d'accéder aux répertoires de travail et aux variables chargées en mémoire (en haut à droite) et une troisième partie avec un interpréteur IPython dans lequel le code soumis est interprété (en bas à droite).

Cette interface simple vous permettra de gérer la majorité des développements nécessaires en Python. De plus, Spyder offre un débogueur efficace qui vous permettra de bien tester votre code. L'explorateur de variables plaira aux habitués de Rstudio ou de Matlab afin de connaître toutes les variables chargées en mémoire.

La manipulation de Spyder est simple. Essayez de l'utiliser pour vous familiariser avec son environnement.

L'utilisation de cette IDE est bien adaptée pour des utilisateurs habitués à travailler avec Rstudio sous R ou n'ayant pas d'IDE habituel. Si vous utilisez fréquemment d'autres IDE, il est fort probable qu'ils soient adaptés à Python. En voici quelques-uns :

- ✓ Atom
- ✓ Visual Studio de Microsoft
- ✓ Sublime
- ✓ PyCharm
- ✓ Eclipse
- ✓ VIM
- ✓ ...

Depuis quelque temps, une nouvelle façon de développer est apparue avec l'utilisation des notebooks.

1.4.5 Jupyter notebooks

Les notebooks de Jupyter apparaissent comme une nouvelle solution extrêmement souple et intéressante pour coder en Python (mais aussi en R, en Julia...). Ces environnements de développements sont ceux que nous privilégierons au cours de cet ouvrage pour leur capacité de partage et d'apprentissage.

◆ *Qu'est-ce qu'un notebook ?*

C'est un système de développement basé sur deux outils :

- ✓ Un navigateur web dans lequel vous verrez votre code s'afficher et dans lequel vous développerez et soumettrez votre code (préférez Firefox ou Chrome à Internet Explorer).
- ✓ Un noyau Python qui tourne dans un terminal sur votre machine. Celui-ci va servir à soumettre le code que vous entrez dans le notebook.

La partie noyau n'est pas accessible mais il faut bien veiller à laisser le terminal ouvert tant que vous travaillez sur un notebook dans votre navigateur.

D'un point de vue plus technique, le notebook est stocké sous la forme d'un fichier du type JSON avec une extension *.ipynb (venant de leur ancien nom IPython notebook).

Les Jupyter notebooks sont issus de la séparation en deux du projet IPython : d'un côté avec IPython et de l'autre avec Jupyter. Ce dernier est aujourd'hui un projet très actif avec de nombreux développements (son nom vient de Julia, Python et R).

Le Jupyter notebook est une interface de développement qui vous permet de combiner du texte (en markdown), des formules et du code dans le même document.

◆ *Comment installer Jupyter notebook ?*

Jupyter notebook est disponible dans Anaconda, si vous l'utilisez, il n'y a rien à faire.

Si vous n'utilisez pas Anaconda ou que vous travaillez dans un environnement sans Jupyter, il vous suffit d'entrer la commande :

```
pip install jupyter
```

◆ *À quoi ressemble un notebook ?*

Un notebook Jupyter ressemble à une page web simple dans laquelle on va pouvoir écrire :

- ✓ du code en Python (ou dans un autre langage si un noyau associé à ce langage est activé)
- ✓ du texte en markdown (grâce au markdown, on pourra intégrer des images, des formules...)

Afin de bien comprendre leur fonctionnement, nous allons commencer par les manipuler :

- ✓ on lance Jupyter notebook depuis le raccourci créé ou depuis l'invite de commande avec la commande

```
jupyter notebook
```

- ✓ un navigateur s'ouvre avec le répertoire racine affiché dans la figure 1.7.

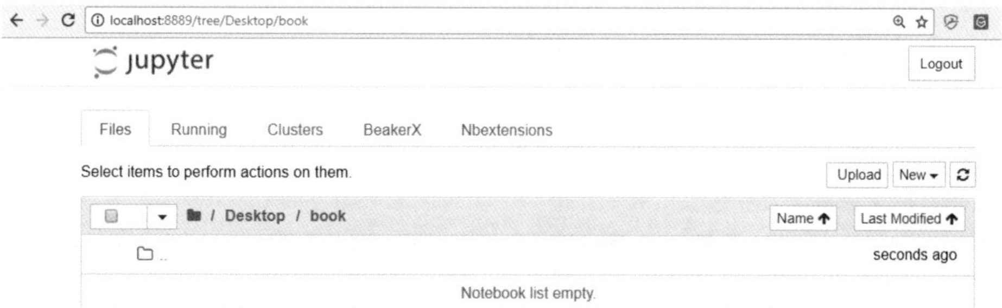

Figure 1.7 – Répertoire racine du notebook.

Remarque – Par défaut, le répertoire racine sélectionné est le répertoire racine de votre utilisateur. Si vous désirez lancer votre notebook depuis un autre répertoire racine (par exemple directement à la racine de votre disque c:\), vous avez deux possibilités :

– lancer un terminal ou l'invite de commande Anaconda, vous placer dans le répertoire dans lequel vous voulez travailler et entrer la commande jupyter notebook.

– modifier les fichiers de paramètres de lancement de votre notebook, sous Windows, il s'agit de : \.jupyter\jupyter_notebook_config

Une fois que vous avez atteint le répertoire dans lequel vous voulez travailler, il vous suffit de cliquer sur New et de choisir Python 3 comme langage. Vous obtenez alors la figure 1.8.

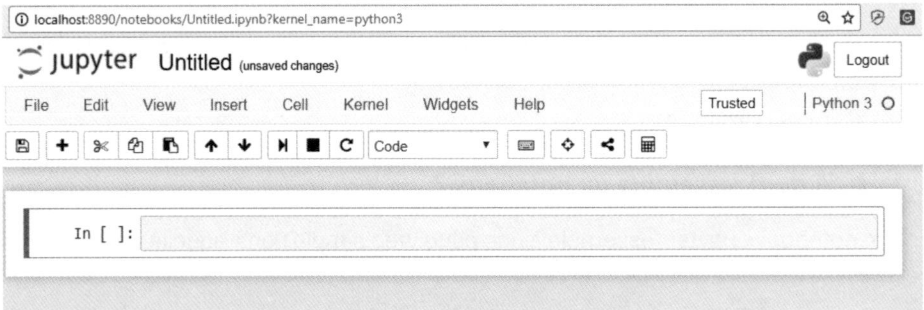

Figure 1.8 – Votre premier Jupyter notebook.

Vous reconnaîtrez ici la ligne de commande de IPython. Vous avez alors toutes les fonctionnalités de IPython directement dans votre navigateur.

Le notebook Jupyter fonctionne sous forme de cellules de code, une cellule peut contenir autant de code que vous le désirez. Généralement, on utilise une cellule pour faire une série d'actions aboutissant à l'affichage d'un résultat intermédiaire.

Attention, si vous créez des fonctions ou des classes, leur définition doit se faire dans une cellule par fonction/classe (on ne peut pas découper la définition dans plusieurs cellules).

◆ *Utiliser un Jupyter notebook*

Les notebooks regorgent de raccourcis vous permettant d'optimiser votre temps de développement. Ainsi les principaux sont dans ce tableau :

Action	Raccourci
Soumettre une cellule de code	Ctrl + Entrée
Soumettre une cellule de code et créer une nouvelle cellule en-dessous	Alt + Entrée

Action	Raccourci
Compléter du texte	Tab
Faire apparaître l'aide d'une fonction ou d'une classe	Shift+Tab à l'intérieur de la parenthèse de la fonction
Passer une cellule en code	Echap + y lorsque vous êtes dans une cellule
Passer une cellule en markdown	Echap + c lorsque vous êtes dans une cellule

Les clés magiques de IPython dont nous parlerons dans le prochain chapitre vous seront très utiles pour travailler dans les notebooks et sont appelées en utilisant le signe %.

◆ *Exporter ou sauvegarder mon notebook sous différentes formes*

Un notebook est avant tout une interface de développement vous permettant de travailler de manière extrêmement interactive. Il ne remplace pas complètement une IDE de développement surtout à cause de l'absence de débogueur. Néanmoins, il est très simple de travailler sur des notebooks et de changer d'interface de travail.

Par exemple, PyCharm permet aujourd'hui d'ouvrir et de faire tourner des notebooks. L'interface des notebooks vous permet en un clic de l'exporter en fichier .py en utilisant l'option download as Python (.py). Vous pouvez aussi lancer votre notebook comme si c'était un script Python, pour cela, on utilise la commande suivante dans le terminal :

```
jupyter nbconvert --to notebook --execute mon_notebook.ipynb
```

De nombreuses informations sur les options de conversion et de lancement des notebooks sont disponibles à cette adresse :

http://nbconvert.readthedocs.io/en/latest/index.html

Vous pouvez aussi facilement transformer votre notebook en présentation sous forme de diapositives (slides) et l'exporter en html afin de la présenter.

Pour cela, dans votre interface, vous allez pouvoir aller dans le menu view → cell toolbar → Slideshow. Au coin de chaque cellule vous allez obtenir un menu déroulant afin de définir le type de slide associé à la cellule. Une fois cela défini et votre présentation terminée, sauvez votre notebook et depuis un terminal, utilisez la commande suivante :

```
jupyter nbconvert ma_presentation.ipynb --to slides --post serve
```

Elle vous permettra de faire des présentations originales avec du contenu de qualité (possibilité d'avoir des images, des vidéos...).

◆ *Rendre vos notebooks encore plus interactifs : les Jupyter widgets*

Les Jupyter notebooks se dotent de nouvelles fonctionnalités. L'une d'entre elles, les widgets permettent de rendre un notebook beaucoup plus interactif.

Il existe deux types de widgets, tout d'abord les ipywidgets qui sont liés à IPython pour rendre du code interactif. Par exemple dans la figure 1.9, on voit l'utilisation d'un ipywidget qui fait varier des valeurs des paramètres d'une fonction.

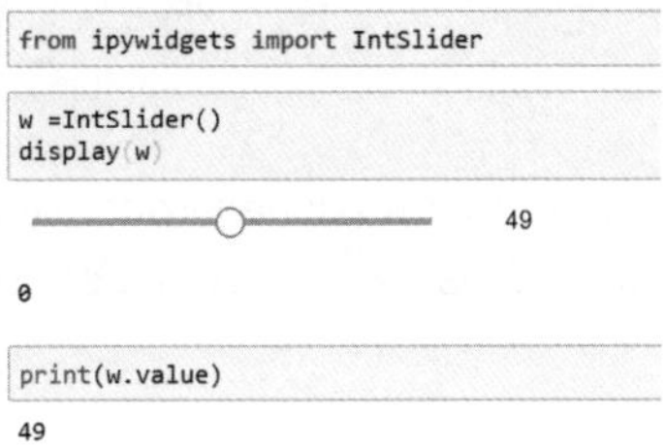

Figure 1.9 – Utilisation des ipywidgets.

Pour installer ces ipywidgets, on utilise dans l'invite de commande :

```
conda install -c conda-forge ipywidgets
```

Ensuite, il ne reste plus qu'à importer dans votre code les widgets dont vous avez besoin. Ceci va vous permettre de construire des notebooks extrêmement interactifs.

Vous trouverez une description complète de ces widgets ici (les liens indiqués dans le texte peuvent être retrouvés sur la partie en ligne de cet ouvrage) :

http://ipywidgets.readthedocs.io/en/latest/index.html

Les autres widgets sont beaucoup plus évolués et vont vous permettre d'intégrer des structures plus complexes dans votre notebook. Par exemple, pour introduire des cartes interactives, on utilisera le widget ipyleaflet.

Il vous suffit de l'installer depuis Anaconda avec le code suivant :

```
conda install -c conda-forge ipyleaflet
```

Ensuite, comme vous le voyez dans la figure 1.10, on arrive très facilement à représenter des plans dans un notebook et ceux-ci restent interactifs.

L'ensemble des widgets de Jupyter sont disponibles ici :

http://jupyter.org/widgets

```
from ipyleaflet import Map ,Circle

paris=[48.866667,2.333333]
m=Map(center=paris, zoom=10)

circle = Circle()
circle.location = paris
circle.radius = 10000
circle.color = "yellow"
circle.fill_color = "yellow"

m.add_layer(circle)
m
```

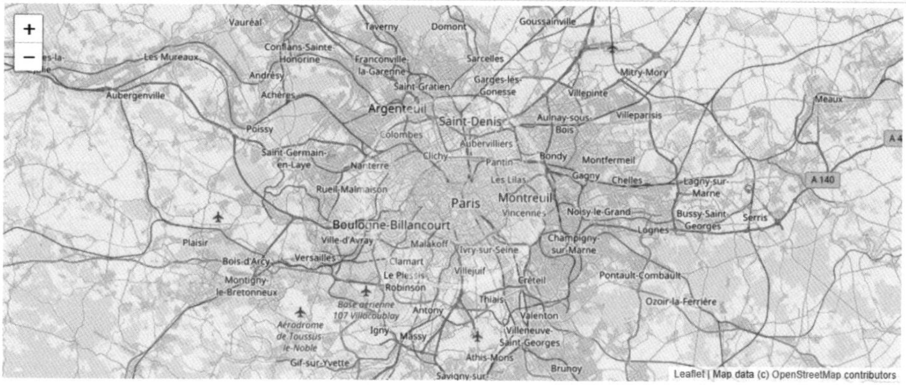

Figure 1.10 – Utilisation du widget Jupyter ipyleaflet.

◆ *Utiliser d'autres langages : installer de nouveaux noyaux*

Les notebooks permettent de travailler dans de nombreux autres langages que Python. Ainsi, si vous désirez utiliser les notebooks pour coder en R, c'est très simple.

Cependant, on ne peut pas combiner les deux langages dans le même notebook. Il vous faudra utiliser deux notebooks différents.

Vous allez donc pouvoir ajouter des noyaux pour d'autres langages. Pour R, il vous suffira d'utiliser par exemple R Essentials qui installe R et quelques packages de base :

```
conda install -c r r-essentials
```

Dans ce cas, tout est installé dans votre environnement de base. Pour les autres langages, il suffit d'aller chercher le bon noyau.

◆ *Partage et travail à plusieurs sur des notebooks*

Dans ce que nous avons fait jusqu'ici, il s'agissait de lancer nos noyaux Python en local. L'intérêt des notebooks est de travailler à distance. Il est très simple de créer un noyau Jupyter sur un serveur distant ou dans le cloud et d'y accéder directement depuis votre machine. Il est notamment possible de le faire directement sur le cloud avec Microsoft Azure ou Amazon AWS. Le processus de création est extrêmement bien documenté et il vous suffit ensuite de vous connecter au notebook en utilisant une adresse internet. Certains de ces services sont même gratuits à condition de ne pas mobiliser trop de puissance de calcul.

Lorsque vous travaillez sur un serveur à distance, il faut que les données que vous utilisez soient accessibles depuis celui-ci. Si vous avez des données en local, il vous suffira de les uploader en sftp ou ftp, ou de les rendre disponibles en ligne (notamment sur GitHub).

Les noyaux associés aux Jupyter notebooks ne permettent pas de travailler à plusieurs sur un serveur en se basant sur les mêmes données. Lorsqu'on a plusieurs utilisateurs qui doivent se connecter à un serveur avec plusieurs notebooks, la solution idéale est le projet Open Source JupyterHub.

Vous allez pouvoir lancer sur un serveur Linux plusieurs instances de notebooks. C'est la solution choisie par Binder pour vous permettre de travailler sur des notebooks directement en ligne (MyBinder est un outil permettant de créer des environnements de travail à distance à partir de répertoires GitHub, voir l'annexe sur l'utilisation des notebooks de cet ouvrage pour plus de détails).

L'installation de JupyterHub est simple et peut se faire rapidement pour une petite structure. Si votre infrastructure est plus grande, il faudra gérer les droits d'accès, ce qui peut rendre la mise en place plus complexe.

1.4.6 JupyterLab : la nouvelle évolution des notebooks

L'équipe de développement du projet Jupyter s'est consacrée depuis quelque temps à la mise en place d'un nouvel environnement de travail : le Jupyter Lab. Cet environnement combine la puissance des notebooks et la possibilité d'utiliser différents outils en même temps.

Comme les notebooks, le JupyterLab s'ouvre dans votre navigateur. Il s'installe en soumettant la commande :

```
conda install -c conda-forge jupyterlab
```

Et se lance avec la commande :

```
jupyter lab
```

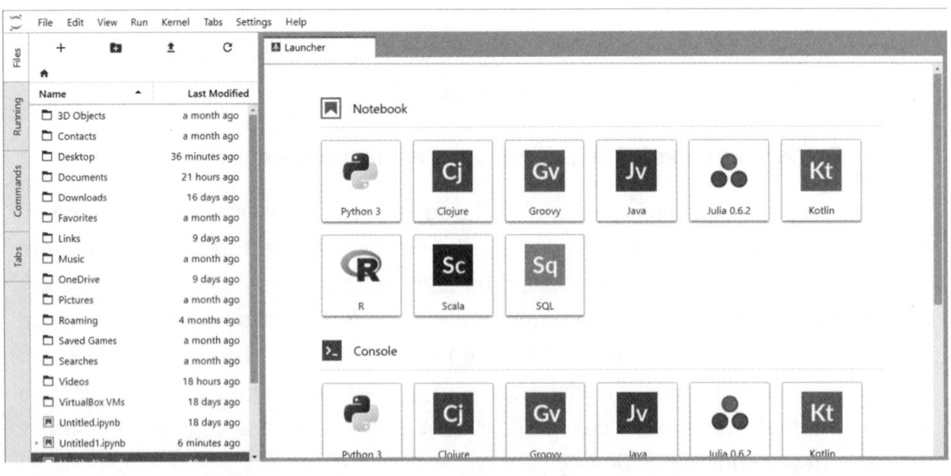

Figure 1.11 – Le JupyterLab.

Comme on le voit dans la figure 1.11, cette interface vous permet de lancer des notebooks pour de multiples langages mais aussi d'ouvrir des consoles ou n'importe quel type de fichiers dans le navigateur à gauche.

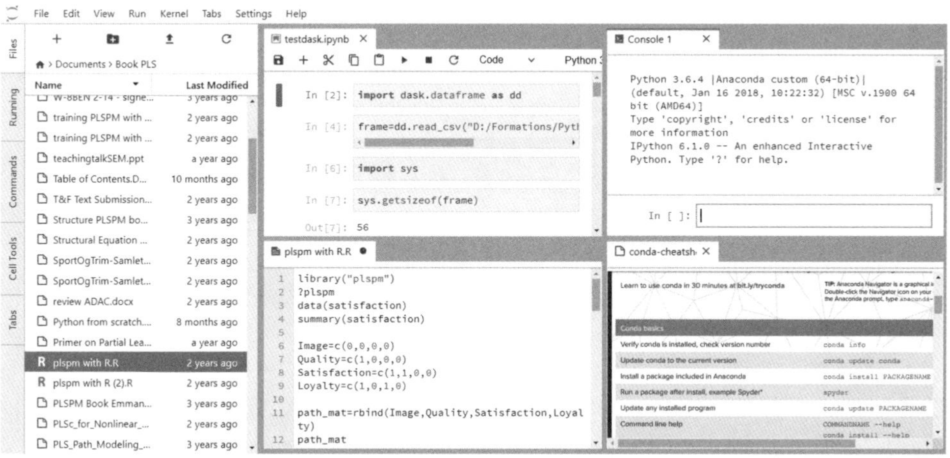

Figure 1.12 – Ouverture de plusieurs fenêtres dans le JupyterLab.

Dans cette fenêtre, un notebook en Python, un script en R, un fichier PDF ainsi qu'une console Python pour faire des tests sont ouverts simultanément. Cette interface offre la possibilité de combiner plusieurs outils du data scientist. Il n'existe cependant pas de possibilité de faire communiquer les codes de différents langages.

Par ailleurs, la création de vues est une fonctionnalité très intéressante. Si vous avez affiché des données dans votre notebook, elles apparaissent sous la forme d'une sortie (output). Dans JupyterLab, mettez-vous au niveau de la sortie et utilisez le bouton de gauche de la souris afin de choisir l'option « Create new view for Output ». Cette sortie apparaît alors dans une nouvelle fenêtre et reste disponible lorsque vous vous trouvez ailleurs dans votre code. De plus, si vous relancez la cellule d'affichage de cette sortie avec des modifications, la vue est mise à jour.

JupyterLab est en constante évolution mais apparaît aujourd'hui comme une solution de développement open source parfaitement adaptée au data scientist et à ses besoins.

Le projet Jupyter constitue une réelle avancée dans la façon de développer.

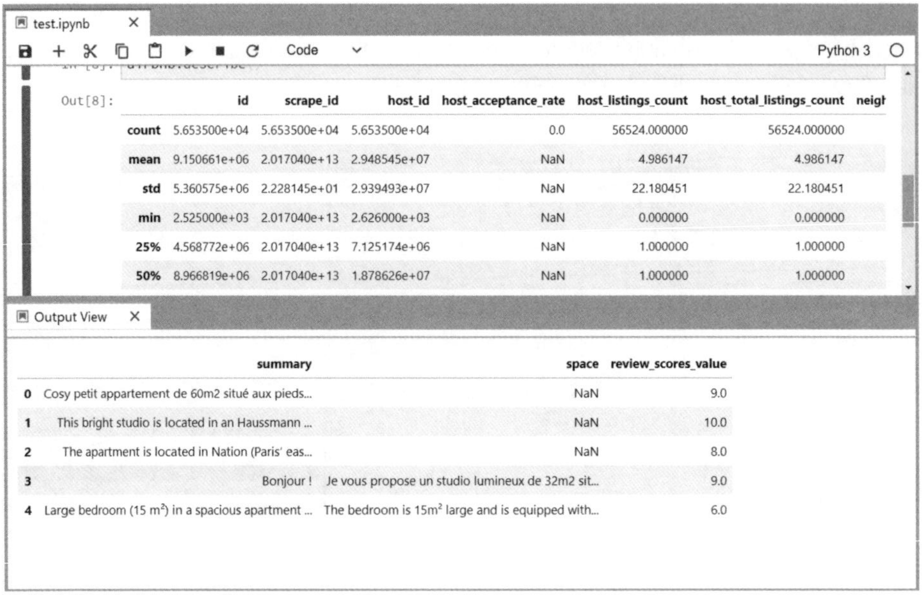

Figure 1.13 – Possibilité d'afficher une vue d'un objet dans le JupyterLab.

1. 5 LES PACKAGES POUR LA DATA SCIENCE

Le développement de Python pour la data science est avant tout basé sur des packages de références permettant de travailler sur des données tout en utilisant le langage Python. Nous allons approfondir ces packages au fur et à mesure, mais il est important de commencer par en faire un premier tour d'horizon. Nous détaillerons aussi la définition et la création de packages dans le chapitre 2.

1.5.1 Les packages pour la gestion des données et le calcul numérique

Les deux packages de référence dans ce domaine sont NumPy et Pandas. Sans eux, pas de données en Python. Même si aujourd'hui certains packages tentent de pallier quelques-uns de leurs défauts, ils restent centraux en traitement de données.

NumPy et ses arrays[3] permettent d'avoir une structure de référence bien optimisée très facile d'utilisation. Ils sont à la base de la plupart des autres packages.

Pandas et ses structures de références que sont la Series et le DataFrame ont permis un réel changement de statut pour Python. D'un langage de programmation avec des structures bien pensées, il est passé à un langage capable de concurrencer R et accessible aux data scientists. Les méthodes et les fonctions de Pandas

3. Structure permettant de stocker des données ayant autant de dimensions que nécessaire (un vecteur avec une dimension, une matrice avec deux dimensions...).

permettent d'obtenir des résultats qui seraient extrêmement difficiles à obtenir directement en Python en une seule ligne de code.

D'autres packages apparaissent aujourd'hui, notamment avec Numba ou Dask qui permettent de passer à un niveau supérieur en termes d'optimisation avec du calcul massivement distribué et un système de compilation JIT (just in time). Grâce à ce dernier, Python peut concurrencer le langage Julia sur ce créneau.

1.5.2 Les packages pour la visualisation des données

La visualisation des données est une étape importante dans le processus d'analyse du data scientist. Des outils de visualisations plus ou moins avancés ont été développés par plusieurs membres de la communauté.

Le principal package est Matplotlib. Il est extrêmement efficace pour construire n'importe quel type de graphique. Nous verrons à quel point la personnalisation de graphiques est possible avec Matplotlib. Outre ce package qui peut paraître complexe pour générer des graphiques plus avancés, il existe de nombreux autres packages. Nous nous attarderons sur Seaborn qui est lui-même basé sur Matplotlib mais donne accès à des graphiques plus orientés « statistique » et souvent plus esthétiques.

D'autres packages sont aussi disponibles, surtout pour la construction de visualisations interactives. Les deux packages les plus connus pour cela sont Bokeh et Dash. Dans leur forme la plus classique, ils permettent de construire des graphiques en utilisant du Javascript et un format web interactif. Ils permettent aussi de construire des applications de data visualisations interactives, comme le package shiny de R.

1.5.3 Les packages pour le machine learning et le deep learning

Dans le domaine du machine learning et du deep learning, Python est réellement à la pointe. Le machine learning s'est développé surtout autour d'un package, il s'agit de Scikit-Learn. Nous l'étudierons en détail dans la suite de l'ouvrage.

Depuis quelques années, un nouveau domaine de la data science se développe à grande vitesse, il s'agit du deep learning. Cet apprentissage profond utilise des algorithmes basés sur des réseaux neuronaux profonds qui sont complexes et extrêmement gourmands en puissance de calcul.

TensorFlow est un environnement qui s'est développé pour traiter ce type de modèles. Il possède une API Python très puissante. Par ailleurs, un package supplémentaire est souvent utilisé en Python pour le deep learning. Il s'agit de Keras qui constitue une couche supplémentaire afin de développer des réseaux neuronaux profonds d'une manière plus simple. De plus, Keras possède l'avantage d'utiliser le même code pour développer des modèles avec différents environnements de deep learning.

Tous ces packages ont contribué grandement à faire de Python le langage de référence pour le machine learning et le deep learning.

1.5.4 Les packages pour le big data

Le big data est un grand mot qui recouvre beaucoup d'éléments. Quand nous parlons de big data, nous évoquons des infrastructures distribuées permettant de stocker et de faire des calculs de manière massivement parallèle sur un cluster composé de nombreux nœuds (qui sont généralement des serveurs)[4].

Python est un langage bien adapté pour communiquer avec ces infrastructures. En effet, il est très simple en Python de stocker ou de charger des données sur un cluster Hadoop sur le file system HDFS. On peut facilement faire des requêtes en Hive.

Ce qui va amener un data scientist à faire du big data, c'est Apache Spark. Or, Python possède un package nommé PySpark qui permet de communiquer directement avec un environnement Apache Spark. De plus, avec l'évolution d'Apache Spark vers l'utilisation, d'une part d'objets DataFrame qui ressemblent très fortement à ceux de Pandas et, d'autre part de modèles prédictifs avec spark.ml qui ressemblent fortement à ceux de Scikit-Learn, l'utilisation combinée de Spark et Python prend alors tout son sens pour le traitement des données.

Par ailleurs, Python est extrêmement intéressant pour communiquer avec d'autres systèmes de calculs notamment H2O.ai.

1.5.5 Autres packages pour la data science

La liste des packages intéressants en Python est extrêmement longue. Notamment, les packages pour le scrapping web tels que html5lib ou Beautiful-Soup, les packages de calcul scientifique et statistique avec SciPy et statsmodels et bien d'autres. Il ne s'agit pas ici de faire une liste exhaustive mais de vous fournir les clés pour manipuler et traiter des données avec Python.

En résumé

Dans ce chapitre, l'histoire, les approches de développement, les outils et les packages de référence de Python pour le data scientist ont été présentés. Nous allons maintenant nous intéresser au code Python plus précisément.

4. Référez vous au lexique dans les annexes pour une explication des termes.

2

Python from scratch

Objectif

Ce chapitre vous permettra de découvrir le langage Python si vous ne le connaissez pas ou si vous avez besoin de quelques rappels. Nous aborderons des thèmes basiques et certains sujets utiles au data scientist.

Les exemples seront développés dans un Jupyter notebook que vous pouvez télécharger depuis le site associé à cet ouvrage.

2.1 PRINCIPES DE BASE

2.1.1 Un langage interprété, de haut niveau et orienté objet

Comme nous l'avons vu précédemment, Python est avant tout un langage de programmation et il doit être abordé en prenant en compte cette spécificité. Ce langage est simple et permet de progresser très rapidement (d'où son succès auprès de développeurs data scientists).

Python est un langage interprété de haut niveau. Par ailleurs, c'est aussi un langage **orienté objet** ce qui signifie qu'il se base sur des classes qui permettent de simplifier son utilisation. Qu'est-ce que cela veut dire ?

Un langage interprété : il s'agit d'un langage de programmation qui est traité de manière directe (sur ce point il se rapproche de R). Un langage interprété s'oppose à un langage compilé, qui demande une compilation du code pour rendre un programme exécutable. Le principal avantage d'un langage interprété est sa simplicité de débogage. À l'inverse, son principal défaut est sa lenteur. À la différence d'un langage compilé, les blocs de code ne sont pas optimisés afin d'être traités de manière extrêmement rapide par la machine. Dans le cas de Python, on traite le code ligne par ligne avec l'interpréteur Python.

Un langage de haut niveau : un langage de haut niveau est un langage qui se rapproche le plus possible du langage naturel, c'est-à-dire qui se lit « comme il s'applique ». Il est donc extrêmement simple à mettre en œuvre mais peu optimisé. À l'inverse, un langage de bas niveau va se rapprocher le plus possible du langage de la machine sur lequel il s'applique. Le langage de bas niveau le plus connu est le langage assembleur.

En tant que langage, Python se base sur quelques principes:

✓ Il est basé sur l'indentation.

✓ Il est extrêmement souple.

✓ Ses règles sont fixées par la communauté Python.

Nous allons nous attarder sur tous ces points par la suite. Nous commencerons par étudier quelques choix d'outils importants pour coder en Python.

2.1.2 Python 2 ou Python 3

En 2008, les développeurs de Python au sein de la Python Software Foundation décident de passer de la version 2 à la version 3. Mais ils décident aussi qu'un grand ménage est nécessaire dans le langage afin de clarifier le code. Cela rend Python 3 non rétro-compatible avec Python 2. Les millions de lignes en Python 2 doivent être réécrites afin de pouvoir être soumises en Python 3. Après plus de dix ans de coexistence, Python 2 est en train de disparaître. En effet, de plus en plus de packages annoncent aujourd'hui que les nouvelles fonctionnalités ne seront pas développées en Python 2, ce qui va forcément accélérer le processus de passage à Python 3 (c'est le cas de NumPy pour 2019). De plus, la fin de la maintenance de Python 2.7 est officiellement annoncée pour 2020.

Le conseil que je vous donne est le suivant: si vous travaillez sur un nouveau projet en Python, alors démarrez avec Python 3 sans hésiter ! Python 2 peut s'imposer si vous récupérez un legacy important et que par la force des choses vous devez continuer à coder en Python. Même dans ce cas, l'option passage et portage vers Python 3 peut s'imposer.

Pour reconnaître un code en Python 2, il vous suffit de regarder les affichages à l'aide de `print` dans le code. En effet, print était une commande en Python 2 qui est devenue une fonction en Python 3.

```
# PYTHON 2
>>> print 55
55
# PYTHON 3
>>> print(55)
55
```

Les différences entre ces deux versions sont largement documentées par la Python Software Foundation. Quoi qu'il arrive, Python 3 reste l'avenir et un retour à Python 2 est hautement improbable.

Dans le cadre de cet ouvrage, nous utiliserons toujours Python 3.

2.2 LES INTERPRÉTEURS : PYTHON ET IPYTHON

L'interpréteur, c'est l'outil qui traduit votre code source en action. IPython peut être vu comme une version évoluée de l'interpréteur Python classique.

2.2.1 L'interpréteur Python – une calculatrice évoluée

L'interpréteur Python est un outil riche mais qui vous permet aussi de faire des calculs simples. Ainsi, une fois Python lancé depuis l'invite de commande, on pourra avoir :

```
>>> 4+6
10
```

Vous pouvez utiliser cette ligne pour soumettre du code directement ou pour soumettre des fichiers en Python (au format .py)

```
>>> x=3
>>> print(x)
3
```

Pour soumettre un fichier, on utilisera :

```
>>> exec(open("./test.py").read())
```

L'interpréteur Python peut être utilisé comme une simple calculatrice avec des opérations mathématiques classiques :

```
>>> 2+5
7
>>> 2*5
10
>>> 2/5
0.4
>>> 2-5
-3
>>> 5**2
25
>>> 5%2
1
```

On voit ici que la puissance est notée ** (à ne pas confondre avec ^ qui est un opérateur logique). Le modulo % permet d'extraire le reste de la division entière et `% 2` nous permet de savoir si un nombre est pair ou impair.

Comme vous pouvez le voir dans cet exemple lorsqu'on divise deux entiers, on obtient bien un nombre décimal (2/5 = 0,4). Cela n'était pas le cas avec Python 2 mais a été ajouté à Python 3.

Vous pouvez bien sûr coder dans l'interpréteur Python directement mais nous avons tendance à préférer un interpréteur amélioré : IPython.

2.2.2 L'interpréteur IPython – une ouverture vers plus de possibilités

Comme évoqué dans le premier chapitre de cet ouvrage, IPython offre de nouvelles possibilités lorsque vous codez en Python. Nous allons ici développer certains des avantages de IPython.

◆ *L'auto-complétion et l'aide avec IPython*

Il s'agit d'un point très important et d'une des forces de IPython : il possède des outils de complétion très évolués.

On utilisera la touche tabulation (TAB) afin de compléter des termes :

✓ Pour un objet (figure 2.1)

Figure 2.1 – Complétion avec IPython.

✓ Pour les méthodes et propriétés d'un objet (après le point, figure 2.2)

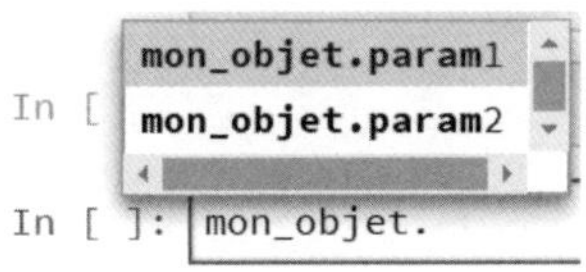

Figure 2.2 – Complétion avec IPython.

✓ Pour le chemin associé à un fichier (dans la chaîne de caractères, figure 2.3)

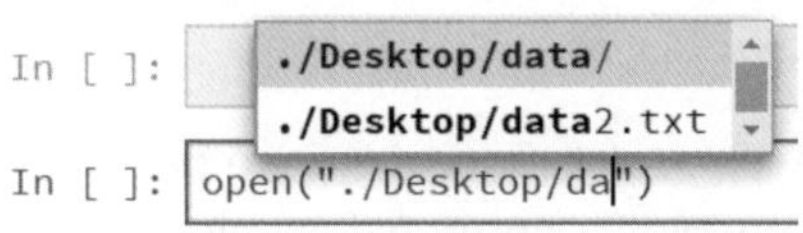

Figure 2.3 – Complétion avec IPython.

✓ Pour le nom d'une colonne dans une table de données (voir le chapitre sur la gestion des données, figure 2.4)

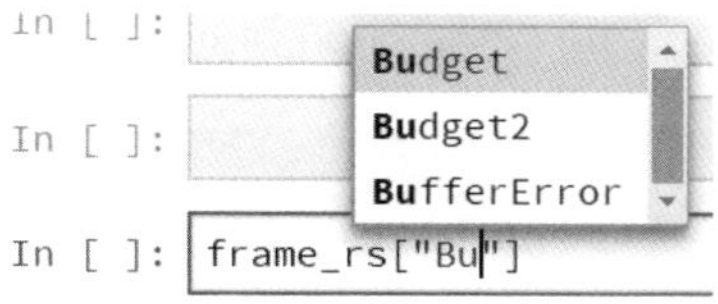

Figure 2.4 – Complétion avec IPython.

Cette complétion est extrêmement puissante et vous apportera une aide et une productivité sans cesse augmentée.

◆ *L'accès aux aides et au code*

Vous pouvez très simplement accéder aux aides des fonctions et des méthodes en utilisant la combinaison (Shift+TAB), vous obtenez alors l'aide (figure 2.5).

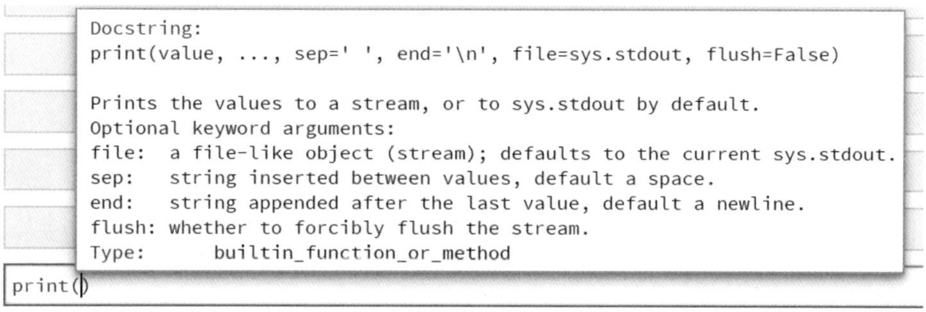

Figure 2.5 – L'aide contextuelle dans un notebook (shift + tabulation).

De plus, en utilisant un point d'interrogation `(?)`, vous aurez accès à l'aide (le docstring, voir plus loin dans ce chapitre) et avec deux points d'interrogation (??), vous aurez accès au code source de la fonction étudiée.

◆ *Les clés magiques d'IPython*

IPython possède de nombreuses clés magiques. Il s'agit de commandes spécifiques, commençant par `%` et qui vont simplifier votre codage.

Il existe des clés magiques par ligne (*cell magics*) qui vont s'appliquer à une seule ligne de code. On utilise des clés simples avec un seul signe `%` qui s'appliquent à une ligne de code. Il existe aussi des clés magiques utilisant `%%` qui, elles, s'appliquent à l'ensemble d'une cellule d'un notebook Jupyter.

Si vous désirez obtenir la liste de toutes les clés magiques, il vous suffit de taper `% lsmagic`.

Dans le tableau ci-dessous, un certain nombre d'entre elles sont décrites :

Clé	Action
`%cd`	Changement de répertoire de travail
`%debug`	Activation du débogueur interactif
`%macro`	Possibilité de combiner des lignes d'exécution pour répéter plusieurs actions (utilisation macro nom_macro numéro_entrées)
`%notebook`	Exportation de l'historique IPython dans un Jupyter notebook dont on fournit le nom
`%prun`	Profiling d'une fonction
`%pwd`	Affichage du répertoire de travail
`%run`	Lancement d'un fichier Python directement dans un notebook
`%save`	Sauvegarde sous forme .py de blocs de code
`%time`	Affichage du temps d'exécution
`%timeit`	Affichage du temps d'exécution d'une commande en la répétant plusieurs fois
`%whos`	Affichage de tous les objets et fonctions chargés en mémoire

Toutes les clés sont disponibles ici :

http://iPython.readthedocs.io/en/stable/interactive/magics.html

Par ailleurs, IPython permet d'accéder aux commandes système en utilisant le point d'exclamation (`!`). Par exemple, on pourra utiliser : `! ls` qui permettra d'afficher tous les fichiers du répertoire courant comme dans le terminal.

◆ *Zoom : le profiling et l'optimisation de votre code*

Dans la liste des clés magiques, on voit bien que les fonctions %time et %timeit paraissent intéressantes. Leur fonctionnement est simple : vous avez un code en Python utilisant une fonction qui vous paraît peu efficace. Vous allez pouvoir utiliser `%timeit` pour tester le lancement de cette fonction. `%timeit` à la différence de `%time` va lancer cette fonction à de nombreuses reprises afin de vous donner une idée plus précise de son comportement :

```
In[] :%timeit x=5


Out[] : 14.2 ns ± 0.0485 ns per loop (mean ± std. dev. of 7 runs,
100000000 loops each)
```

Si vous constatez que votre fonction est un peu lente, il vous reste à l'améliorer. Pour cela, d'autres outils sont sollicités. Par exemple, `%prun` permet de décomposer toutes les étapes suivies par votre code avec une estimation du temps nécessaire pour chaque étape. Cette clé recherche les goulots d'étranglement de votre code.

◆ *Zoom : les variables chargées en mémoire*

Python est un langage qui charge en mémoire tous les objets. Il peut être intéressant de connaître l'état et le nombre d'objets chargés en mémoire. Pour obtenir la liste de ces objets, on utilise `%who`. Si on désire plus de détails sur chaque objet, on utilise `%whos`. On aura :

```
In[] : %whos
Out[] : Variable Type Data/Info
        ----------------------------
        x int 5000
```

Ceci deviendra plus intéressant pour les arrays du package NumPy.

Pour les autres structures de données, l'information manque parfois.

Pour un DataFrame de Pandas, on peut utiliser la méthode `.memory_usage()` qui nous donne la taille de chaque colonne en bytes. Pour un array de NumPy, la propriété `.nbytes` est utile.

Si vous voulez appliquer cela à tous les éléments chargés en mémoire, vous pouvez utiliser la fonction `getsizeof()` du module `sys`.

◆ *L'accès aux résultats précédents*

Une autre spécificité intéressante de IPython est l'accès à ce que vous avez fait précédemment. Pour cela, on utilise différentes approches :

- ✓ Pour afficher la dernière sortie, on utilise `_`
- ✓ Pour récupérer la sortie Out[33] par exemple, on utilise `_33`
- ✓ Pour récupérer la dernière entrée, on utilise `_i`
- ✓ Pour récupérer l'entrée In[33], on utilisera `_i33`

Cette simplification permet de stocker des données d'entrées et de sorties dans des objets. Une entrée est automatiquement stockée dans une chaîne de caractères.

◆ *Zoom : le stockage des objets*

Il arrive que vous soyez amené à traiter des objets d'un notebook à un autre ou que des calculs importants aient été nécessaires pour obtenir une structure de données. Dans ce cas, il est bien évidemment peu efficace de recommencer les calculs au prochain lancement ou de laisser tourner votre noyau jusqu'à la prochaine analyse. Vous pouvez utiliser la clé magique %store qui va vous permettre de stocker un objet de manière persistante et simple. Ceci se rapproche de l'approche pickle dont nous reparlerons pour les modèles de machine learning mais de manière beaucoup plus simple.

Dans votre notebook, vous allez faire :

```
In[] : liste1=[3,5,7]
       %store liste1
```

Et dans n'importe quel autre notebook ou lorsque votre noyau sera réinitialisé, vous pouvez faire :

```
In[] : %store -r
       print(liste1)

[3,5,7]
```

Si vous désirez voir ce qui est stocké, il suffit de lancer `%store` tout seul. Si vous désirez effacer tout ce qui est stocké, il vous suffit d'entrer `%store -z`.

De nombreuses autres possibilités s'offrent à vous lorsque vous utilisez IPython. Nous allons maintenant revenir au langage Python afin d'appréhender son utilisation.

2.3 LA BASE POUR COMMENCER À CODER

2.3.1 Les principes

Python utilise comme opérateur d'allocation le signe =.

Lorsqu'on alloue une valeur à n'importe quelle structure[5] en Python, on utilise donc l'opérateur = :

```
In[] : var1=10
```

La variable var1 a donc comme valeur 10. Le type de cette variable est inféré automatiquement par Python, ce qui est une spécificité de ce langage.

Les habitués d'autres langages comme C pourront être déroutés par cette spécificité. On ne donne jamais le type d'une variable, c'est Python qui se charge de le deviner.

Les différents types primitifs sont les suivants :

- ✓ int : entier
- ✓ float : nombre décimal
- ✓ str : chaîne de caractère
- ✓ bool : booléen (True ou False)

On peut identifier le type d'une variable en utilisant `type()`.

```
In[1] : var1=10
        var2=3.5
        var3="Python"
        var4=True
        type(var1)
```

5. Pour une définition de termes standards, veuillez vous référer au lexique en fin d'ouvrage.

```
Out[1] : int
In[2] : type(var2)
Out[2] : float
In[3] : type(var3)
Out[3] : str
In[4] : type(var4)
Out[4] : bool
```

On a donc défini quatre variables ayant des types différents. Si on change la valeur d'une variable en utilisant l'opérateur d'allocation (=), on change aussi son type :

```
In[5] : var4=44
        type(var4)
Out[5] : int
```

N'oubliez pas d'utiliser la touche tabulation pour l'auto-complétion avec IPython !

Remarque – Depuis Python 3.6, il existe des façons de forcer les types lors de la déclaration des variables ou dans les fonctions.

Remarque – Dans les scripts qui apparaissent jusqu'ici, vous voyez apparaître les termes Out[?]. Il s'agit ici d'une sortie intermédiaire. Si vous voulez afficher le résultat d'une ligne de code, vous allez devoir utiliser la fonction print() et dans ce cas, on aura :

```
In[] : print(var4)
44
```

L'autre principe de base de Python, c'est **l'indentation.** Ceci veut dire que les limites des instructions et des blocs sont définies par la mise en page et non par des symboles spécifiques. Avec Python, vous devez utiliser l'indentation et le passage à la ligne pour délimiter votre code. Ceci vous permet de ne pas vous préoccuper d'autres symboles délimiteurs de blocs. Par convention, on utilise une indentation à quatre espaces. Par exemple, si on veut mettre en place une simple condition :

```
In[] : if var1<var4:
           var1=var4*2
```

C'est donc l'indentation qui nous permet de dire que l'allocation var1 = var4*2 se trouve dans la condition. Nous verrons par la suite beaucoup plus en détail des cas pour lesquels l'indentation est centrale.

De plus, cette obligation de coder en utilisant l'indentation permet d'obtenir du code plus lisible et plus propre.

2.3.2 Un langage tout objet

Python est un langage orienté objet. Ceci veut dire que les structures utilisées en Python sont en fait toutes des objets. Un objet représente une structure qui possède des propriétés (ce sont des caractéristiques de l'objet) et des méthodes (ce sont des fonctions qui s'appliquent sur l'objet). Il est issu d'une classe qui est définie de manière simple.

En Python, tout est objet. Ainsi les variables, les fonctions, et toutes structures, sont des Python Object. Cela permet une grande souplesse.

Par exemple, une chaîne de caractères est un objet de la classe str. Ses propriétés et méthodes peuvent être identifiées en utilisant le point après le nom de l'objet (en utilisant la tabulation avec IPython, toutes les propriétés et méthodes d'un objet apparaissent).

```
In[] : chaine1="Python"
       chaine1.upper()
Out[] : "PYTHON"
```

On voit ici que la méthode `.upper()` de l'objet « chaîne de caractères » permet de mettre en majuscule les termes stockés dans la chaîne de caractères.

2.3.3 Les commentaires

En tant que data scientist utilisant Python, vous devez avoir une démarche de développement qui permettra à n'importe quel membre de votre équipe de comprendre le code que vous développez. Pour cela, il n'y a qu'une seule solution : commenter votre code.

Les commentaires en Python sont délimités par #. Dès que # est utilisé dans une ligne, le reste de la ligne est ignoré par l'interpréteur et passé sous forme de commentaire.

On essaye dans la mesure du possible d'éviter les commentaires à la suite d'une ligne de code sur la même ligne. On préfère intégrer des commentaires sur une ligne indépendante :

```
# Définition de la variable x
x=4
# Appel de la fonction print()
print(x)
```

Les commentaires sont indispensables et il faut bien veiller à les mettre à jour lorsque vous modifiez votre code.

2.3.4 Les conventions de nommage

Python étant sensible à la casse, nous devons mettre en place des conventions de nommage basées sur l'utilisation des majuscules et des minuscules. Le nommage des différents éléments de votre code est extrêmement important et fait partie intégrante de la philosophie de Python.

Les variables sont toujours en minuscules avec des séparateurs du type _ :

```
ma_chaine="Data"
mon_modele=Kmeans()
mes_donnees=pd.read_csv("donnees.csv")
```

Les fonctions sont toujours en minuscules avec des séparateurs du type _ :

```
print("Data")
def ma_fonction() :
    pass
```

Les classes s'écrivent sans séparateurs avec une majuscule à la première lettre de chaque mot :

```
class MaClasse :
    ...
mon_modele=LinearRegression()
```

Les packages s'écrivent en minuscules, si possible sans séparateur (éventuellement _) :

```
import numpy
import mabib
```

Ces règles ne sont bien sûr qu'indicatives et vous permettent d'améliorer la lisibilité de votre code. Si vous travaillez sur un projet qui n'a pas respecté ces règles, l'important est de rester cohérent avec ce projet pour garder un code lisible.

2.3.5 Les règles de codage

Lorsque vous développez en Python, il y a toujours de nombreuses façons de coder la même action. Un certain nombre de règles sont conseillées par la Python Software Foundation. Elles sont rassemblées dans les Python Enhancement Proposals (PEP) et notamment dans le PEP8 : Style Guide for Python Code (https://www.Python.org/dev/peps/pep-0008/).

Nous ne détaillons pas ici toutes ces règles, mais nous essayons d'en respecter un maximum dans le code que vous verrez dans cet ouvrage.

2.3.6 Les opérateurs logiques

Si on veut vérifier qu'un objet est bien de la classe attendue, le plus efficace est d'utiliser l'opérateur **is** ou **is not** :

```
In[] : chaine1 is str
Out[] : True
In[] : chaine1 is entier1
Out[] : False
```

Par ailleurs, les opérateurs logiques de Python sont résumés dans le tableau suivant :

Opérateur	Signification
not	C'est le NON logique
and (& cas binaire)	C'est le ET logique

Opérateur	Signification
or (| cas binaire)	C'est le OU logique
^ dans la cas binaire	C'est le OU EXCLUSIF qui n'existe que dans le cas binaire (mais qui est équivalent au cas booléen)

Le *ou exclusif* n'existe pas dans le cas classique. Ces opérateurs logiques vont nous permettre de faire de nombreuses actions sur les données avec les outils que nous découvrirons dans le chapitre suivant. Les opérateurs binaires sont des opérateurs qui font leurs comparaisons en se basant sur la représentation sous forme de bits des nombres.

2.4 LES STRUCTURES (TUPLES, LISTES, DICTIONNAIRES)

Python est basé sur trois structures de références : les **tuples**, les **listes** et les **dictionnaires**. Ces structures sont en fait des objets qui peuvent contenir d'autres objets. Elles ont des utilités assez différentes et vous permettent de stocker des informations de tous types.

Ces structures ont un certain nombre de points communs :

- ✓ Pour extraire un ou plusieurs objets d'une structure, on utilise toujours les crochets []
- ✓ Pour les structures indexées numériquement (tuples et listes), les structures sont indexées à 0 (la première position est la position 0)

2.4.1 Les tuples

Il s'agit d'une structure rassemblant plusieurs objets dans un ordre indexé. Sa forme n'est pas modifiable (immuable) une fois créée et elle se définit en utilisant des parenthèses. Elle n'a qu'une seule dimension.

On peut stocker tout type d'objets dans un tuple. Par exemple, si vous voulez créer un tuple avec différents objets, on utilise :

```
tupl=(1, True, 7.5,9)
```

On peut aussi créer un tuple en utilisant la fonction `tuple()`.

L'accès aux valeurs d'un tuple se fait par l'indexation classique des structures. Ainsi, si on veut accéder au troisième élément de notre tuple, on utilise :

```
In[] : tupl[2]
Out[] : 7.5
```

Les tuples peuvent être intéressants car ils requièrent peu de mémoire. D'autre part, ils sont utilisés en sorties des fonctions renvoyant plusieurs valeurs (voir plus loin sur les fonctions).

Les tuples en tant que structures sont des objets. Ils ont des méthodes qui leur sont propres. Celles-ci sont peu nombreuses pour un tuple :

```
In[] : tup1.count(9)
Out[] : 1
```

On leur préfère bien souvent les listes qui sont plus souples.

2.4.2 Les listes

La liste est la structure de référence en Python. Elle est modifiable et peut contenir n'importe quel objet.

◆ *Création d'une liste*

On crée une liste en utilisant des crochets :

```
liste1=[3,5,6, True]
```

On peut aussi utiliser la fonction `list()`.

La structure d'une liste est modifiable. Elle comporte de nombreuses méthodes :

- ✓ `.append()` : ajoute une valeur en fin de liste
- ✓ `.insert(i,val)` : insert une valeur à l'indice i
- ✓ `.pop(i)` : extrait la valeur de l'indice i
- ✓ `.reverse()` : inverse la liste
- ✓ `.extend()` : étend la liste grâce à une liste de valeurs

Remarque – L'ensemble de ces méthodes modifient la liste, l'équivalent en termes de code classique serait le suivant :

```
liste1.extend(liste2)
équivalent à
liste1=liste1+liste2
```

Les listes possèdent d'autres méthodes notamment :

- ✓ `.index(val)` : renvoie l'indice de la valeur val
- ✓ `.count(val)` : renvoie le nombre d'occurrences de val
- ✓ `.remove(val)` : retire la première occurrence de la valeur val de la liste

◆ *Extraire un élément d'une liste*

Comme nous avons pu le voir plus haut, il est possible d'extraire un élément en utilisant les crochets :

```
list1[0]
```

On est souvent intéressé par l'extraction de plusieurs éléments. On le fait en utilisant les deux points :

```
list1[0:2] ou list1[:2]
```

Dans cet exemple, on voit que ce système extrait deux éléments : l'élément indexé en 0 et celui indexé en position 1. On a donc comme règle que i : j va de l'élément i inclus à l'élément j non inclus.

Voici quelques autres exemples :

```
# Extraire le dernier élément
list1[-1]
# Extraire les 3 derniers éléments
list1[-3 :-1] ou list1[-3:]
```

◆ *Un exemple concret*

Supposons que nous voulions créer une liste de pays. Ces pays sont ordonnés dans la liste en fonction de leur population. On va essayer d'extraire les trois premiers et les trois derniers.

```
In[] : liste_pays=["Chine","Inde","Etats-Unis","France","Espagne",
                                                        "Suisse"]
In[] : print(liste_pays[:3])
          ['Chine', 'Inde', 'Etats-Unis']
In[] : print(liste_pays[-3:])
          ['France', 'Espagne', 'Suisse']
In[] : liste_pays.reverse()
       print(liste_pays)

['Suisse', 'Espagne', 'France', 'Etats-Unis', 'Inde', 'Chine']
```

Il existe d'autres fonctions sur les listes qui nous intéresseront plus tard dans ce chapitre.

◆ *Les comprehension lists*

Il s'agit de listes construites de manière itérative. Elles sont souvent très utiles car elles sont plus performantes que l'utilisation de boucles pour construire des listes.

En voici un exemple simple :

```
In[] : list_init=[4,6,7,8]
       list_comp=[val**2 for val in list_init if val% 2 == 0]
```

La liste liste_comp permet donc de stocker les éléments pairs de list_init mis au carré.

On aura :

```
In[] : print(list_comp)

[16,36,64]
```

Cette notion de comprehension list est très efficace. Elle permet d'éviter du code inutile (boucles sur une liste) et est plus performante qu'une création de liste itérativement. Elle existe aussi sur les dictionnaires mais pas sur les tuples qui sont immuables. Nous pourrons utiliser des comprenhension lists dans le cadre de la manipulation de tableaux de données.

2.4.3 Les chaînes de caractères – des listes de caractères

Les chaînes de caractères en Python sont codées par défaut (depuis Python 3) en Unicode. On peut déclarer une chaîne de caractères de trois manières :

```
chaine1="Python pour le data scientist"
chaine2='Python pour le data scientist'
chaine3="""Python pour le data scientist"""
```

La dernière permet d'avoir des chaînes de caractères sur plusieurs lignes. On utilisera le plus souvent la première.

Une chaîne de caractères est en fait une liste de caractères et nous allons pouvoir travailler sur les éléments d'une chaîne de caractères comme sur ceux d'une liste :

```
In[] : print(chaine1[:6])
       print(chaine1[-14:])
       print(chaine1[15:20])


Python
data scientist
data
```

Les chaînes de caractères peuvent être facilement transformées en listes :

```
In[] : # on sépare les éléments en utilisant l'espace
       liste1=chaine1.split()
       print(liste1)

['Python', 'pour', 'le', 'Data', 'Scientist']

In[]  : # on joint les éléments avec l'espace
        chaine1bis=" ".join(liste1)
        print(chaine1bis)


Python pour le data scientist
```

Il existe de nombreuses méthodes sur les chaînes de caractères en Python. Un certain nombre sont rassemblées dans le tableau suivant :

Méthode	Objectif
`.capitalize() / .upper() / .lower()`	Gestion des majuscules et des minuscules

Méthode	Objectif
`.count(val)`	Comptage du nombre d'occurrences de val
`.find()`	Recherche un élément de la chaîne de caractères en renvoyant l'index si l'élément est trouvé ou 0 sinon
`.lstrip() / .rstrip() / .strip()(`	Elimination des espaces en début de chaîne/en fin de chaîne/début et fin de chaîne
`.replace()`	Remplace les éléments recherchés dans la chaîne de caractères

Il existe de nombreuses autres spécificités liées aux chaînes de caractères que nous découvrirons tout au long de l'ouvrage.

2.4.4 Les dictionnaires

Les dictionnaires constituent une troisième structure centrale pour développer en Python. Ils permettent un stockage clé-valeur. Jusqu'ici nous avons utilisé des structures se basant sur une indexation numérique. Ainsi dans une liste, on accède à un élément en utilisant sa position list1[0]. Dans un dictionnaire, on va accéder à un élément en utilisant une clé définie lors de la création du dictionnaire.

On définit un dictionnaire avec les accolades :

```
dict1={"cle1":valeur1, "cle2":valeur2, "cle3":valeur3}
```

Cette structure ne demande aucune homogénéité de type dans les valeurs. De ce fait, on pourra avoir une liste comme valeur1, un booléen comme valeur2 et un entier comme valeur3.

Pour accéder à un élément d'un dictionnaire, on utilise :

```
In[] : dict1["cle2"]
Out[] : valeur2
```

Pour afficher toutes les clés d'un dictionnaire, on utilise :

```
In[] : dict1.keys
Out[] : ("cle1", "cle2", "cle3")
```

Pour afficher toutes les valeurs d'un dictionnaire, on utilise :

```
In[] : dict1.items()
Out[] : (valeur1, valeur2, valeur3)
```

On peut facilement modifier ou ajouter une clé à un dictionnaire :

```
In[] : dict1["cle4"]=valeur4
```

On peut aussi supprimer une clé (et la valeur associée) dans un dictionnaire :

```
In[] : del dict1["cle4"]
```

Dès que vous serez plus aguerri en Python, vous utiliserez davantage les dictionnaires. Dans un premier temps nous avons tendance à privilégier les listes aux dictionnaires car elles sont souvent plus intuitives (avec une indexation numérique).

Toutefois un Pythoniste plus expert se rendra compte rapidement de l'utilité des dictionnaires. On pourra notamment y stocker les données ainsi que les paramètres d'un modèle de manière très simple. De plus, la souplesse de la boucle *for* de Python s'adapte très bien aux dictionnaires et les rend très efficaces lorsqu'ils sont bien construits.

2.5 LA PROGRAMMATION (CONDITIONS, BOUCLES...)

Tout d'abord, il faut clarifier un point important : Python est un langage très simple à appréhender mais il a tout de même un défaut : sa lenteur. L'utilisation d'une boucle en Python n'est pas un processus efficace en termes de rapidité de calcul, elle ne doit servir que dans les cas où le nombre d'itérations de la boucle reste faible. Par exemple, si vous avez des dizaines de milliers de documents à charger pour effectuer un traitement, on se rend très vite compte de la lourdeur d'un processus basé sur une boucle et on préfère bien souvent d'autres outils plus efficaces pour charger en groupes des données ou pour le faire de manière parallélisée.

2.5.1 Les conditions

Une condition en Python est très simple à mettre en œuvre, il s'agit d'un mot clé if. Comme mentionné précédemment, le langage Python est basé sur l'indentation de votre code. On utilisera pour cette indentation un décalage avec quatre espaces. Heureusement, des outils comme Spyder ou les Jupyter notebooks généreront automatiquement cette indentation.

Voici notre première condition qui veut dire « si a est True alors afficher "c'est vrai" » :

```
if a is True :
    print("c'est vrai")
```

Il n'y a pas de sortie de la condition, c'est l'indentation qui va permettre de la gérer. Généralement, on s'intéresse aussi au complément de cette condition, on utilisera pour cela else :

```
if a is True :
    print("c'est vrai")
else :
    print("ce n'est pas vrai")
```

On peut avoir un autre cas, si notre variable a n'est pas forcément un booléen, on utilise elif :

```
if a is True :
   print("c'est vrai")
```

```
elif a is False :
   print("c'est faux")
else :
   print("ce n'est pas un booléen")
```

Les opérateurs de comparaisons sont rassemblés dans le tableau suivant :

Opérateur	Principe et utilisation
is	Mêmes objets a is b True is 1 est faux
is not	Objets différents a is not b
==	Egalité entre deux valeurs True == 1 est vrai
!=	Différence entre deux valeurs 1 ! = 2 est vrai
< ou >	Plus petit ou plus grand 1 < 2 est vrai
<= ou >=	Plus petit ou égal 1 <= 1 est vrai

Les opérateurs de comparaisons sont assez souples sur les différents types. Ainsi, on a :

```
In[] : # True est égal à 1
       True == 1
Out[] : True

In[] : # False est égal à 0
       False == 0
Out[] : True

In[] : # mais True n'est pas 1
       True is 1
Out[] : False

In[] : True > False
Out[] : True

In[] : # l'ordre alphabétique prime
       "Python" > "Java"
```

```
Out[] : True

In[] : "Java"< "C"
Out[] : False
```

2.5.2 Les boucles

Les boucles sont des éléments centraux de la plupart des langages de programmation. Python ne déroge pas à cette règle. Il faut néanmoins être très prudent avec un langage interprété tel que Python. En effet, le traitement des boucles est lent en Python et nous l'utiliserons dans le cadre de boucles à peu d'itérations. Nous éviterons de créer une boucle se répétant des milliers de fois sur les lignes d'un tableau de données. Cependant, nous pourrons utiliser une boucle sur les colonnes d'un tableau de données à quelques dizaines de colonnes.

◆ *La boucle for*

La boucle en Python a un format un peu spécifique, il s'agit d'une boucle sur les éléments d'une structure. On écrira:

```
for elem in [1, 2] :
    print(elem)
```

Ce morceau de code va vous permettre d'afficher 1 et 2. Ainsi l'itérateur de la boucle (elem dans notre cas) prend donc les valeurs des éléments de la structure se trouvant en seconde position (après le in). Ces éléments peuvent être dans différentes structures mais on préférera généralement des listes.

◆ *Les fonctions range, zip et enumerate*

Ces trois fonctions sont des fonctions très utiles, elles permettent de créer des objets spécifiques qui pourront être utiles dans votre code pour vos boucles.

La fonction `range()` permet de générer une suite de nombres, en partant d'un nombre donné ou de 0 par défaut et en allant jusqu'à un nombre non inclus:

```
In[] : print(list(range(5)))
[0, 1, 2, 3, 4]

In[] : print(list(range(2,5)))
[2, 3, 4]

In[] : print(list(range(2,15,2)))
[2, 4, 6, 8, 10, 12, 14]
```

On voit ici que l'objet range créé peut être facilement transformé en liste avec `list()`.

Dans une boucle, cela donne :

```
for i in range(11) :
    print(i)
```

Les fonctions zip et enumerate sont aussi des fonctions utiles dans les boucles et elles utilisent des listes.

La fonction `enumerate()` renvoie l'indice et l'élément d'une liste. Si nous prenons notre liste de pays utilisée plus tôt :

```
In[] : for i, a in enumerate(liste_pays) :
           print(i, a)

0 Suisse
1 Espagne
2 France
3 Etats-Unis
4 Inde
5 Chine
```

La fonction zip va permettre de coupler de nombreuses listes et d'itérer simultanément sur les éléments de ces listes.

Si par exemple, on désire incrémenter simultanément des jours et des météos, on pourra utiliser :

```
In[] : for jour, meteo in zip(["lundi","mardi"],["beau","mauvais"]) :
           print("%s, il fera %s" %(jour.capitalize(), meteo))

Lundi, il fera beau
Mardi, il fera mauvais
```

Dans ce code, on utilise `zip()` pour prendre une paire de valeurs à chaque itération de la boucle. La seconde partie est une manipulation sur les chaînes de caractères. Si l'une des listes est plus longue que l'autre, la boucle s'arrêtera dès qu'elle arrivera au bout de l'une d'elles.

On pourra coupler enumerate et zip dans un seul code, par exemple :

```
In[] : for i, (jour, meteo) in enumerate(zip(["lundi","mardi"],
                                             ["beau","mauvais"])) :
           print("%i : %s, il fera %s" %(i, jour.capitalize(), meteo))

0 : Lundi, il fera beau
1 : Mardi, il fera mauvais
```

On voit ici que i est la position de l'élément i.

Remarque – Remplacement dans une chaîne de caractères

Dans l'exemple précédent, nous avons vu le remplacement dans une chaîne de caractères. En effet, les `%i` et `%s` ont été remplacés par des valeurs données après la chaîne

de caractères avec `%()`. Cette approche est simple et permet de créer facilement des chaînes de caractères avec des affichages adaptables. Ainsi, %i veut dire entier, `%s` veut dire chaîne de caractères et `%f` veut dire float. On peut gérer l'affichage des nombres après la virgule avec `%.2f` pour afficher deux chiffres après la virgule.

◆ *La boucle while*

Python vous permet aussi d'utiliser une boucle `while()` qui est moins utilisée et ressemble beaucoup à la boucle while que l'on peut croiser dans d'autres langages. Pour sortir de cette boucle, on pourra utiliser un break avec une condition. Attention, il faut bien incrémenter l'indice dans la boucle, au risque de se trouver dans un cas de boucle infinie.

On pourra avoir :

```
i=1
while i<100 :
       i+=1
       if i>val_stop :
             break
print(i)
```

Ce code ajoute un à i à chaque boucle et s'arrête quand i atteint soit val_stop, soit 100.

Remarque – L'incrémentation en Python peut prendre plusieurs formes i=i+1 ou i+= 1. Les deux approches sont équivalentes en termes de performance, il s'agit de choisir celle qui vous convient le mieux.

2. 6 LES FONCTIONS

2.6.1 Généralités

Dès que vous allez vous mettre à coder en Python, vous vous rendrez compte très rapidement que l'une des forces du langage est sa capacité d'automatisation. Le plus simple pour cela est de créer des fonctions. Une fonction est un objet qui prend en entrée des arguments et qui effectue des actions. En Python, une fonction se définit de manière simple : on utilise un mot clé `def` et le nom de la fonction. Ensuite, il ne reste qu'à entrer les arguments de la fonction et les deux points habituels.

```
def ma_fonc(a,b) :
       print(a+b)
```

Cette fonction affiche la somme des deux arguments a et b.

Qu'est-ce qu'on remarque dans cet exemple ? Il n'y a pas de définition de type associé aux arguments (typage). Le contenu de la fonction est toujours basé sur l'indentation. Cette fonction affiche le résultat mais ne renvoie rien.

En général, une fonction renvoie une valeur. On utilise pour cela la commande return.

Comment appeler une fonction ?

```
ma_fonc(a=4, b=6)
ma_fonc(4,6)
ma_fonc(b=6, a=4)
```

Vous noterez qu'il est possible de ne pas indiquer les noms des arguments dans l'appel d'une fonction. Dans cette situation, Python affecte les valeurs aux arguments dans l'ordre où ces derniers ont été définis au départ dans la fonction.

2.6.2 Les arguments d'une fonction

◆ *Les arguments facultatifs*

Il est possible d'avoir des arguments facultatifs dans une fonction. Dans ce but, on devra donner des valeurs par défaut aux arguments facultatifs :

```
In[] : def ma_fonc(a, b=6) :
            print(a+b)
In[] : ma_fonc(2,5)
7
In[] : ma_fonc(2)
8
```

On voit bien que le seul argument obligatoire de notre fonction est a. Le second est facultatif et ne sera pas obligatoire dans l'appel de la fonction. Lorsqu'une fonction compte beaucoup d'arguments, cela évite d'avoir à tous les entrer :

```
In[] : def ma_fonc2(a, b=6, c=5, d=10) :
            print(a+b+c+d)
In[] : ma_fonc(2, c=3)
21
In[] : ma_fonc(2, d=1)
14
```

Tous les arguments facultatifs doivent être placés après les arguments obligatoires.

◆ *Les listes et les dictionnaires d'arguments*

Notre fonction ma_fonc2 prend 4 valeurs en entrée dont 3 facultatives. Dans les exemples précédents, nous utilisons des valeurs individuelles dans l'appel de la fonction pour chaque paramètre. Si nous voulons utiliser soit une liste, soit un dictionnaire à la place, il y a un moyen simple : * et **.

```
In[] : list_fonc=[3,5,6,8]
       ma_fonc2(*list_fonc)
22
In[] : dico_fonc={"a":5,"b":6,"c":7,"d":5}
       ma_fonc2(**dico_fonc)
23
```

De nombreuses applications de cette approche seront possibles pour paramétrer des fonctions complexes de manière automatique.

◆ *Les arguments multiples (args, kwargs)*

On veut parfois gérer plus d'arguments dans un appel de fonctions que ceux définis directement. Pour cela, on va ajouter les paramètres `*args` et `**kwargs`. Il s'agit en fait d'un tuple de paramètres obligatoires pour args, dont on ne connaît pas la taille, et d'un dictionnaire de paramètres pour kwargs, dont on ne connaît pas la taille non plus. Les arguments de la fonction sont donc rassemblés dans un tuple ou dans un dictionnaire.

```
def ma_fonc3(param_obligatoire,*args,**kwargs) :
    print("Argument obligatoire :", param_obligatoire)
    # si on a des arguments positionnés après les arguments obligatoires
    # on les affiche
    if args :
        for val in args :
            print("Argument dans args : ", val)
    # si on a des arguments du type arg1 =... situé après les arguments
    # obligatoires, on les affiche
    if kwargs :
        for key, val in kwargs.items() :
            print("Nom de l'argument et valeur dans kwargs", key, val,
                                                                  sep=": ")
```

Lorsqu'on va appeler cette fonction, nous obtenons :

```
In[] : ma_fonc3("DATA","Science","Python", option="mon_option")

Argument obligatoire : DATA
Argument dans args : Science
Argument dans args : Python
Nom du paramètre et valeur dans kwargs : option : mon_option

In[] : ma_fonc3("DATA", autre_option="mon_option")

Paramètre obligatoire : DATA
Nom de l'argument et valeur dans kwargs : autre_option : mon_option
```

Dans ce code, on a combiné les différentes options. On utilise souvent ce type d'arguments lorsqu'on appelle des fonctions imbriquées de manière à éviter d'avoir à nommer tous les paramètres de toutes les fonctions appelées. Bien entendu, c'est à l'utilisateur de bien nommer les paramètres dans la partie kwargs.

2.6.3 Les docstrings

Il s'agit d'un type de commentaires spécifiques qui s'appliquent aussi bien à une fonction qu'à une classe ou à un module et permettant d'expliquer l'utilisation de celui-ci. Un docstring est défini par """ et sera constitué d'une ou plusieurs lignes permettant d'expliquer les fonctionnalités et les paramètres d'une fonction. Un certain nombre de règles sur les docstrings sont définis par la Python Software Foundation dans le *PEP257 – Docstring conventions* disponible ici : https://www.Python.org/dev/peps/pep-0257/

Voici un exemple de fonction avec un docstring :

```
def ma_fonction(*args):
    """Cette fonction calcule la somme des paramètres"""
    if args:
        return sum(args)
    else:
        return None
```

Un docstring peut être affiché très facilement sans avoir à aller dans le code de la fonction, on peut faire :

```
In[] : help(ma_fonction)

Help on function ma_fonction in module __main__:
ma_fonction(*args)
    Cette fonction calcule la somme des paramètres

ma_fonction.__doc__
'Cette fonction calcule la somme des paramètres'

In[] : ?ma_fonction

Signature: ma_fonction(*args)
Docstring: Cette fonction calcule la somme des paramètres
File: c:\users\info\<iPython-input-198-3e92fd468cd3>
Type: function
```

On a donc créé un docstring sur notre fonction et on peut l'appeler en utilisant `help()` ou `.__doc__` en Python et en utilisant ? et le raccourci clavier SHIFT+TAB dans votre notebook Jupyter.

2.6.4 Les retours multiples

Lorsqu'on veut qu'une fonction renvoie plus qu'un seul objet, il suffit de faire un appel return avec plusieurs objets séparés par des virgules. Lorsqu'on appelle cette fonction, elle renvoie plusieurs objets qui peuvent être alloués à plusieurs variables ou stockés dans un tuple.

```
def ma_fonc(a, b) :
    return a+b, a-b
```

On aura :

```
In[] : tu1=ma_fonc(2,5)
       print(tu1)
(7,-3)
In[] : val1, val2=ma_fonc(2,5)
       print(val1, val2)
7, -3
```

Cette fonctionnalité sera utile lorsqu'on désire extraire plusieurs paramètres d'un modèle de machine learning.

2.6.5 Les fonctions lambda

Il s'agit de ce qu'on appelle des **fonctions anonymes**. Ceci veut dire que l'on ne donnera pas de nom à notre fonction et qu'on va la créer à la volée. Ces fonctions pourront être très utiles dans la transformation de données en data science.

Pour définir une fonction lambda, on utilise le mot clé lambda. Une fonction lambda doit pouvoir s'écrire en une seule ligne et refléter une seule action.

Par exemple, si on désire une fonction qui met en majuscules des mots et les sépare dans une liste, on pourra utiliser :

```
In[] : ma_chaine="Python pour le data scientist"

In[] : (lambda chaine : chaine.upper().split())(ma_chaine)
Out[] : ['PYTHON', 'POUR', 'LE', 'DATA', 'SCIENTIST']
```

On applique donc les méthodes `upper()` et `split()` sur la chaîne de caractères.

Nous utiliserons par exemple des fonctions lambda sur des listes :

```
In[] : ma_liste = [1, 6, 8, 3, 12]
       nouvelle_liste = list(filter(lambda x: (x >= 6), ma_liste))
       print(nouvelle_liste)
[6, 8, 12]
```

Ou des structures pour le traitement des données :

```
frame_rs['Budget_vs_moyen2'] = frame_rs['Budget'].apply(lambda x:
                                              x/budget_moyen*100)
```

Dans ce cas, on applique à une colonne de données une transformation qui divise la valeur d'une variable par une valeur moyenne puis on multiplie par 100.

Nous reviendrons sur les fonctions lambda dans la suite de cet ouvrage.

2.7 LES CLASSES ET LES OBJETS

Dans un ouvrage introductif à Python pour le data scientist, il peut paraître prématuré de parler de création de classes. Néanmoins, la compréhension de Python passe par la compréhension des classes et des objets. Il ne s'agit pas de construire des classes dès votre première utilisation de Python mais très vite l'optimisation de votre code vous demandera de passer par là.

On vous dira toujours que vous pouvez coder en Python sans jamais utiliser de classes dans votre code. C'est une réalité mais il faut se demander pourquoi la plupart des packages sont basés sur des classes, et Python lui-même base tout son code sur des classes. Cette utilisation vient du fait que les classes vont simplifier et sécuriser votre code. Cela va aussi vous permettre de le factoriser.

2.7.1 Qu'est-ce qu'une classe ?

Il s'agit de ce qui permet de définir un objet. Nous avons pu voir que les objets sont centraux dans Python. Pour construire un objet d'une classe donnée, c'est très simple :

```
objet1=Classe1(arg1)
```

Nous verrons plus tard dans cet ouvrage que les modèles de machine learning sont basés sur des classes

```
mon_modele=LinearRegression()
```

Une classe permet de créer un objet spécifique adapté à vos besoins. Ainsi, cet objet aura des caractéristiques et des méthodes.

Par exemple, un booléen est un objet de la classe bool, il a des propriétés et des méthodes

```
bool1=True
bool1.denominator
bool1.conjugate()
```

2.7.2 Comment définir une classe ?

On utilise le mot clé ***class***.

On utilise un constructeur en Python, le constructeur de classe est __***init***__ (attention au double underscore).

Puis, on définit tous les attributs dans le constructeur en fournissant généralement des valeurs par défaut.

Supposons que l'on désire construire un objet image dont on pourra modifier les caractéristiques :

```
class MonImage()
    def __init__(self, resolution = 300, source = "./", taille= 500) :
        self.resolution = resolution
        self.souvrce = source
        self.taille = taille
```

Si on veut créer un objet issu de cette classe, on pourra utiliser :

```
image_1 = MonImage(source="./docs/image1.jpg")
```

On aura :

```
In[] : image_1.taille
Out[] : 500
```

On voit donc une première approche pour simplifier la création d'objets multiples. Ce qui nous intéresse maintenant est d'associer des méthodes à cette classe. Pour cela, il nous suffit de créer des fonctions dont le premier argument est self et qui utilisent les attributs de notre classe.

```
class MonImage()
    def __init__(self, resolution = 300, source = "./", taille= 500):
        self.resolution=resolution
        self.souvrce=source
        self.taille=taille

    def affiche_caract(self):
        print("Résolution:", self.resolution)
        print("Taille:", self.taille)
        print("Source:", self.source)

    def agrandir_image(self, facteur) :
        self.taille*= facteur
```

On pourra alors avoir :

```
In[] : image_1.agrandir_image(2)
In[] : print(image.taille)
1000
```

On voit bien que la méthode `agrandir_image` de la classe `MonImage` a directement modifié mon objet. Les classes et les objets incluent des notions d'héritage et d'autres fonctions standard.

2.7.3 Aller plus loin sur les classes

Nous allons fréquemment utiliser des classes déjà construites. Si vous désirez parfaire votre connaissance des classes, et notamment des notions d'héritage entre classes, vous trouverez quelques références en fin d'ouvrage.

2. 8 LES PACKAGES ET LES MODULES

2.8.1 Un peu de vocabulaire

En Python, il existe deux types de structures pour organiser votre code : les **modules** et les **packages**.

Pour faire simple, les modules sont des fichiers .py dans lesquels des fonctions et des classes sont stockées. Les packages sont des répertoires structurés dans lesquels de nombreux modules sont stockés.

2.8.2 Installer un package

Comme on a pu le voir plus tôt, Python s'appuie sur de nombreux packages, ceux-ci peuvent être basés sur vos développements mais bien souvent ils ont été développés par la communauté et partagés sur le PyPi (Python Repository). Le code source de ces packages est en général stocké et partagé dans GitHub (www.github.com).

Pour récupérer un package, il faut le télécharger et le compiler si nécessaire. Le processus est le suivant :

✓ Si vous utilisez Anaconda, lancez l'invite de commande et, si le package se trouve sur le répertoire d'Anaconda en ligne (certains packages sont hébergés dans le répertoire Anaconda en ligne mais ne sont pas inclus dans la version que vous avez installée sur votre machine), utilisez :

```
conda install numpy
```

✓ Si vous n'utilisez pas Anaconda ou si le package ne se trouve pas sur le répertoire d'Anaconda, utilisez la commande :

```
pip install numpy
```

Il suffit d'installer un package une seule fois dans un environnement.

2.8.3 Charger un package ou un module dans votre code

Lorsque vous voulez utiliser les fonctions et les classes d'un package, il vous faudra charger le lien vers le package en mémoire. Cela se fait de manière très simple grâce à un mot clé Python import.

Ainsi, pour charger un package, on utilisera :

```
import datetime
```

Et on pourra se servir des éléments du package datetime, par exemple pour afficher la date du jour :

```
print(datetime.date.today())
```

On préfère utiliser une version plus courte du nom du package pour cela :

```
import numpy as np
```

Dans ce cas, si on veut générer un nombre aléatoire à partir d'une fonction du package NumPy, on doit écrire :

```
print(np.random.random(1))
```

Il s'agit de la version qu'il faut privilégier.

Il existe aussi une méthode pour importer les éléments d'un package sans avoir à utiliser de préfixe, on utilise dans ce cas from pandas import *. Il faut éviter cette approche qui comporte de nombreux risques d'écrasement lorsque plusieurs packages sont chargés. Si on veut utiliser une fonction ou une classe d'un package sans préfixe, on utilise cette syntaxe :

```
from pandas import DataFrame
```

Ainsi il suffit d'utiliser la classe DataFrame sans préfixe, mais on a peu de chance d'écrasement dans ce cas.

2.8.4 Créer son propre module/package

Dès que vous commencerez à avoir une certaine quantité de code, vous allez vous rendre compte de la nécessité de le stocker afin de le réutiliser. Pour cela, il vous faut un système de *versioning* (public pour l'open source ou privé) comme Git par exemple. Il ne s'agit pas d'une obligation mais d'une bonne pratique.

◆ *Créer un module*

Créer un module est extrêmement simple, il vous suffit de créer un fichier .py dans lequel vous allez stocker vos fonctions et vos classes. Il vous faudra ensuite placer votre fichier dans un répertoire qui se trouve dans le PYTHONPATH. Pour identifier celui-ci, on utilisera la commande :

```
import sys
sys.path
```

Une fois que le fichier est au bon endroit, il vous suffit d'utiliser dans votre code :

```
import mon_module
mon_module.ma_fonction()
```

Vous pouvez maintenant utiliser vos classes et fonctions.

◆ *Créer un package*

Il peut arriver que votre module commence à devenir trop condensé ou que vous désiriez le publier dans le PyPi ou sur GitHub. Il faut alors passer à la notion de package. Il s'agit ici d'un ensemble structuré de fichiers .py rassemblés dans un répertoire. Pour définir un package, il faut lui ajouter un fichier nommé __init__.py (avec deux underscores de chaque côté).

Ce fichier __init__.py doit être placé à la racine de votre répertoire. Il permet d'initialiser votre package, ceci veut dire que lorsque vous chargez votre package dans votre code, Python lance le code qui se trouve dans le fichier. On peut très bien laisser ce fichier vide si vous ne désirez pas lancer du code en amont. On pourra aussi ajouter des vérifications de dépendances à d'autres packages ou charger quelques classes.

Une fois le fichier d'initialisation créé, on peut structurer son package avec des modules, des sous-répertoires (s'il s'agit de sous-modules, on créera un fichier d'initialisation).

Si votre fichier __init__.py est vide et que votre package est structuré de cette façon :

```
mon_package
        |- __init__.py
        |- mon_code.py
```

Pour lancer ma_fonction qui se trouve dans le fichier mon_code.py, on utilise :

```
import mon_package.mon_code
mon_package.mon_code.ma_fonction()
```

Ceci nous permet d'avoir une approche simple mais il faut bien noter que l'import est un peu lourd dans ce cas. On peut ajouter un pré-chargement des fichiers se trouvant dans le répertoire directement dans le fichier __init__.py. Pour cela, il vous suffit d'ajouter dans le fichier d'initialisation le code suivant :

```
from mon_package.mon_code import *
```

Une fois cette ligne ajoutée, vous aurez dans votre code :

```
import mon_package
mon_package.ma_fonction()
```

Si vous n'êtes pas à l'aise avec le code `import *`, vous pouvez faire les imports séparément pour toutes les fonctions et classes de vos fichiers.

Il ne vous reste plus qu'à bien commenter votre code, ajouter des docstrings de qualité, et publier votre travail pour contribuer à l'amélioration de l'environnement Python.

Remarque – Le nom de votre package

Si vous désirez partager ou utiliser souvent votre package, choisissez un nom qui n'est pas déjà utilisé sur le PyPi (même si vous n'avez pas forcément l'intention de publier votre package, il faut éviter les risques de conflit lors de mises en place de dépendances). Ce nom doit être en minuscules.

2. 9 ALLER PLUS LOIN

2.9.1 La gestion des exceptions

Comme on a pu le voir dans ce chapitre, Python est extrêmement souple et peut rapidement aboutir à des erreurs difficiles à débuguer. Pour éviter l'apparition de messages intempestifs, on se sert de la gestion d'exceptions de Python. Cette approche est très simple. Si nous définissons une fonction qui calcule le rapport entre deux floats, elle renverra une erreur lorsque le dénominateur sera égal à 0 ou lorsque l'un des deux paramètres ne sera pas un nombre. Pour gérer cela, on utilisera :

```
def rapport(x, y) :
    try:
        return x/y
    except ZeroDivisionError :
        print("Division par zéro")
        return None
    except TypeError :
        print("Le type entré ne correspond pas")
        return None
```

On peut aussi utiliser `except` seul, dans ce cas toutes les erreurs sont directement prises en charge sans type donné.

De nombreuses erreurs sont repérées par la gestion d'exceptions de Python. Si vous voulez éviter qu'une action soit lancée dans l'exception, vous pouvez utiliser la commande `pass`.

Finalement, il existe une commande `finally` qui se met en fin de fonction et qui va permettre d'appliquer une action, quel que soit le cas (erreur ou non). Elle fonctionne de cette façon :

```
def rapport(x, y) :
    try:
        resultat = x/y
    except ZeroDivisionError:
        print("Division par zéro")
    else:
        print("Le résultat est %.2f" %(resultat))
    finally:
        print("Le calcul est terminé")
```

Si on lance :

```
In[] : rapport(1,2)
Le résultat est 0.50
Le calcul est terminé
```

Si on lance :

```
In[] : rapport(1,0)
Division par zéro
Le calcul est terminé
```

Si on lance :

```
In[] : rapport("&", 3)
Le calcul est terminé
---------------------------------------------------------------------
------
TypeError Traceback (most recent call last)
...
```

Vous pouvez aussi créer vos propres types d'erreurs en construisant des classes spécifiques.

Astuce – Si vous avez mis en place une gestion d'erreurs et vous voulez déboguer votre code sans retirer cette gestion, il vous suffit d'ajouter après votre except, le mot-clé *raise*.

2.9.2 Les expressions régulières

Les expressions régulières constituent un système très puissant et très rapide pour faire des recherches dans des chaînes de caractères. C'est une sorte de fonctionnalité Rechercher/Remplacer très poussée, dont vous ne pourrez plus vous passer une fois que vous saurez vous en servir.

En Python, les expressions régulières se font avec un package nommé re. Lorsqu'on veut utiliser des expressions régulières, on utilise :

```
import re

chaine = "info@stat4decision.com"
regexp = "(^[a-z0-9._-]+@[a-z0-9._-]+\.[(com|fr)]+)"

if re.match(regexp, chaine) is not None :
    print("Vrai")
else:
    print("Faux")

print(re.search(regexp, chaine).groups())
```

Une expression régulière est difficile à lire dans un premier temps.

L'expression ci-dessus vérifie que la chaîne entrée est bien une adresse e-mail. Détaillons les différentes parties de cette expression :

- ✓ `^[a-z0-9._-]` : l'accent prend le début de la chaîne de caractères, on attend ensuite des lettres, des nombres, des tirets ou des points
- ✓ `+@[a-z0-9._-]` : on attend ensuite le signe @ puis des lettres, chiffres, tirets ou points
- ✓ `+\.[(com|fr)]+)` : finalement, on attend .com ou .fr.

Cette première expression vous montre la puissance de ce type d'approches. Vous trouverez tous les détails sur les expressions régulières et le package re de Python ici :

https://docs.Python.org/fr/3/library/re.html

2.9.3 Les décorateurs

Les décorateurs sont un type de fonction spécifique en Python qui permet d'appliquer des contraintes à n'importe quelle fonction en Python.

Nous avons vu les fonctions plus haut, leur souplesse permet d'intégrer des définitions de fonctions dans des fonctions ou d'appeler une fonction depuis une fonction. On a :

```
In[] : def bonjour():
           return "Bonjour !"

In[] : def bonjour_aurevoir(fonction):
           print(fonction(), "Au revoir !", sep="\n")

In[] : bonjour_aurevoir(bonjour)
```

```
Bonjour !
Au revoir !
```

Il s'agit ici de fonctions classiques ; un décorateur est une fonction un peu différente :

```
In[] : def mon_premier_decorateur(fonction) :
           def bonjour() :
               print("Bonjour !")
               fonction()
           return bonjour

In[] : def fonction_decoree() :
           print ("Au revoir !")

In[] : fonction_decoree = mon_premier_decorateur(fonction_decoree)

In[] : fonction_decoree()
Bonjour !
Au revoir !
```

On voit ici qu'on construit un décorateur qui prend une fonction comme paramètre et qui va automatiquement lui ajouter « Bonjour ! » sur la première ligne d'affichage.

On va pouvoir appeler ce décorateur autrement :

```
In[] : @mon_premier_decorateur
       def fonction_decoree2() :
           print("Comment allez-vous ?")

In[] : fonction_decoree2()
Bonjour !
Comment allez-vous ?
```

Si on prend un autre exemple, supposons qu'on veuille qu'une fonction ne s'applique que lorsqu'un utilisateur est un utilisateur spécifique.

```
In[] : # on définit le décorateur - vérification du nom d'utilisateur
       def test_utilisateur(fonction) :
           def verif_utilisateur(*args) :
               if args[0]=="Emmanuel" :
                   fonction(*args)
               else :
                   print("Mauvais utilisateur")
       return verif_utilisateur

In[] : # on définit un mauvais utilisateur avec le bon password
       utilisateur="Paul"
       password_emmanuel="Python"
```

```
In[] : # on définit la fonction affiche_mot_de_passe qui affiche le mot de
       # passe que si l'utilisateur est Emmanuel en utilisant le décorateur
       @test_utilisateur
       def afficher_mot_de_passe(utilisateur) :
           print("Mon mot de passe est %s"%(password_emmanuel))

In[] : # on appelle la fonction décorée
       afficher_mot_de_passe(utilisateur)
Mauvais utilisateur

In[] : # on change d'utilisateur
       utilisateur="Emmanuel"

In[] : # on appelle la fonction décorée
       afficher_mot_de_passe(utilisateur)
Mon mot de passe est Python
```

On voit bien que lorsque l'utilisateur est bien celui défini dans le décorateur, le mot de passe s'affiche bien.

On peut bien sûr combiner plusieurs décorateurs sur la même fonction.

En résumé

Ce chapitre nous a permis de poser les bases nécessaires à l'utilisation du langage Python pour un data scientist. Nous avons ainsi étudié les principes du langage et des applications plus avancées, notamment avec les classes ou les décorateurs. Tous ces concepts sont importants pour bien appréhender Python en tant que langage de programmation adapté à la data science.

DEUXIÈME PARTIE

La préparation et la visualisation des données avec Python

Cette deuxième partie vous permettra de prendre en main et de transformer des données avec Python. Ce processus de préparation est central en data science.

Dans le chapitre 3, les outils nécessaires au travail sur les données avec Python seront utilisés, avec notamment les arrays de NumPy et les objets DataFrame de Pandas. Dans le chapitre 4, nous présenterons les méthodes de transformation et de représentation avec Pandas, afin de mieux comprendre les données. Le dernier chapitre de cette partie est consacré à la data visualisation, en se basant sur quelques cas pratiques.

3

Python et les données (NumPy et Pandas)

Objectif

Ce chapitre présente les principales structures de stockage et de traitement de données en Python. Ces structures sont basées sur deux packages : NumPy et Pandas.

3.1 LA DONNÉE À L'ÈRE DE LA DATA SCIENCE

La data science comporte de nombreuses facettes mais sa principale caractéristique reste le traitement de la donnée. Cette donnée est la matière première sur laquelle le data scientist doit travailler. Bien connaître les données est donc primordial.

Une donnée est une description élémentaire d'une réalité. Cette donnée, que nous avons le réflexe d'imaginer sous la forme d'un tableau, n'a pas un format fixe.

Une image, une vidéo, un relevé au temps *t*, une moyenne annuelle de production constituent tous des données. C'est à vous de définir la donnée et c'est un premier travail extrêmement important. Il faut être en mesure de répondre à la question : comment puis-je décrire la réalité qui m'entoure ?

Dans cette démarche, il y a beaucoup de subjectivité qui entre en jeu. Par exemple, lorsque vous décidez de mesurer le nombre de visiteurs sur un site web, vous allez stocker des données. Ces données sont stockées sous forme de lignes dans une base. Suivant ce que vous avez décidé, une ligne peut être associée à :

- ✓ un individu qui arrive sur le site,
- ✓ un nombre d'individus par heure,
- ✓ un temps de présence par individu sur le site.

En fonction de la donnée que vous avez choisi de relever, vous serez amené à répondre à des questions différentes. Alors pourquoi ne pas tout stocker ? Car pour cela il faut définir exhaustivement toutes les informations liées à un visiteur, ce qui dans le cas d'un site web est faisable mais deviendra impossible pour des systèmes complexes.

La donnée dont vous allez disposer est donc issue d'un processus de sélection qui doit être, soit le plus neutre possible (si aucun objectif n'est prédéfini), soit orienté de façon à répondre à une question précise.

On différencie néanmoins trois types de données :

✓ les données structurées

✓ les données semi-structurées

✓ les données non structurées

3.1.1 Le type de données

◆ *Les données structurées*

Il s'agit des données telles qu'on a l'habitude de les traiter en traitement de données. Elles sont généralement organisées sous forme de bases de données avec des colonnes et des lignes. Elles sont composées de valeurs chiffrées pour des données quantitatives ou de valeurs textuelles pour des données qualitatives (attention, il ne faut pas les confondre avec les données textuelles).

La plupart des algorithmes de traitement de données se basent aujourd'hui sur des données structurées. L'une des tâches du data scientist est de transformer des données non structurées en données structurées. Cette tâche est grandement simplifiée par Python.

On s'attend donc à avoir une ligne par individu statistique et une colonne par variable au sens statistique (à ne pas confondre avec les variables en Python). Un individu statistique peut être un visiteur sur un site web mais aussi une activité pendant un temps donné (nombre de clics par heure) ou encore une transaction.

◆ *Les données non structurées*

Il s'agit de données qui n'ont pas une structure standard, elles sont facilement compréhensibles pour nous mais ne peuvent pas l'être par une machine. Les exemples les plus classiques sont :

✓ les données textuelles,

✓ les images,

✓ les vidéos, les sons...

Toutes ces sources sont aujourd'hui centrales dans la compréhension des interactions du monde qui nous entoure et le travail du data scientist sera de les transformer afin de pouvoir les traiter de manière automatisée.

◆ *Les données semi-structurées*

Il s'agit de données à mi-chemin entre les données structurées et les données non structurées. On compte dans cette catégorie les données du type JSON, les pages html, les données xml. Elles ne sont pas organisées sous forme lignes/colonnes mais ont des systèmes de balises permettant de les transformer assez simplement en données structurées.

3.1.2 Le travail de préparation des données

La préparation des données se divise en de nombreuses étapes cruciales, on pourra citer :

- ✓ la récupération,
- ✓ la structuration,
- ✓ la transformation.

Python vous aidera pour ces trois étapes. Nous allons commencer par nous intéresser aux structures qui vont nous permettre de stocker les données : les arrays de NumPy et les DataFrame de Pandas.

3.2 LES ARRAYS DE NUMPY

Le développement de la data liée à Python s'est surtout fait grâce à un package absolument central pour Python. Il s'agit de NumPy (abréviation de Numerical Python). NumPy permet de transformer un langage de programmation très classique en un langage orienté calcul numérique. Il a été développé et amélioré durant de nombreuses années et propose aujourd'hui un système extrêmement bien organisé de gestion de données.

L'élément central de NumPy est l'**array** qui permet de stocker des valeurs dans une structure supportant tous types de calculs avancés.

La force de NumPy réside en grande partie dans le fait qu'il n'est pas codé directement en Python mais en C, ce qui lui donne une vitesse de traitement non égalable avec du code Python « classique ». L'objectif des développeurs de NumPy est de fournir un outil simple, rapide et complet pour soutenir les divers développements dans le domaine du traitement numérique. NumPy est souvent présenté en même temps que SciPy, un package pour le calcul scientifique se basant sur les structures de NumPy.

NumPy est utile aussi bien à des développeurs novices qu'à des développeurs chevronnés. Les **ndarray**, qui sont des structures à *n* dimensions, servent à tous les utilisateurs de Python pour traiter de la donnée. Par ailleurs, les outils permettant d'interfacer du Python avec d'autres langages tels que le C ou le Fortran ne sont utilisés que par des développeurs plus avancés.

3.2.1 Le ndarray de NumPy

Un objet ndarray est une structure à *n* dimensions permettant de stocker des données. Il a de nombreuses propriétés intéressantes par rapport aux trois structures dont nous avons parlé au chapitre précédent (le tuple, la liste et le dictionnaire) :

- ✓ On ne stocke des données que d'un seul type dans un ndarray.
- ✓ On peut avoir des objets ndarray avec autant de dimensions que nécessaire (une dimension pour un vecteur, deux dimensions pour une matrice…).
- ✓ Les objets ndarray constituent un format « minimal » pour stocker des données.
- ✓ Les objets ndarray possèdent des méthodes spécifiques optimisées permettant de faire des calculs de manière extrêmement rapide.
- ✓ Il est possible de stocker des ndarray dans des fichiers afin de réduire les ressources nécessaires.

Les ndarray ont deux attributs importants : le dtype et le shape. Lorsqu'on crée un ndarray, on peut définir le dtype et le shape ou laisser Python inférer ces valeurs.

Pour utiliser NumPy, nous employons toujours la même méthode d'importation :

```
import numpy as np
```

À partir de maintenant, nous utilisons le terme array pour désigner un objet ndarray.

3.2.2 Construire un array

La méthode la plus simple pour construire un array est d'utiliser la fonction de NumPy : np.array().

◆ *À partir d'une liste*

On peut créer un array à partir d'une liste avec :

```
array_de_liste=np.array([1,4,7,9])
```

Cette fonction prend d'autres paramètres notamment le dtype, c'est-à-dire le type des éléments de l'array. Les dtype sont très variés dans NumPy. En dehors des types classiques que sont int, float, boolean ou str, il existe de nombreux dtype dans NumPy. Nous y reviendrons dans le paragraphe suivant.

◆ *À partir d'une suite de nombres*

On peut créer un array à partir d'une suite de nombres avec la fonction `arange()` qui fonctionne comme la fonction `range()` de Python.

```
In[] : array_range=np.arange(10)
       print(array_range)


[0 1 2 3 4 5 6 7 8 9]
```

À part la fonction `arange()` de NumPy, on pourra utiliser la fonction `linspace()` qui renverra des nombres dans un intervalle avec une distance constante de l'un à l'autre :

```
In[] : array_linspace=np.linspace(0,9,10)
       print(array_linspace)


[0. 1. 2. 3. 4. 5. 6. 7. 8. 9.]
```

On voit que 0 est la borne inférieure, 9 la borne supérieure et on divise en 10 valeurs.

On peut spécifier à chaque fois le `dtype =` dans chaque fonction.

◆ *À partir de formats spécifiques*

Il existe des fonctions pour générer des arrays ayant des spécificités. Nous les rassemblons dans le tableau suivant.

Fonction	Forme de l'array	Utilisation
eye	Matrice identité (2 dimensions avec des 1 sur la diagonale et des 0 ailleurs)	`np.eye(5)`
ones	Array rempli de valeurs égales à 1	`np.ones(10)`
zeros	Array rempli de valeurs égales à 0	`np.zeros(10)`
full	Array rempli d'une valeur donnée	`np.full(10,5.0)`

3.2.3 Les types de données dans des arrays

Le type de l'array est inféré automatiquement mais on peut aussi le spécifier. Ainsi si on veut définir un array rempli de nombres entiers de type int, on va pouvoir le faire avec :

```
arr1=np.array([1,4,7,9], type=int)
```

Dans ce cas, les float de mon array sont automatiquement transformés en entiers.

Il existe de nombreux types, en voici une liste non exhaustive :

- ✓ int : entiers
- ✓ float : nombres décimaux
- ✓ bool : booléens
- ✓ complex : nombres décimaux complexes
- ✓ bytes : bytes
- ✓ str : chaînes de caractères
- ✓ number : tous les types de nombres

Les arrays utilisent donc l'avantage de Python avec un typage automatique mais permettent aussi un typage fixe, ce qui peut être utile dans de nombreux cas.

3.2.4 Les propriétés d'un array

Nous allons utiliser une fonction de NumPy permettant de générer des arrays de nombres aléatoires, issus d'une distribution normale centrée réduite :

```
arr_norm=np.random.randn(100000)
```

Si on veut des informations sur cet array, nous allons utiliser :

```
In[] : print(arr_norm.shape, arr_norm.dtype, arr_norm.ndim, arr_norm.size,
             arr_norm.itemsize, sep="\n")

(100000,)
float64
1
100000
8
```

On a ainsi affiché la forme de notre array, le type des données stockées et le nombre de dimensions. Le shape est stocké dans un tuple, même pour le cas à une dimension. NumPy travaille comme cela afin de ne pas différencier le type de sortie de l'attribut .shape en fonction du nombre de dimensions de l'array traité.

3.2.5 Accéder aux éléments d'un array

L'accès à des éléments d'un array se fait de manière très simple, exactement comme dans une liste pour un array à une dimension :

```
mon_array[5:]
```

On accède ainsi aux derniers éléments de l'array à partir du 5ème.

On peut néanmoins aller un peu plus loin grâce à ce principe :

```
mon_array[debut: fin: pas]
```

Par ailleurs, si on désire accéder à des éléments qui ne sont pas collés les uns aux autres, on pourra utiliser des listes de valeurs :

```
In[] : arr_mult=np.arange(100).reshape(20,5)
       arr_mult[:,[0,4]].shape
Out[] : (20, 2)

In[] : arr_mult[:,0:4].shape
Out[] : (20, 4)
```

On crée ici un array avec des entiers entre 0 et 99 que l'on transforme en une matrice de 20 lignes et de 5 colonnes.

La seconde ligne nous permet d'extraire toutes les lignes des colonnes 0 et 4. On obtient bien un array avec 20 lignes et 2 colonnes. Dans la seconde partie du code, on extrait les colonnes de 0 à 3 en utilisant les deux points.

Si on veut extraire des lignes, on peut procéder de la même façon :

```
In[] : list_ind=[2,5,7,9,14,18]
arr_mult[list_ind,:].shape
Out[] : (6, 5)
```

On a extrait les individus dont les indices sont dans la liste list_ind. On affiche la taille de l'array obtenu.

3.2.6 La manipulation des arrays avec NumPy

◆ *Calculs sur un array*

L'une des forces des arrays de NumPy est la possibilité de faire des calculs. À la différence des listes, nous pouvons faire des calculs sur les arrays :

✓ Cas des listes : list1 + list2 va coller les deux listes

✓ Cas des array : arr1+arr2 va faire une addition terme à terme

On suppose généralement que les arrays ont des tailles équivalentes. Néanmoins, NumPy permet de travailler sur des arrays de tailles différentes. C'est ce qu'on appelle le *broadcasting* (voir plus loin).

Par ailleurs, il faut bien garder en tête que toutes les opérations se font élément par élément. Par exemple, l'opérateur * est une multiplication élément par élément. Il ne s'agit pas d'un produit matriciel.

◆ *Le broadcasting avec NumPy*

La notion de broadcasting est liée au fait de gérer des calculs vectoriels sur des arrays de tailles variées. NumPy permet de faire des calculs sur des arrays ayant des tailles différentes. La règle la plus simple est la suivante :

Deux dimensions sont compatibles lorsqu'elles sont égales ou si l'une des deux est de dimension 1. Le broadcasting est une manière d'étendre des arrays de dimensions inférieures afin de les adapter à des opérations sur des opérateurs avec des dimensions plus grandes.

Exemples de broadcasting :

Si vous avez deux arrays construits de la manière suivante :

```
In[] : arr1=np.array([1,4,7,9])
       arr2=np.ones(3)
       arr1+arr2
Out[] : ValueError: operands could not be broadcast together with
                                                  shapes (4,) (3,)


In[] : arr3=np.ones((3,4))
       arr1+arr3
Out[] : array([[2,5,8,10],
               [2,5,8,10],
               [2,5,8,10]])
```

Dans le premier cas, les deux arrays ont une première dimension qui n'a pas la même taille, on obtient alors une erreur.

Dans le second cas, on voit que les deux arrays ont une dimension commune (4). Par conséquent, l'ajout des valeurs de arr1 se fait pour chaque valeur de l'array arr3.

Si par exemple, on désire appliquer une transformation à une image qui a été préalablement transformée en array, les dimensions de l'images seront: (1000, 2000, 3). Vous pouvez vous référer au paragraphe suivant pour les détails sur les caractéristiques d'une image. Appliquons un vecteur de transformation de dimension 3, et nous aurons :

```
In[] : image.shape
Out[] : (1000, 2000, 3)
In[] : transf = np.array([100, 255, 34])
       transf.shape
Out[] : (3,)
In[] : new_image = image/transf
       new_image.shape
Out[] : (1000, 2000, 3)
```

Le vecteur transf est appliqué à tous les pixels, même si les dimensions ne correspondent que partiellement. On divise la première couleur par 100, la seconde par 255 et la troisième par 34. Nous reviendrons plus loin sur le traitement des images avec NumPy.

◆ *Manipulation d'arrays*

La plupart des exemples vus jusqu'ici présentent des arrays à une dimension. Les arrays ont bien souvent plus d'une dimension. C'est le cas d'une image qui a trois dimensions associées à la position des pixels et à des couleurs (RGB).

Nous allons commencer par générer une structure pouvant ressembler à une image :

```
In[] : array_image=np.random.randint(1,255,(500,1000,3))
       print(array_image.dtype, array_image.shape)
int32 (500, 1000, 3)
```

Nous avons donc une structure en trois dimensions. Si nous voulons extraire des éléments, par exemple, le rectangle en haut à droite de taille 100 par 200, on utilisera :

```
In[] : array_image_rect=array_image[:100,-200:]
       array_image_rect.shape
Out[] : (100, 200, 3)
```

Une autre approche peut être de garder un pixel sur deux ; pour cela il vous suffira d'utiliser :

```
array_image_simple=array_image[::2,::2]
```

L'une des méthodes les plus puissantes pour manipuler des arrays est le `.reshape()`. Il suffit de fournir à l'array une nouvelle forme (à condition que le produit des dimensions soit bien égal au nombre de valeurs dans l'array initial) pour obtenir un array de format adapté. Imaginons que nous ayons un vecteur de taille 1000 et que nous désirions le transformer en une matrice de taille 100 par 10.

```
array_une_dim = np.random.randn(10000)
array_deux_dim = array_une_dim.reshape(100,10)
```

La méthode `.reshape()` a une spécificité : elle peut prendre la valeur -1 pour l'une des dimensions. Dans ce cas, cela évite de devoir calculer la taille de cette dimension. Si on reprend le cas de notre image, on voudra souvent transformer cet array à trois dimensions en un array à deux dimensions (en empilant les pixels). Pour cela, on pourrait bien sûr calculer le produit du nombre de pixels verticaux et horizontaux mais on utilise :

```
In[] : array_image_empile = array_image(-1,3)
       array_image_empile.shape
Out[] : (500000, 3)
```

On peut noter que du point de vue de la mémoire, lorsqu'on change la forme d'un array, ceci ne modifie pas les données telles qu'elles y sont inscrites. Cela modifie uniquement l'attribut shape de la classe ndarray. On peut donc juste modifier cet attribut pour changer la forme d'un array :

```
In[] : array_vec=np.arange(10)
       array_vec.shape=(5,2)
       array_vec
Out[] : array([[0, 1],
               [2, 3],
               [4, 5],
               [6, 7],
               [8, 9]])
```

◆ *Les fonctions universelles*

Les fonctions universelles sont des fonctions de NumPy permettant de calculer ou d'appliquer des transformations de façon très optimisée. En effet, les opérations en Python (notamment la boucle for) sont très peu optimisées en termes de performances et de rapidité. NumPy propose de nombreuses fonctions dites universelles permettant de travailler sur des arrays et qui accélèreront grandement vos calculs.

Un exemple simple peut être vu avec la fonction `np.sum()` :

```
In[] : %%timeit
       somme=0
       for elem in arr_mult:
           somme+= elem
Out[] : 16.7 µs ± 132 ns per loop (mean ± std. dev. of 7 runs,
        100000 loops each)

In[] : % timeit sum(arr_mult)
Out[] : 8.89 µs ± 104 ns per loop (mean ± std. dev. of 7 runs,
        100000 loops each)

In[] : % timeit np.sum(arr_mult)
Out[] : 2 µs ± 19.3 ns per loop (mean ± std. dev. of 7 runs,
        100000 loops each)
```

On voit qu'en utilisant la fonction `sum()` de Python, on divise déjà le temps par 2 par rapport à la boucle. Mais en utilisant la fonction universelle NumPy, `np.sum()`, on divise par 8 le temps de traitement.

Remarque – De nombreuses fonctions universelles sont disponibles, aussi bien sous forme de fonctions de NumPy, que sous forme de méthodes de la classe ndarray. C'est à vous de décider l'approche que vous préférez utiliser.

Voici une liste de fonctions universelles intéressantes avec leurs spécificités :

Fonction universelle	Usage	Exemple
all	Teste si tous les éléments d'un array sont True	`np.all([[True, True],[True, False]], axis=0)` `array([True, False], dtype=bool)`
any	Teste si au moins un élément d'un array est True	`np.any([[True, False], [False, False]], axis=0)` `array([True, False], dtype=bool)`
argmax/ argmin	Renvoie l'indice de la valeur maximum/minimum	`arr=np.arange(6).reshape(2,3)` `np.argmax(arr, axis=0)`

argsort	Renvoie un array avec les indices des données initiales triées	`arr=np.array([3, 1, 2])`
		`np.argsort(arr)`
		`array([1, 2, 0])`

average/ mean	Calcule la moyenne (average permet de calculer la moyenne pondérée)	`arr=np.arange(6).reshape((3,2))`
		`np.average(arr, axis=1, weights=[1./4, 3./4])`
		`array([0.75, 2.75, 4.75])`

clip	Permet de réduire l'étendue des données (les données hors d'un intervalle deviennent égales aux bornes de l'intervalle)	`arr=np.arange(5)`
		`np.clip(arr, 1, 3)`
		`array([1, 1, 2, 3, 3])`

Fonction universelle	Usage	Exemple
cov, corrcoef	Calcule les covariances et corrélations associées à l'array	

diff	Calcule la différence entre un élément et le précédent	`arr=np.array([1, 2, 4, 7, 0])`
		`np.diff(arr)`
		`array([1, 2, 3, -7])`

dot	Calcule le produit matriciel entre deux arrays	

floor	Calcule l'arrondi pour tous les floats	`a=np.array([-1.7, -1.5, -0.2, 0.2, 1.5, 1.7, 2.0])`
		`np.floor(a)`
		`array([-2., -2., -1., 0., 1., 1., 2.])`

round	Arrondit les éléments d'un array à un nombre de décimales donné	`np.round(a, decimals=2)`
sort	Tri ascendant de tous les éléments de l'array. On utilisera le paramètre axis pour trier un array de plus grande dimension	`np.sort(a, axis=0)`
sum	Fait la somme des éléments d'un array	`np.sum(b, axis=1)` `array([1.22116361, 2.4267381 ])`

transpose	Transpose un array (les lignes deviennent les colonnes)	`b=np.random.random((2,3))`
		`b.shape`
		`(2, 3)`
		`np.transpose(b).shape`
		`(3, 2)`

vdot	Calcule le produit vectoriel de deux arrays à une dimension	
where	Fonction vectorisée pour tester une condition sur un array	

La plupart de ces fonctions sont aussi des méthodes liées à l'objet array. On pourra souvent écrire `b.transpose()` ou `np.transpose(b)`. Attention, certaines méthodes modifient directement les objets.

Dans les exemples du tableau ci-dessus, on voit souvent l'argument *axis*. Cet argument a un comportement spécifique. Lorsqu'il n'est pas indiqué, on travaille généralement sur l'array mis à plat (tous les éléments). Lorsqu'il est fixé à -1, on travaille sur le dernier axe (généralement les colonnes si on a deux dimensions). Lorsqu'il est fixé à 0, on travaille sur le premier axe (généralement les lignes) et ainsi de suite.

Toutes ces fonctions ont une gestion des erreurs améliorée et supportent le broadcasting. D'autres fonctions universelles sont plus adaptées aux données, comme nous le verrons par la suite.

◆ *Les fonctions de génération de nombres aléatoires*

NumPy possède un ensemble de fonctions pour générer des nombres aléatoires, celles-ci sont rassemblées dans le module random de NumPy. Les principales sont :

- ✓ `randn()` qui permet de générer des nombres issus d'une loi normale centrée réduite.
- ✓ `random()` qui permet de générer des nombres aléatoires suivant une loi uniforme entre 0 et 1.
- ✓ `randint()` qui permet de générer des entiers.

Il existe des générateurs de nombres issus de nombreuses lois de probabilité dans ce module.

Exemples d'utilisation :

```
In[] : # on génère un vecteur de nombres aléatoires issus d'une
       # loi normale centrée réduite
       np.random.randn(4)
Out[] : array([-1.14297851, 2.13164776, 1.81700602, 0.93970348])

In[] : # on génère une matrice 2 x 2 de nombres aléatoires issus d'une
       # loi uniforme entre 0 et 1
       np.random.random(size=(2,2))
Out[] : array([[0.9591498, 0.61275905], [0.70759482, 0.74929271]])

In[] : # on génère une matrice 2 x 2 de nombres entiers entre 0 et 4
       np.random.randint(0,5,size=(2,2))
Out[] : array([[2, 0],
               [2, 0]])
```

◆ *Fixer la graine pour la génération de nombres aléatoires*

Il peut arriver que l'on désire générer plusieurs fois les mêmes nombres aléatoires. Dans ce cas, on va devoir fixer la graine (seed) permettant de générer les nombres aléatoires. NumPy propose deux approches pour cela : utiliser `np.random.seed()` ou créer un objet `np.RandomState()`.

La première approche va permettre de fixer la graine de Python mais pourra avoir des impacts sur d'autres calculs que ceux de NumPy, on préférera donc la seconde approche qui est beaucoup plus propre.

On crée un objet de la classe RandomState avec une graine donnée que l'on pourra utiliser ensuite :

```
In[] : # on crée un objet avec une graine fixée
       rand_gen=np.random.RandomState(seed=12345)

In[] : # on crée un autre objet avec une graine fixée
       rand_gen2=np.random.RandomState(seed=12345)

In[] : rand_gen.randn(2)
Out[] : array([-0.20470766, 0.47894334])

In[] : rand_gen2.randn(2)
Out[] : array([-0.20470766, 0.47894334])
```

Cet objet pourra être utilisé dans d'autres fonctions, notamment en rapport avec Pandas et Scikit-Learn pour le machine learning.

L'autre approche utilise la fonction `np.random.seed()`.

Si vous désirez explorer toutes les fonctions de NumPy, je vous conseille de commencer par la documentation disponible ici :

https://docs.scipy.org/doc/numpy/reference/index.html

3.2.7 Copies et vues d'arrays

Lorsque nous travaillons sur des arrays de NumPy, il nous arrive souvent de créer de nouveaux arrays. Lorsque vous créez un array à partir d'un autre array, aucune copie n'est effectuée. Concrètement, cela veut dire :

```
In[] : a=np.arange(10)
       b=a
       b[3]=33
       print(a[3])
33

In[] : b.shape = (2,5)
       a.shape
Out[] : (2,5)
```

Si nous voulons créer un array qui partage les mêmes données qu'un array existant mais qui n'affectera pas la forme de cet array, on peut créer une vue (view) :

```
In[] : a=np.arange(10)
       b=a.view()
       b[3]=33
       print(a[3])
33

In[] : b.shape = (2,5)
       a.shape
Out[] : (10,)
```

Si on extrait un array d'un autre array, on crée dans ce cas automatiquement une vue :

```
In[] : a=np.arange(10)
       b=a[: 4]
       b[1]=33
       print(a[1])
33

In[] : b.shape = (2,2)
       a.shape
Out[] : (10,)
```

Finalement, vous pouvez vouloir faire une copie complète de votre array, dans ce cas, on utilise copy, mais soyez attentifs à l'espace mémoire nécessaire si vous avez de gros arrays.

```
In[] : a=np.arange(10)
       b=a.copy()
       b[1]=33
       print(a[1])
1

In[] : b.shape = (5,2)
       a.shape
Out[] : (10,)
```

3.2.8 Quelques opérations d'algèbre linéaire

L'intérêt des arrays de NumPy est leur forme matricielle. Les opérations de calcul classiques se font terme à terme. Nous utiliserons donc des fonctions pour la plupart des calculs matriciels.

Nous rassemblons dans le tableau suivant quelques fonctions d'algèbre linéaire utiles au data scientist. Nous supposons que l'on travaille sur un array 2×2 nommé arr_alg (vous pourrez retrouver des exemples dans les notebooks associés à cet ouvrage).

Il existe de nombreuses autres fonctions dans NumPy et ce package est toujours en évolution.

Fonction universelle	Usage
transpose	Obtenir la transposée d'un array
inv	Obtenir l'inverse d'une matrice
matrix_power	Calculer la puissance d'une matrice carrée
dot	Faire un produit matriciel
multi_dot	Combiner plusieurs produits matriciels
trace	Calculer la trace d'une matrice
eig	Extraire les valeurs propres d'une matrice diagonalisable
solve	Résoudre un système d'équations
det	Calculer le déterminant
matrix_rank	Calculer le rang d'une matrice

3.2.9 Les arrays structurés

Les arrays que nous avons utilisés jusqu'ici sont des arrays pour lesquels nous n'avions qu'un seul type et aucun index autre que l'index numérique. Les arrays structurés sont des arrays dans lesquels plusieurs types peuvent cohabiter avec des noms associés à ces « colonnes ». Ces arrays sont assez peu utilisés dans la pratique mais il est important de connaître leur existence.

On peut créer ce type d'arrays en utilisant :

```
In[] : array_struct = np.array([('Client A', 900, 'Paris'),
                                ('Client B', 1200, 'Lyon')],
                               dtype=[('Clients', 'U10'),
                                      ('CA', 'int'), ('Ville', 'U10')])
In[] : array_struct
Out[] : array([('Client A', 900, 'Paris'), ('Client B', 1200, 'Lyon')],
      dtype=[('Clients', '<U10'), ('CA', '<i4'), ('Ville', '<U10')])
```

On voit ici que l'array est créé comme une suite de tuples avec les valeurs d'une ligne. Ici on a trois colonnes dans notre array et deux lignes.

La partie dtype est très importante car elle permet de définir le nom et le type d'une colonne.

On utilise comme types <U10 qui est un type de NumPy pour les chaînes de caractères de moins de 10 caractères.

Pour aller chercher une colonne dans notre array, il suffit de faire :

```
In[] : array_struct['Clients']
Out[] : array(['Client A', 'Client B'],
              dtype='<U10')
```

Pour extraire une valeur, on pourra utiliser :

```
In[] : array_struct['CA'][0]
Out[] : 900
```

On peut aussi créer des types ou allouer directement des valeurs à ce type d'array. Ces arrays structurés paraissent intéressants pour des traitements de données. Néanmoins, cette approche n'a pas notre préférence. Lorsque nous avons des données de types différents avec des index non numériques, nous nous intéresserons aux DataFrame et aux Series de Pandas plutôt qu'aux arrays structurés.

3.2.10 Exporter et importer des arrays

Il ne s'agit pas ici de proposer une méthode d'importation de données mais plutôt une méthode de stockage d'arrays sur votre machine. NumPy vous permet de stocker des arrays soit en format texte soit en format binaire généralement nommé .npy. Il possède des fonctions pour sauvegarder ou charger des arrays depuis des fichiers.

En voici un exemple :

```
In[] : array_grand=np.random.random((1000000,100)) # on construit un array

In[] : % timeit np.save("grand_array", array_grand)
Out[] : 7.03 s ± 809 ms per loop (mean ± std. dev. of 7 runs, 1 loop each)

In[] : % timeit np.savetxt("grand_array.txt", array_grand)
Out[] : 1min 20s ± 1.31 s per loop (mean ± std. dev. of 7 runs, 1 loop each)

In[] : import os
       os.stat("grand_array.npy").st_size
Out[] : 800000080

In[] : os.stat("grand_array.txt").st_size
Out[] : 2500000000

In[] : % timeit array_grand=np.load("grand_array.npy")
Out[] : 516 ms ± 15.2 ms per loop (mean ± std. dev. of 7 runs, 1 loop each)

In[] : % timeit array_grand=np.loadtxt("grand_array.txt")
Out[] : 3min 28s ± 16.7 s per loop (mean ± std. dev. of 7 runs, 1 loop each)
```

On voit bien que l'utilisation du `savetxt()` est clairement non rentable. On utilisera plutôt le `save()` pour stocker des arrays et pour effectuer des calculs intermédiaires. Par exemple, si vous désirez garder un array en mémoire pour une utilisation sur un autre noyau Python.

Nous reviendrons à de nombreuses reprises sur les arrays de NumPy. Ces structures sont centrales mais peuvent parfois paraître peu pratiques pour les data scientists.

3.3 LES OBJETS SERIES ET DATAFRAME DE PANDAS

C'est pour se rapprocher des structures classiques de l'analyse de données que Pandas a été créé par Wes McKinney. Ce package est basé sur des structures du type arrays mais les enrichit en créant des DataFrame et des Series.

Pour ceux qui sont habitués à l'utilisation de R, cette notion de DataFrame devrait être familière. Le DataFrame est une structure sous forme de tableau dans laquelle chaque colonne doit avoir des éléments du même type. Le DataFrame est un tableau à deux dimensions, indexés par des *index* pour les lignes et des *columns* pour les colonnes. Le DataFrame est très pratique pour travailler sur des tableaux de données structurées.

3.3.1 Les objets Series de Pandas

Il s'agit d'une liste de valeurs stockées dans une colonne proche d'un array de NumPy. Sa spécificité est que les individus de cette liste sont indexés.

Une Series est donc un objet à mi-chemin entre un array de NumPy (suite de valeurs d'un type donné accessibles par une indexation numérique) et un dictionnaire (liste de valeurs associées à des clés).

◆ *Création de Series*

On crée un objet Series en utilisant :

```
In[] : from pandas import Series
In[] : ma_serie = Series([8,70,320, 1200],
                         index=["Suisse","France","USA","Chine"])
       ma_serie

Out[] :
Suisse 8
France 70
USA 320
Chine 1200
dtype: int64
```

Un objet Series peut donc être créé à partir d'une liste comme ci-dessus mais aussi à partir d'un dictionnaire :

```
In[] : from pandas import Series
In[] : ma_serie2= Series({"Suisse":8,"France":70,"USA":320,"Chine":
                                                                1200})
       ma_serie2
Out[] :
Chine 1200
France 70
Suisse 8
USA 320
dtype: int64
```

Comme nous avons utilisé un dictionnaire, les éléments du dictionnaire ne sont pas ordonnés. On voit donc que, dans notre objet Series, les pays ont été ordonnés par ordre alphabétique et non par ordre d'apparition dans le dictionnaire.

On peut aussi construire un objet Series à partir d'un array unidimensionnel de NumPy :

```
In[] : from pandas import Series
In[] : ma_serie3= Series(np.random.randn(5), index=["A","B","C","D","E"])
       ma_serie3
Out[] :
A 1.039354
B 0.022691
C -1.389261
D 0.188275
E 0.534456
dtype: float64
```

On a généré un array avec des nombres aléatoires issus d'une distribution normale centrée réduite et on obtient un objet Series avec le même type de données.

Les indices des objets Series créés peuvent être extraits en utilisant la propriété `.index`.

On peut ajouter quelques informations dans un objet de la classe Series, comme notamment le titre de la Series et le titre de l'index.

◆ *Accéder aux éléments d'un objet Series*

On peut extraire facilement des éléments en utilisant deux approches :

```
In[] : ma_serie[: 3]

Out[] :
Suisse 8
France 70
USA 320
dtype: int64

In[] : ma_serie[["Suisse","France","USA"]]
Out[] :
Suisse 8
France 70
USA 320
dtype: int64
```

On voit ici qu'on sélectionne plusieurs éléments de l'objet. Dans ce cas, il faut bien lui fournir une liste d'éléments (d'où la présence de deux crochets).

Cet objet Series est extrêmement simple à manipuler. On peut simplement faire des requêtes sur un objet Series :

```
In[] : ma_serie[ma_serie>50]
Out[] :
France 70
USA 250
Chine 1200
dtype: int64

In[] : ma_serie[(ma_serie>500)|(ma_serie<50)]
Out[] :
Suisse 8
Chine 1200
dtype: int64
```

Pour cette seconde condition, on voit qu'il ne s'agit pas des opérateurs classiques de Python, on utilisera ici & pour le `and`, | pour le `or` et ! pour le `not`. Par ailleurs, il est très important d'utiliser des parenthèses dans ce cadre.

◆ *Calculs sur les objets Series*

La plupart de ce qu'on a pu voir avec les arrays de NumPy est applicable aux objets Series. Néanmoins, il existe une différence très importante : lorsque vous faites une opération entre deux objets Series, l'opération se fait terme à terme mais les termes sont identifiés par leur index. Si on prend par exemple une simple somme de deux objets Series :

```
In[] : from pandas import Series
In[] : ma_serie3= Series(np.random.randn(5),
                                                  index=["A","B","C","D","E"])
       ma_serie4=Series(np.random.randn(4), index=["A","B","C","F"])
       ma_serie3+ma_serie4
Out[] :
A -0.641913
B 0.053809
C 1.177836
D NaN
E NaN
F NaN
dtype: float64
```

On voit ici que les deux Series ont en commun A, B et C. La somme donne bien une valeur qui est la somme des deux objets Series. Pour D, E et F, on obtient une valeur manquante car l'un des deux objets Series ne comprend pas d'index D, E ou F. On a donc la somme d'une valeur manquante et d'une valeur présente qui logiquement donne une valeur manquante. Si vous voulez faire une somme en supposant que les données manquantes sont équivalentes à 0, il faut utiliser :

```
In[] : ma_serie3.add(ma_serie4, fill_value=0)
Out[] :
A -0.641913
```

```
B 0.053809
C 1.177836
D -0.201225
E 1.107713
F -0.845924
dtype: float64
```

Nous travaillerons à de nombreuses reprises sur des Series et développerons leurs propriétés dans la suite de ce chapitre, notamment avec la notion de date.

3.3.2 Les objets DataFrame de Pandas

L'évolution logique de l'objet Series est le DataFrame. Un objet Series est un outil très pratique pour gérer des séries temporelles. Mais pour des jeux de données plus classiques à plus d'une colonne, c'est le DataFrame qui sera le plus adapté.

Un DataFrame peut être défini de la manière suivante :

Il s'agit d'une structure en colonnes avec autant de colonnes que de variables dans vos données et dans laquelle les données sont accessibles par nom de colonne ou par nom de ligne.

◆ *Construire un DataFrame*

On peut construire un DataFrame à partir d'une liste :

```
frame_list=pd.DataFrame([[2,4,6,7],[3,5,5,9]])
```

Ce DataFrame n'a pas de nom de colonnes spécifique ni de nom de lignes. C'est là tout l'intérêt des DataFrame par rapport aux arrays de NumPy. Le DataFrame créé est composé de deux lignes et quatre colonnes, les index et les noms des colonnes sont dans ce cas générés automatiquement par Pandas.

On peut aussi construire un DataFrame à partir d'un dictionnaire :

```
dico1={"RS":["Facebook","Twitter","Instagram","Linkedin","Snapchat"],
       "Budget":[100,50,20,100,50],
       "Audience":[1000,300,400,50,200]}
frame_dico=pd.DataFrame(dico1)
```

Nous avons donc construit un dictionnaire qui associe à chaque clé des valeurs ; la première clé concerne des réseaux sociaux, la seconde des budgets et la troisième des audiences.

Si vous travaillez dans un notebook Jupyter, vous aurez alors un représentation html améliorée du résultat comme dans la figure 3.1.

On voit que les clés ont bien pris la place du nom des colonnes. Le dictionnaire étant une structure non ordonnée, Pandas a ordonné les colonnes par ordre alphanumérique.

Construction à partir d'un array :

```
frame_mult=pd.DataFrame(arr_mult[: 5,:],columns=["A","B","C","D","E"],
                        index=["Obs_" + str(i+1) for i in range(1,6)])
```

	Audience	Budget	RS
0	1000	100	Facebook
1	300	50	Twitter
2	400	20	Instagram
3	50	100	Linkedin
4	200	50	Snapchat

Figue 3.1 – DataFrame affiché dans un Jupyter notebook.

On utilise les cinq premières lignes et toutes les colonnes et on donne des noms aux colonnes et un index aux observations du type Obs_1. Le DataFrame obtenu se trouve dans la figure 3.2.

	A	B	C	D	E
Obs_1	0	1	2	3	99
Obs_2	5	6	7	8	99
Obs_3	10	11	12	13	99
Obs_4	15	16	17	18	99
Obs_5	20	21	22	23	99

Figure 3.2 – DataFrame créé à partir d'un array.

◆ *Accéder et manipuler des colonnes d'un DataFrame*

Les éléments d'un DataFrame sont accessibles directement par colonne en utilisant : `frame1.col1`, mais on préfèrera généralement `frame1["col1"]` :

```
In[] : frame_mult["A"]
Out[] :
Obs_1 0
Obs_2 5
Obs_3 10
Obs_4 15
Obs_5 20
Name: A, dtype: int32
```

On a donc extrait une seule colonne. On constate qu'elle a le format d'un objet Series de Pandas.

Si on veut créer une nouvelle colonne dans le DataFrame, il suffit d'allouer des valeurs à une nouvelle colonne :

```
frame_mult["F"]=frame_mult["A"]*2
```

Si on désire supprimer cette colonne, on utilise la même méthode que pour tous les objets en Python :

```
del frame_mult["F"]
```

Les colonnes sont toujours ajoutées à la fin du DataFrame, on utilise la méthode .insert() pour spécifier une position :

```
frame_mult.insert(0,"F",frame_mult["A"]*2)
```

Cette méthode modifie notre DataFrame en lui ajoutant en première position une colonne du nom de F avec les valeurs de la colonne A multipliées par 2.

◆ *Accéder et manipuler les lignes et les colonnes d'un DataFrame*

Lorsque vous travaillez sur une table de données, il est rare que l'on désire travailler sur un individu précis. Néanmoins, cela peut être utile pour extraire quelques lignes.

Si on veut accéder à un élément par ligne, on utilisera `.loc[]` :

```
In[] : frame_mult.loc["Obs_4"]
Out[] :
A 15
B 16
C 17
D 18
E 99
Name: Obs_4, dtype: int32
```

Si on préfère accéder aux éléments en utilisant leur indexation numérique, on emploie `.iloc[]` ou directement les crochets :

```
In[] : frame_mult.iloc[3]
Out[] :
A 15
B 16
C 17
D 18
E 99
Name: Obs_4, dtype: int32
```

iloc et loc peuvent prendre plusieurs dimensions, ainsi si vous voulez extraire les éléments Obs_2 et Obs_3 pour les colonnes A et B, vous pourrez le faire en utilisant :

```
In[] : frame_mult.loc[["Obs_2","Obs_3"],["A","B"]]
Out[] :
        A      B
Obs_2   0      1
Obs_3   5      6
```

Avec iloc, cela donnerait :

```
In[] : frame_mult.iloc[1:3,:2]
Out[] :
        A    B
Obs_2   0    1
Obs_3   5    6
```

◆ *L'indexation des DataFrames*

Vous pouvez avoir besoin de modifier les index de vos données. Pour cela, différentes options s'offrent à vous :

Le `.reindex()` va permettre de sélectionner des colonnes et de réordonner les colonnes et les lignes.

```
In[] : frame_vec =pd.DataFrame(array_vec,index=["a","b","c","d","e"],
                                              columns=["A","B"])

In[] : frame_vec.reindex(index=["e","c","d"], columns=["B","A"])
Out[] :
              B    A
          e   9    8
          c   5    4
          d   7    6
```

Si votre but est de renommer des variables, on utilisera la méthode `.rename()` :

```
In[] : frame_vec2=frame_vec.rename(mapper=lambda x: "Obs. "+x.upper(),
                                                         axis=0)
       frame_vec2=frame_vec2.rename(mapper=lambda x: "Var. "+x.upper(),
                                                         axis=1)
       frame_vec2
Out{] :
              Var. A    Var. B
      Obs. A  0         1
      Obs. B  2         3
      Obs. C  4         5
      Obs. D  6         7
      Obs. E  8         9
```

Dans cette première version, on utilise un ***mapper***, c'est-à-dire une fonction modifiant les index. Dans la première ligne, on utilise une fonction lambda pour modifier les index des observations. Dans la seconde ligne, on utilise une autre fonction lambda pour modifier les noms des colonnes.

Il existe une autre manière de renommer des index, qui se fait avec des dictionnaires :

```
In[] : frame_vec.rename(columns={"A":"nouveau_A"}, index={"a":"nouveau_a"})
Out[] :
              nouveau_A    B
```

```
nouveau_a  0    1
b          2    3
c          4    5
d          6    7
e          8    9
```

On voit ici qu'on a renommé une colonne et une ligne de notre DataFrame.

3.3.3 Copie et vue des objets de Pandas

Au même titre que les objets de NumPy, il est important de comprendre comment les objets Series et DataFrame sont alloués. Lorsqu'on crée un objet DataFrame ou Series à partir d'un autre objet, le fait de savoir si on a affaire à une copie ou à une référence dépend de l'objet d'origine. Lorsqu'on travaille sur un array, il s'agit juste d'une référence aux valeurs. Ainsi, on aura :

```
In[] : arr1=np.arange(6).reshape(3,2) #on crée un array
       frame1=pd.DataFrame(arr1) # on crée un DataFrame à partir de l'array
       frame1.iloc[1,1]=22 # on modifie une valeur du DataFrame


In[] : arr1
Out[] :
array([[0, 1],
       [2, 22],
       [4, 5]])
```

On voit que l'array initial est impacté par la modification de l'objet DataFrame. Si vous faites la même chose avec une liste, Pandas crée une copie.

Une fois que vous avez créé votre DataFrame, si vous allouez le même DataFrame à un objet, il va faire référence au premier DataFrame.

Si vous créez un DataFrame à partir d'une partie de votre DataFrame, vous obtiendrez une vue de votre DataFrame.

Finalement, si vous voulez réellement une copie, il faudra utiliser la méthode `.copy()` mais soyez attentifs à l'espace nécessaire. Vous pouvez créer des vues comme avec NumPy en utilisant `.view()`.

En résumé

Dans ce chapitre, nous avons pu voir les principales structures pour charger et traiter des données en Python. Les arrays de NumPy permettent de manipuler des données d'un seul type avec autant de dimensions que nécessaire notamment avec du calcul matriciel. Les objets Series et les DataFrame nous permettent de manipuler des structures de données structurées proches des tables SQL.

4

La préparation des données et les premières statistiques

Objectif

Ce chapitre vous permet de découvrir une étape centrale en data science, celle de la préparation des données. Nous utiliserons des exemples concrets pour illustrer les outils de Python pour préparer des données.

La préparation des données représente au moins 80 % du travail du data scientist. Cette notion de préparation inclut de nombreuses étapes : l'acquisition et le chargement des données dans votre environnement Python, la mise en forme des données afin de pouvoir en extraire de l'information, la description des données à l'aide de statistiques descriptives, pour aboutir à la représentation graphique de ces données.

4.1 PRÉSENTATION DES DONNÉES

Tout au long des chapitres qui vont suivre, nous allons utiliser différents jeux de données. Ces jeux de données sont, pour la plupart, issus de l'open data[1]. Nous décrivons ici les jeux de données que nous allons utiliser de manière récurrente dans l'ouvrage. Si dans la suite de ce livre, vous vous rendez compte qu'il vous manque des informations sur les données analysées, je vous invite à revenir sur cette partie.

Les données que nous utilisons sont mises à disposition par les producteurs de données. De nombreuses modifications seront nécessaires pour pouvoir les traiter.

4.1.1 Les locations AirBnB à Paris

◆ *Description*

Les données de l'entreprise AirBnB, qui propose une place de marché entre particuliers pour louer des logements de vacances, ont été publiées. Nous allons nous intéresser à celles sur la ville de Paris.

1. Pour une description des termes clés, veuillez vous référer au lexique dans les annexes.

◆ *Taille et organisation*

Ces données sont composées de trois fichiers que nous allons utiliser. Ces fichiers sont assez volumineux et s'organisent de la manière suivante :

- ✓ *listing.csv*: 59 945 lignes représentant chacune un logement. On a 96 variables de types variés, reprenant tous les descriptifs du site web.
- ✓ *calendar.csv.gz*: 21 879 195 de lignes représentant chacune la combinaison de chaque logement de listing.csv.gz et des 365 jours entre le 9/3/2017 et le 9/3/2018. Pour chaque combinaison, on a le statut et le prix, si le logement est loué.
- ✓ *reviews.csv.gz*: 969581 lignes représentant des commentaires de clients, avec le nom du client, l'id du logement et finalement le commentaire en données textuelles. Ce tableau possède 6 colonnes.

Il y a beaucoup de types de colonnes et nous allons en détailler certaines lors du traitement de ces données.

◆ *Format*

Les données sont au format .csv.

◆ *Source*

Les données sont disponibles ici :

http://insideairbnb.com/get-the-data.html

4.1.2 Les données des employés de la ville de Boston

◆ *Description*

Il s'agit de données nominatives sur les salariés de la ville de Boston. Il s'agit de données d'open data disponibles sur le site de la ville de Boston. Nous aurions pu choisir une autre ville des Etats-Unis, sachant que chaque ville publie ce type de données (celle de New York comporte 1,2 million de lignes).

◆ *Taille et organisation*

Ce jeu de données possède 22 245 lignes et 10 colonnes. Les colonnes sont :

- ✓ NAME : nom de l'employé
- ✓ DEPARTMENT NAME : département employant l'employé
- ✓ TITLE : titre
- ✓ REGULAR : salaire
- ✓ 6 colonnes de détails sur des primes
- ✓ TOTAL EARNINGS : revenu total
- ✓ POSTAL : code postal

◆ ***Format***

Les données sont au format .csv avec séparateurs virgules.

Les montants sont codés avec l'apostrophe comme séparateur de milliers et un signe $ avant le montant.

◆ ***Source***

Open data de la ville de Boston :

https://data.boston.gov/dataset/employee-earnings-report/resource/70129b87-bd4e-49bb-aa09-77644da73503

4.1.3 Les données des communes d'Île-de-France

◆ ***Description***

Il s'agit d'un jeu de données issu de l'open data de la région Île-de-France. Il rassemble les communes d'Île-de-France et, pour chacune d'entre elles, 38 colonnes. Ces données sont issues de données de l'INSEE combinées à des données de la région Île-de-France.

◆ ***Taille et organisation***

Ce jeu de données possède 1 300 lignes et 38 colonnes. Les colonnes sont de plusieurs types :

✓ Numériques pour, par exemple, la population en 2014 (POP14), le salaire médian (MED14)...

✓ Chaînes de caractères pour la colonne LIBGEO qui donne le nom de la commune.

✓ Données géolocalisées pour la colonne geopoint2d.

◆ ***Format***

Les données sont au format .csv avec séparateurs point virgules.

◆ ***Source***

Open data de la région Ile-de-France :

https://data.iledefrance.fr/explore/dataset/base-comparateur-de-territoires/

4.1.4 Les données sur les clients d'un opérateur de télécommunications

◆ ***Description***

Il s'agit d'un jeu de données rassemblant des clients d'un opérateur de télécommunications. Ces données sont des données issues d'un contexte réel mais simulées.

Pour chaque individu, les colonnes sont renseignées avec un mélange de données quantitatives et qualitatives. La variable cible est Churn? Qui indique si le client a quitté son opérateur.

◆ *Taille et organisation*

Ce jeu de données possède 3333 lignes et 21 colonnes. Les colonnes sont :

✓ Churn? : colonne cible avec 2 modalités

✓ 15 colonnes numériques

✓ 5 colonnes représentant des variables qualitatives (dont 2 binaires)

◆ *Format*

Les données sont au format csv.

◆ *Source*

Ce jeu de données est disponible dans quelques packages. Vous pouvez le récupérer directement sur le site associé au livre.

4.1.5 Les SMS pour la classification de messages indésirables

◆ *Description*

Il s'agit d'un jeu de données de SMS en anglais avec pour chaque message la catégorie spam/ham associée.

◆ *Taille et organisation*

Ce jeu de données possède 5574 lignes et 2 colonnes. Les colonnes sont :

✓ Le label (Spam/Ham).

✓ Le message au format texte.

◆ *Format*

Les données sont au format texte avec des séparateurs tabulations.

◆ *Source*

Ce jeu de données a été collecté par Tiago Agostinho de Almeida and José Maria Gomez Hidalgo.

Il se trouve sur le UCI Machine Learning Repository :

https://archive.ics.uci.edu/ml/datasets/sms+spam+collection

4.1.6 La base de données des vêtements Fashion-MNIST

◆ *Description*

Il s'agit d'un jeu de données de photos de vêtements de 9 catégories différentes en noir et blanc. Ces images sont stockées sous forme d'images de taille 28 × 28 pixels.

Pour chaque image, le code associé est aussi disponible dans le jeu de données.

Ce jeu de données a été créé afin d'avoir une alternative crédible au jeu de données MNIST de chiffres manuscrits qui est trop simple à classifier.

Ils sont issus de : Fashion-MNIST : a Novel Image Dataset for Benchmarking Machine Learning Algorithms. Han Xiao, Kashif Rasul, Roland Vollgraf. arXiv : 1708.07747

◆ *Taille et organisation*

Ce jeu de données possède 70 000 lignes ayant chacune 784 colonnes (28 × 28 × 1). Des labels sous forme de chiffres entre 0 et 9 lui sont associés. Les codes sont les suivants : 0 – T-shirt/haut, 1 – Pantalon, 2 – Pull, 3 – Robe, 4 – Manteau, 5 – Sandales, 6 – Chemise, 7 – Sneakers, 8 – Sac, 9 – Bottes.

◆ *Format*

Les données sont structurées directement sous forme d'arrays dans les packages Keras et TensorFlow. Elles sont aussi disponibles en ligne.

◆ *Source*

Cette base de données est disponible dans plusieurs packages notamment Scikit-Learn et Keras. Elle est disponible aussi ici :

https://github.com/zalandoresearch/fashion-mnist

4.1.7 Les données de l'indice CAC40 sur l'année 2017

◆ *Description*

Il s'agit d'un jeu de données de relevés quotidiens de l'indice CAC40 pour l'année 2017. Pour chaque date, différentes informations sur le cours quotidien de l'indice sont affichées.

◆ *Taille et organisation*

Ce jeu de données possède autant de lignes que de jours d'ouverture de la bourse de Paris (255). Il possède 5 colonnes.

◆ *Format*

Les données sont au format .txt avec un séparateur point-virgule.

◆ *Source*

Il s'agit de données issues du site d'Euronext :

https://www.euronext.com/fr/products/indices/FR0003500008-XPAR

4. 2 LES OUTILS POUR CHARGER LES DONNÉES

4.2.1 Importer des données structurées

La majorité des méthodes et traitements du data scientist prévoient l'utilisation de données sous deux formes :

- ✓ Données observations/variables : une ligne correspond à une observation et une colonne à une variable, qui peut être soit quantitative (numérique) soit qualitative (non numérique).
- ✓ Matrices de distance : il peut s'agir de corrélations, de distances euclidiennes, de tableaux de comptage (matrice de confusion)…

Ces deux structures de données sont souvent assez éloignées des données brutes obtenues en amont d'une analyse. Il va donc falloir réfléchir à la transformation des données.

4.2.2 Le traitement des données externes (csv, SQL, xlsx, open data…)

À partir de cette partie, nous allons travailler sur de nombreux jeux de données avec des types de données très variés. La plupart de ces données sont disponibles en ligne soit en open data soit sur des sites spécialisés. Les sources sont stockées dans un répertoire GitHub dans lequel les codes de l'ensemble de cet ouvrage sont disponibles.

L'une des forces de Pandas est l'importation et l'exportation des données. Ce package possède un ensemble de fonctions très large pour charger des données en mémoire et les exporter dans divers formats. Nous allons développer de nombreux exemples.

◆ *Les formats pris en charge par Pandas*

Pandas dédie un sous-répertoire entier du package à l'importation et à l'exportation vers des formats de données exploitables avec d'autres outils. On peut citer les formats csv, txt, Excel®, SAS®, SQL, HDF5… Suivant le format, les outils seront différents mais les principes restent les mêmes. Ainsi, pour importer un jeu de données, on va créer un objet du type DataFrame à partir de Pandas, pour un fichier csv, on utilisera :

```
frame_csv=pd.read_csv("mon_csv.csv")
```

Si on désire créer un fichier à partir d'un DataFrame, on pourra utiliser :

```
frame_csv.to_csv("mon_csv.csv")
```

De nombreuses options sont disponibles pour ces fonctions.

◆ *Importer un fichier csv*

Le format csv (comma separated values qui veut dire avec des séparateurs virgules) est le format le plus développé. Cependant, le csv est problématique sur des machines françaises. En effet, le csv français est composé de séparateurs points-virgules et non de séparateurs virgules.

La fonction `read_csv()` de Pandas est une fonction avec un nombre de paramètres impressionnant, nous ne nous concentrons ici que sur quelques-uns qui sont importants.

Dans le cas d'un fichier csv classique, un seul paramètre est nécessaire. Il s'agit du chemin vers le fichier. Votre fichier peut se trouver directement sur votre machine mais aussi en ligne. Dans ce cas, il vous suffit de rentrer une adresse web. D'autres paramètres pourront vous être utiles lors du traitement de csv :

- ✓ `delimiter` : afin de donner le format des séparateurs entre valeurs dans le fichier. Utile dans le cas d'un csv avec des séparateurs points-virgules,
- ✓ `decimal` : afin de spécifier le séparateur décimal. Utile dans le cas d'un csv avec des séparateurs décimaux utilisant une virgule,
- ✓ `index_col` : afin de spécifier la position de la colonne servant d'index dans le DataFrame créé (attention les colonnes sont toujours indexées à 0),
- ✓ `header` : afin de dire si le titre de la colonne se trouve dans la première ligne. Si ce n'est pas le cas, on peut utiliser le paramètre names afin de fournir une liste avec le nom des colonnes pour le DataFrame,
- ✓ `dtypes` : dans le cas de gros jeux de données, il peut être intéressant de fournir une liste de types de colonnes ou un dictionnaire afin d'éviter à Python d'avoir à les deviner (ce qui vous évitera certains warnings),
- ✓ `chunksize` : afin de charger une base par morceaux et ainsi éviter de surcharger la mémoire (voir encadré pour ce cas),
- ✓ de nombreux autres paramètres, notamment sur le traitement des données manquantes, sur la transformation des dates, sur le codage des chaînes de caractères...

Dans le cas de AirBnB, les données sont au format csv avec une colonne d'index en première position.

```
listing=pd.read_csv("../data/listing.csv", index_col=0)
```

◆ *Importer un fichier csv très volumineux*

Python et Pandas ne sont pas adaptés pour traiter des données très volumineuses. Néanmoins, nous pouvons trouver des alternatives lorsque les données sont trop volumineuses pour être chargées en mémoire. Le big data est une solution pour ce type de données mais il demande des infrastructures plus conséquentes et pas forcément facilement accessibles.

Si néanmoins vous voulez utiliser Pandas et Python, le plus simple est d'importer votre fichier par morceaux en utilisant l'option `chunksize`. Voici les étapes que l'on peut suivre si l'on veut travailler sur la base Sirene des entreprises françaises, qui fait 8 Go et est donc trop lourde pour être chargée en mémoire sur un ordinateur personnel.

Première étape :

Obtenir une visualisation de la base et de ses premières lignes :

```
frame_sirene_10=pd.read_csv("sirene.csv", nrows=10)
```

Seconde étape :

Sélectionner les variables qui nous intéressent afin de minimiser la taille de la base à charger.

Troisième étape :

Charger la base en mémoire. On pourra avoir différentes approches.

On peut utiliser Pandas et faire varier le chunksize afin de ne pas surcharger la mémoire à l'importation :

```
chunksize = 100000
chunks = []
for chunk in pd.read_csv('sirene.csv', chunksize=chunksize,
                         low_memory=False) :
    chunks.append(chunk)
frame_sirene = pd.concat(chunks, axis=0)
```

Il faut veiller à bien utiliser une taille de chunk bien adaptée (pas trop grande pour éviter la surcharge et pas trop petite pour éviter un temps de calcul trop long).

Si cela ne suffit pas, il faudra utiliser d'autres outils. Notamment le package Dask, qui est un package de calcul distribué, qui vous permettra de charger des DataFrame proches de ceux de Pandas et plus efficaces en termes de mémoire utilisée. Cependant, l'utilisation de Dask limitera vos possibilités en termes de traitement comparativement à Pandas. Voici quelques lignes pour faire cela :

```
import dask.dataframe as dd
frame_dd = dd.read_csv('sirene.csv')
```

Une fois que vous avez travaillé sur une base volumineuse, vous arrivez souvent à des sorties aussi volumineuses. Il faudra alors stocker ces résultats sur de la mémoire physique. Pour cela, deux formats sont à privilégier aujourd'hui :

- ✓ Le format HDF5, privilégié par les utilisateurs de Pandas (`.to_hdf()`).
- ✓ Le format parquet, qui est un format de stockage en colonnes très simple à utiliser et qui s'adapte très bien à des environnements tels que Apache Spark ou au cas du package Dask (`.to_parquet()`).

Le package Dask est un package en plein développement, notamment par les équipes d'Anaconda, nous en reparlerons en fin de chapitre.

◆ *Importer un fichier Excel*

Microsoft Excel reste l'un des outils de base pour traiter de la donnée. Dans la plupart des projets de data science, vous serez amené à croiser un fichier Excel, que ce soit pour stocker des données ou pour stocker des références ou des informations annexes.

Pandas possède des outils pour importer des données en Excel sans avoir à passer par une transformation en csv (souvent fastidieuse si vous avez des classeurs avec de nombreuses feuilles). Pandas se base sur trois packages pour importer les données Excel : xlrd/xlwt, openpyxl. Ces packages ne sont pas des dépendances obligatoires de Pandas donc elles ne seront pas installées si vous installez uniquement Pandas (elles sont dans la distribution Anaconda). Si vous avez un message d'erreur, il vous faudra les installer directement depuis votre terminal (invite de commande).

Il existe deux approches pour importer des données Excel. Nous utilisons ici des donnés de crédit bancaire réparties dans plusieurs feuilles d'un classeur Excel.

L'approche pd.read_excel()

Cette approche ressemble à l'importation en csv. Pour récupérer le fichier Excel, il faut connaître le nom ou la position de la feuille qui nous intéresse :

```
frame_credit=pd.read_excel("../data/credit.xlsx", sheetname=0)
```

On voit bien que pour récupérer plusieurs feuilles avec des noms spécifiques, nous devons faire une boucle sur cette fonction ce qui peut être lourd en termes de calcul (rechargement du classeur). On peut néanmoins charger toutes les feuilles dans un seul objet en utilisant une liste de noms de feuille ou le terme *none* pour le paramètre *sheetname*.

```
frame_credit=pd.read_excel("../data/credit.xlsx", sheetname="donnees")
```

Par ailleurs, cette fonction possède de nombreuses options notamment pour l'extraction de tableaux inclus dans des feuilles Excel. Afin d'extraire uniquement les colonnes A à F de l'une de nos feuilles, on utilisera :

```
frame_credit_af=pd.read_excel("../data/credit.xlsx", sheetname="donnees",
                              usecols="A:E")
```

L'approche ExceFile()

Il s'agit d'utiliser une classe de Pandas permettant de créer un objet du type ExcelFile. Cet objet a de nombreuses méthodes et offre la possibilité d'extraire des feuilles de manière plus rapide et automatique, ainsi on pourra avoir :

```
objet_excel=pd.ExcelFile("../data/credit.xlsx")
dico_frame={}
for feuille in objet_excel.sheet_names:
    if feuille.find("_data")>0:
        dico_frame[feuille]=objet_excel.parse(feuille)
```

Dans ce cas, on stocke dans un dictionnaire de DataFrame, les données associées aux feuilles comprenant le suffixe _data dans leur nom. La méthode `.parse()` permet d'appliquer de nombreux paramètres hérités de la fonction `read_excel()`.

Les deux approches sont équivalentes. Le choix se fera en fonction du contexte.

Récupérer des cellules dans une feuille Excel

Pour récupérer des cellules dans une feuille Excel, on va pouvoir utiliser :

```
frame = pd.read_excel("../data/credit.xlsx", sheetname=0, parse_cols="C",
                      skiprows = 5, nrows = 10, header = None)
```

◆ *Importer une table issue d'une base de données SQL*

Le langage SQL est un langage central de la science des données. La majorité des bases de données relationnelles peuvent être requêtées en utilisant le langage SQL. C'est d'ailleurs aujourd'hui l'un des trois langages les plus utilisés par le data scientist (après Python et R). SQL va vous permettre d'extraire des tables de données qui pourront ensuite être chargées en mémoire dans des DataFrame.

Pour passer de la base SQL à Python, il faut donc un connecteur permettant de se connecter à la base et de faire des requêtes directement dessus. Un package central de Python est très utile dans ce but : c'est SQLalchemy qui a aujourd'hui remplacé les nombreux packages spécifiques qui pouvaient exister afin de requêter des bases de données SQL en fonction du type de base : MySQL, PostgreSQL, SQLite... SQLalchemy a l'avantage de fournir une seule approche.

On va donc créer un connecteur qui permettra de se connecter à la base et ensuite on pourra lancer des requêtes directement avec Pandas.

Pour commencer, il faut importer les outils nécessaires de SQLalchemy. Généralement, on importe `create_engine` :

```
from sqlalchemy import create_engine
```

En fonction du type de base utilisée, les paramètres de cette connexion pourront varier. Voici trois exemples simples :

✓ *Une base SQLite :* il s'agit d'une base de données portable simple d'utilisation. Ce type de base a bien souvent ni nom d'utilisateur ni mot de passe. Supposons que nous utilisons une base SQLite, hébergée directement dans le répertoire de travail :

```
ma_con = create_engine("sqlite:///ma_base.sqlite")
```

✓ *Une base MySQL :* dans ce cas, on aura un lien vers cette base avec un nom et un mot de passe utilisateur :

```
ma_con=create_engine("mysql://user:passwd@adresse_base")
```

✓ Une base Oracle : on utilisera le même type de connexion pour ce type de base que précédemment :

```
ma_con=create_engine("oracle://user:passwd@adresse_base")
```

Une fois votre connexion vers la base créée, vous pouvez utiliser les méthodes de l'objet instancié afin de vérifier les propriétés de la base SQL et des tables dont elle est composée. On pourra par exemple utiliser le code :

```
ma_con.table_names()
```

Par ailleurs, cette connexion va nous permettre de faire des requêtes en SQL sur une base et de créer un DataFrame contenant les données récupérées. Pour cela, Pandas possède trois fonctions distinctes : `read_sql`, `read_sql_table`, `read_sql_query`.

Nous préférons la fonction `read_sql_query` souvent plus efficace et permettant de faire des requêtes avancées en SQL. Le langage SQL est un langage à part entière et nous ne détaillerons pas sa grammaire dans cet ouvrage.

Pour charger un tableau entier dans un DataFrame, nous utiliserons donc :

```
frame_sql = pd.read_sql_query("SELECT * FROM table1", ma_con)
```

Il s'agit ici de la version la plus simple, mais il existe des requêtes plus complexes.

Par défaut, Pandas ouvre une connexion et la referme à chaque importation de données (on n'aura pas besoin de fermer la connexion ensuite).

Par exemple, nous allons travailler sur des données textuelles stockées dans une base SQL sous forme de plusieurs tables. Nous voulons récupérer les éléments d'une table en appliquant un filtre sur une colonne.

Pour appliquer ce code, il vous suffit de récupérer les données SQLlite :

```
# on se connecte à la base sqlite
ma_con=create_engine("mysql:///../data/ma_base.sqlite")
# on vérifie son contenu
ma_con.table_names()
# on construit une requête SQL
ma_requete="""SELECT var1 = 1 FROM table1"""
# on construit notre DataFrame
frame1=pd.read sql_query(ma_requete, ma_con)
frame1.head()
```

Astuce – Il peut arriver que dans des requêtes SQL ou dans des chaînes de caractères, vous ayez à la fois des " et des ', ce qui vous posera des problèmes. Pour définir une chaîne de caractères, on utilisera alors :

```
frame=pd.read_sql_query("""SELECT * FROM table
                          WHERE "var1"=='mod1'""", con)
```

Globalement, dès qu'on aura de longues chaînes, les triples guillemets deviennent utiles.

Si vous voulez lancer des requêtes SQL depuis Python sans forcément charger les données dans un DataFrame, on pourra le faire avec :

```
from sqlalchemy import create_engine

eng = create_engine('postgresql:///db')
con = eng.connect()

query = """..."""
con.execute(query)

con.close()
```

◆ *Importer des données depuis le web*

Le web est un domaine riche en sources de données, vous avez forcément entendu parler de *web scrapping* pour récupérer des données sur le web.

Le data scientist peut avoir besoin de récupérer des données sur Internet sans vouloir faire du développement web. Dans cette partie, deux approches seront examinées. L'approche classique du scrapping et l'approche avec Pandas. Quelle que soit l'approche, Beautiful-Soup est un package central.

Il va vous permettre de récupérer n'importe quel contenu HTML d'une page web et d'extraire de l'information de ce site web.

Si par exemple, on désire scrapper un site, on va devoir commencer par inspecter le code html lié à ce site. Si on désire récupérer tous les noms de package d'un article sur les packages Python pour la data science, on va devoir identifier la balise liée à ces noms et ensuite on pourra commencer à travailler en Python.

En inspectant le code html, on trouve ce code :

```
<div class="x-accordion-heading"><a id="tab-5b02e7bbbe1a3" class="x-
accordion-toggle collapsed" role="tab" data-x-toggle="collapse-b"
data-x-toggleable="5b02e7bbbe1a3" data-x-toggle-group="5b02e7bbbe08d"
aria-selected="false" aria-expanded="false" aria-controls="panel-
5b02e7bbbe1a3">Jupyter Notebook, une interface plus intuitive</a></
div>
```

Il semble que la balise de division div de ce que l'on cherche se nomme *x-accordion-heading*. On va donc utiliser Python pour récupérer le contenu de la page :

```
In[] : from requests import get
In[] : url = 'https://www.stat4decision.com/fr/packages-python-data-science/'
       reponse = get(url)
       print(reponse.text[: 50])


<! DOCTYPE html><html class="no-js" lang="fr-FR" pr
```

L'objet reponse que l'on a créé est un objet `requests.models.Response`.

On va ensuite extraire de cette page les balises div du type recherché :

```
# on importe BeautifulSoup
from bs4 import BeautifulSoup
# on crée un objet en utlisant le parser Python
html_soup = BeautifulSoup(reponse.text, 'html.parser')
# on recherche la div qui nous intéresse
noms_packages = html_soup.find_all('div', class_='x-accordion-heading')
```

Dans noms_packages, on a tout ce qui se trouve dans le titre de chaque division. Nous allons maintenant extraire de cet élément les noms des packages qui se trouvent au début de chaque titre :

```
In[] : # on fait une boucle sur les éléments de l'objet créé
       for div_nom in noms_packages:
           # on affiche avec une majuscule en première lettre les
           # premiers mots avant une virgule
           print(div_nom.text.split(",")[0].capitalize())

Jupyter notebook
Numpy
Scipy
Pandas
Statsmodels
Scikit-learn
Matplotlib
Bokeh
Seaborn
Keras
```

Nous avons donc récupéré automatiquement les valeurs textuelles qui nous intéressent.

Il ne s'agit pas ici de développer plus de notions liées au langage html mais si vous désirez aller plus loin de ce côté-là il vous faudra quelques bases.

Si votre objectif est de directement charger des tableaux dans des objets DataFrame, les choses se simplifient. Pandas, combiné à Beautiful-Soup, fait une grande partie du travail pour vous.

Imaginons que l'on désire récupérer des données sportives, par exemple de tennis, nous allons utiliser les données de Wikipédia sur le tennis et essayer de stocker les informations sur les tournois du grand chelem

```
ma_page=pd.read_html("https://fr.wikipedia.org/wiki/Grand_Chelem_de_
                                                         tennis",
                     header="infer")
#le tableau des records masculins est en 14ème position dans la page
tableaux_records = ma_page[13]
tableaux_records.head()
```

On a ainsi récupéré le tableau des recordmans en termes de victoires en tournoi du grand chelem dans une liste d'objets DataFrame. Le résultat est obtenu dans la figure 4.1.

	Rang	Nom	Pays	Open d'Australie V-F	Roland-Garros V-F	Wimbledon V-F	US Open V-F	Total V-F	Durée (années) V	Durée 2 (années) V+F
0	1	Roger Federer	Suisse	6-1	1-4	8-3	5-2	20-10	2003-2018 (16)	2003-2018 (16)
1	2	Rafael Nadal	Espagne	1-3	10-0	2-3	3-1	16-7	2005-2017 (13)	2005-2017 (13)
2	3	Pete Sampras	États-Unis	2-1	0-0	7-0	5-3	14-4	1990-2002 (13)	1990-2002 (13)
3	4	Novak Djokovic	Serbie	6-0	1-3	3-1	2-5	12-9	2008-2016 (9)	2007-2016 (10)
4	5	Roy Emerson	Australie	6-1	2-1	2-0	2-1	12-3	1961-1967 (7)	1961-1967 (7)

Figure 4.1 – Résultat récupéré depuis le site Wikipédia.

Le fonctionnement de cet outil est simple : on récupère donc tous les tableaux au sens du langage HTML se trouvant dans la page dans une liste. Cette liste a autant d'éléments que de tableaux, chaque tableau est alors stocké dans un DataFrame. On pourra extraire le DataFrame de la liste pour l'analyser.

◆ *Les données adaptées au big data*

Pandas propose principalement trois formats de données liées au big data : les **données HDF5**, les **données parquet** ou les **données gbq**. Nous reviendrons sur ces types dans le dernier chapitre de cet ouvrage.

◆ *Les autres types de données*

Pandas permet de récupérer de nombreux formats de données en utilisant toujours les fonctions du type pd.read_... On trouve ainsi des formats comme SAS ou Stata nativement dans Pandas. Si vous désirez utiliser d'autres formats, vous avez deux possibilités :

- ✓ Transformer le format dans l'outil de création des données en un format plus classique.
- ✓ Récupérer un package Python qui vous permettra de faire la transformation.

◆ *Importer des données venant de R*

En data science, il arrive qu'on soit amené à travailler avec R en plus de Python. Dans ce cas, on peut bien sûr extraire un fichier en csv depuis R puis le charger en Python comme indiqué plus haut. Il arrive que l'on stocke en R les données en utilisant le format .Rdata ou d'autres formats de R.

On va devoir d'abord vérifier qu'on a bien installé le package rpy2. Pour cela, dans votre terminal, entrez la commande :

```
conda install rpy2 ou pip install rpy2
```

Une fois ce package installé, il va falloir utiliser rpy2 qui permet de faire du langage R dans Python et de le combiner avec Pandas. Notre objectif est donc de transformer un fichier .Rdata en DataFrame Python. Ceci demande quelques manipulations. Le plus simple est de créer une fonction qui fasse cela pour nous :

```
import pandas as pd
from rpy2.robjects import r
import rpy2.robjects.pandas2ri as pandas2ri

def charger_fichier_rdata(nom_fichier):
    r_data = r['get'](r['load'](nom_fichier))
    df = pandas2ri.ri2py(r_data)
    return df

frame=charger_fichier_rdata("./data/mon_fichier.rData")
```

Ce code utilise donc les objets R de rpy2 pour charger le fichier dans des objets R et les fonctions de pandas2ri afin de charger l'objet R dans un DataFrame.

4.2.3 Charger et transformer des données non structurées (images, sons, json, xml...)

L'une des forces de Python pour le traitement des données est sa capacité à transformer des données non structurées ou semi-structurées en données structurées. Par le traitement de quelques exemples, nous allons étudier la manière dont vous pouvez travailler sur des données que vous n'aviez pas l'habitude de traiter avec d'autres outils.

Nous utiliserons quatre exemples :

- ✓ des images,
- ✓ des données sonores,
- ✓ des données textuelles stockées sous forme de JSON,
- ✓ des données xml.

◆ *Travailler sur des images*

L'importation d'images se fait généralement en utilisant le format en array. En effet, n'importe quelle image peut être stockée dans un array à trois dimensions composé d'entiers entre 0 et 255. Cet array est composé de deux dimensions permettant de repérer la position de chaque pixel dans l'image et d'une dimension composée de trois colonnes donnant la couleur (R : rouge, V : vert, B : bleu).

Pour récupérer une image dans un array, on utilise :

```
import imageio
arr_image=imageio.imread("fichier.jpg")
```

On peut ensuite travailler sur cette structure. Si on désire transformer cette image en une structure à deux dimensions, on pourra utiliser la méthode `.reshape()` de l'array créé.

```
arr_image=arr_image.reshape(-1,3)
```

On obtient ainsi un array à deux dimensions dans lesquels les pixels sont empilés.

Dans ce cas, les proximités entre les points ne sont pas conservées. On ne peut plus étudier des formes ou des proximités dans une image.

Si on veut travailler sur une image, on aura deux possibilités :

- ✓ Utiliser un package du type de Scikit-Image qui va permettre de transformer une image.
- ✓ Utiliser des méthodes de deep learning qui prendront directement des images en entrée des algorithmes.

Grâce au code suivant, vous allez pouvoir générer une image à partir de données simulées :

```
array_image=np.random.randint(0,255,(1000,1000,3)).astype("uint8")

import matplotlib.pyplot as plt

plt.imshow(array_image)
plt.savefig("mon_image.jpg")
```

On génère des entiers entre 0 et 255 et on construit une image de 1000 x 1000 pixels. On va passer cela en type uint8 pour pouvoir l'afficher avec la fonction `imshow` de Matplotlib. L'image obtenue se trouve dans la figure 4.2.

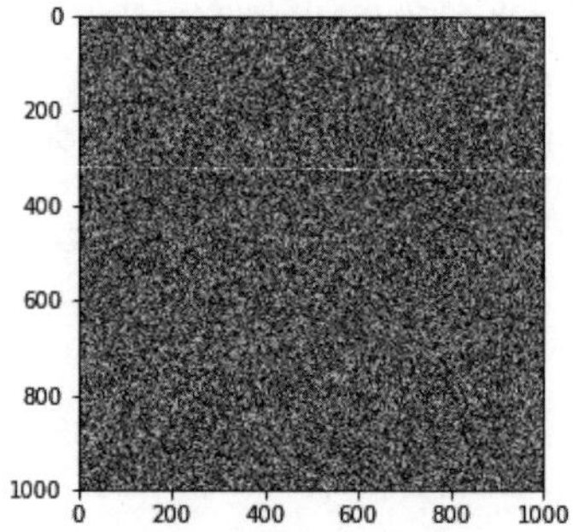

Figure 4.2 – Image obtenue à partir d'un array de nombres aléatoires,

Si on désire récupérer de nombreuses images, on pourra le faire de manière itérative en utilisant par exemple Scikit-Image :

```
from skimage.io import imread_collection

# votre chemin
image_dir = '../data/train/*.jpg'

# on crée une structure rassemblant toutes les images du répertoire
im_dir = imread_collection(image_dir)

print("Nom du fichier:", im_dir.files[0])
# affichage de l'image
plt.imshow(im_dir[0])
```

Le travail sur les images sera repris dans le cadre du chapitre sur le machine learning.

◆ *Travailler sur des sons*

Si vous avez un fichier .wav et que vous désirez le transformer en données, vous pouvez utiliser les outils disponibles dans SciPy. Il peut vous arriver d'avoir un fichier en mp3 et de vouloir le transformer en une structure de données.

Dans un premier temps, l'environnement Jupyter vous permet d'écouter des fichiers de sons directement dans votre notebook. On pourra le faire avec ce code :

```
import IPython.display as ipd
ipd.Audio('./data_sound/train/2022.wav')
```

Pour charger des données sonores, on utilisera un package spécifique nommé Librosa qui va nous aider à récupérer des données sonores :

```
In[] : import librosa

In[] : % matplotlib inline
       import matplotlib.pyplot as plt
       import librosa.display

In[] : data, sampling_rate = librosa.load('./data/2022.wav')
       print(sampling_rate)
22050

In[] : plt.figure(figsize=(12, 4))
       librosa.display.waveplot(data, sr=sampling_rate)
```

Ce code permet d'extraire des données d'un extrait sonore. On a donc une représentation comme dans la figure 4.3.

On pourra stocker des sons dans des objets et ensuite les utiliser dans des processus d'apprentissage. De plus, le package Librosa propose de nombreuses transformations afin d'obtenir des données lissées et utilisables.

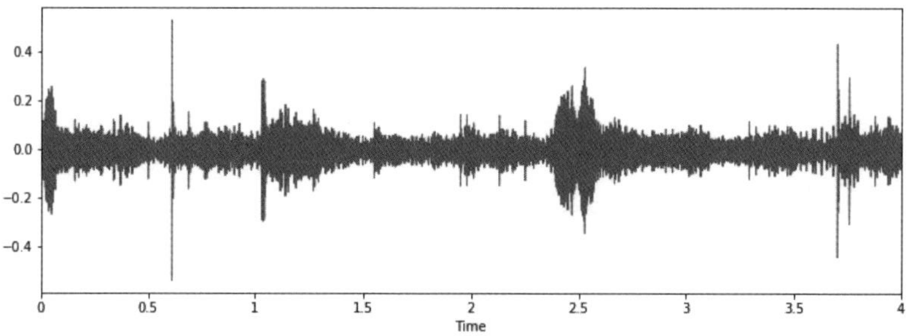

Figure 4.3 – Waveplot obtenu à partir d'un fichier sonore.

◆ *Travailler sur des fichiers JSON*

Un fichier JSON est un fichier très classique de stockage de données semi-structurées. Vous croiserez fréquemment des jeux de données stockés en JSON mais aussi des pages web utilisant comme format de stockage le JSON (il s'agit du format de stockage des données d'un Jupyter notebook). L'importation d'un JSON est extrêmement simple avec Pandas, on va utiliser `pd.read_json()` :

```
issues_pandas = pd.read_json(
                'https://api.github.com/repos/pydata/pandas/issues?per_
                                                              page=10')
issues_pandas[['state', 'title', 'updated_at']].head()
```

On a donc récupéré les dix dernières issues liées à Pandas en utilisant l'API de GitHub officielle et on affiche le DataFrame obtenu en sélectionnant les trois colonnes à afficher. Le résultat est disponible dans la figure 4.4.

	state	title	updated_at
0	open	Cleaned up DocString for str_repeat and added ...	2018-09-01 12:51:51
1	open	DOC: Formatting in Series.str.extractall	2018-09-01 12:34:03
2	open	BUG: Fix (22477) dtype=str converts NaN to 'n'	2018-09-01 12:31:30
3	open	DOC: Deleted 'replaced' from Returns docstring	2018-09-01 12:41:14
4	open	DOC: fix return type of str.extract	2018-09-01 12:02:54

Figure 4.4 – DataFrame obtenu directement sur le site GitHub.

◆ *Travailler sur des fichiers semi-structurés xml*

Pour les fichiers xml, nous utiliserons un package nommé xml qui va nous permettre de décrypter le fichier xml. Pandas ne possède pas directement d'outils pour transformer du xml en DataFrame car l'aspect semi-structuré du xml nous force à effectuer quelques étapes avant de remplir un DataFrame.

Nous allons commencer par récupérer un fichier xml, comme par exemple ce catalogue de CD au format XML :

```
import requests

user_agent_url = 'https://www.w3schools.com/xml/cd_catalog.xml'
xml_data = requests.get(user_agent_url).content
```

Le code suivant est un peu plus complexe. On y crée une classe permettant de passer d'un fichier XML à un DataFrame :

```
import xml.etree.ElementTree as ET

class XML2DataFrame:

    def __init__(self, xml_data):
        """Constructeur de la classe"""
        self.root = ET.XML(xml_data)

    def parse_root(self, root):
  """Renvoie une liste de dictionnaires utilisant les enfants dans le
                                                                XML."""
       return [self.parse_element(child) for child in iter(root)]

    def parse_element(self, element, parsed = None):
```

```
        if parsed is None:
            parsed = dict()

        for key in element.keys():
            parsed[key] = element.attrib.get(key)

        for child in list(element):
            self.parse_element(child, parsed)

        return parsed

    def process_data(self):
        structure_data = self.parse_root(self.root)
        return pd.DataFrame(structure_data)
```

Une fois qu'on a créé cette classe, on peut instancier un objet de cette classe et afficher le DataFrame obtenu :

```
objet_xml2df = XML2DataFrame(xml_data)
xml_dataframe = xml2df.process_data()
xml_dataframe.head()
```

On obtient le DataFrame de la figure 4.5.

	ARTIST	CD	COMPANY	COUNTRY	PRICE	TITLE	YEAR
0	Bob Dylan	\n	Columbia	USA	10.90	Empire Burlesque	1985
1	Bonnie Tyler	\n	CBS Records	UK	9.90	Hide your heart	1988
2	Dolly Parton	\n	RCA	USA	9.90	Greatest Hits	1982
3	Gary Moore	\n	Virgin records	UK	10.20	Still got the blues	1990
4	Eros Ramazzotti	\n	BMG	EU	9.90	Eros	1997

Figure 4.5 – DataFrame obtenu à partir du fichier XML.

Cette sous-partie nous a permis de voir à quel point Python est à l'aise pour transformer des données non structurées ou semi-structurées en données structurées. Mais une fois ces données structurées obtenues, il reste des étapes centrales dans la préparation de ces données.

4.3 DÉCRIRE ET TRANSFORMER DES COLONNES

4.3.1 Décrire la structure de vos données

Quel que soit le type de structure que vous utilisez ; les arrays, les Series ou les DataFrame, on utilise généralement une propriété de ces objets : la propriété

`.shape`. Celle-ci renvoie toujours un tuple, qui aura autant d'éléments que de dimensions dans vos données. On aura par exemple :

```
In[] : array_image.shape
Out[] : (1000, 1000, 3)

In[] : series_bourse.shape
Out[] : (100000,)

In[] : listing.shape
Out[] : (59945, 96)
```

Cette information est importante mais reste peu détaillée. Lorsqu'on travaille sur un DataFrame, on va chercher à avoir beaucoup plus de détails. Pour cela, nous allons utiliser la méthode `.info()`. Si nous prenons le jeu de données des occupations des logements AirBnB, nous aurons :

```
In[] : calendar.info()
Out[] :
<class 'pandas.core.frame.DataFrame'>
RangeIndex : 21879195 entries, 0 to 21879194
Data columns (total 4 columns) :
listing_id int64
date object
available object
price object
dtypes : int64(1), object(3)
memory usage : 667.7+ MB
```

Cette sortie simple est extrêmement informative, on a :

✓ La taille de notre DataFrame avec le nombre de « *entries* » (il s'agit du nombre de lignes) et le nombre de colonnes.

✓ Pour chaque colonne, le type de données est affiché. Nous sommes ici dans le cas d'un très gros jeu de données. Si le jeu de données était plus petit, on aurait en plus la part de données manquantes.

✓ Un récapitulatif des dtypes (une colonne d'entiers et quatre colonnes d'object). Les types des colonnes dans un DataFrame pourront être des types numériques ou des types object qui représentent tous les autres types).

✓ La mémoire utilisée par le DataFrame.

Cette description est donc très importante pour comprendre nos données.

Une autre étape importante est l'étude de l'aspect de notre DataFrame, on peut par exemple afficher les premières lignes du jeu de données.

```
calendar.head()
```

On obtient la figure 4.6 qui montre que cinq lignes sont affichées. Si on change le paramètre de cette méthode, on peut modifier le nombre de lignes.

	listing_id	date	available	price
0	2679020	2019-03-09	f	NaN
1	2679020	2019-03-08	f	NaN
2	2679020	2019-03-07	f	NaN
3	2679020	2019-03-06	f	NaN
4	2679020	2019-03-05	f	NaN

Figure 4.6 – Affichage des cinq premières lignes.

Astuce – tail() affichera les cinq dernières lignes.

Astuce – Il arrive souvent que le nombre de colonnes à afficher soit assez important. Jupyter notebook va très souvent vous afficher le symbole ... dans l'affichage web. Pour modifier cela et afficher toutes les colonnes ou plus de colonnes, il vous suffit de modifier les options associées, on utilisera :

```
pd.options.display.max_rows = 500
pd.options.display.max_columns = 100
```

Une autre propriété importante des DataFrame de Pandas est ***.columns***. En effet, celle-ci a deux utilités :

- ✓ afficher le nom des colonnes de votre DataFrame,
- ✓ créer une structure permettant d'avoir une liste des colonnes que nous pourrons utiliser pour des automatisations.

```
In[] : calendar.columns
Out[] : Index(['listing_id', 'date', 'available', 'price'],
                                                dtype='object')


In[] : # on peut faire une boucle sur les colonnes de notre DataFrame
       for col in calendar.columns :
           print(col, calendar[col].dtype, sep=": ")


listing_id: int64
date: object
available: object
price: object
```

4.3.2 Quelles transformations pour les colonnes de vos données ?

Les données que vous avez chargées jusqu'ici ont trois formes que nous avons déjà étudié :

- ✓ des arrays de NumPy,

- ✓ des Series de Pandas,
- ✓ des DataFrame de Pandas.

Votre objectif en tant que data scientist est d'extraire le plus d'information possible de ces données. Pour cela, il va falloir les mettre en forme de manière intelligente. Nous allons étudier différentes transformations nécessaires pour travailler sur des données :

- ✓ les changements de types,
- ✓ les jointures,
- ✓ la discrétisation,
- ✓ le traitement de données temporelles,
- ✓ les transformations numériques,
- ✓ le traitement des colonnes avec des données qualitatives,
- ✓ le traitement des données manquantes,
- ✓ la construction de tableaux croisés.

4.3.3 Les changements de types

Le typage des colonnes d'un DataFrame ou d'un array est très important pour tous les traitements en data science.

Nous nous concentrons ici sur les structures en DataFrame de Pandas. Pandas va automatiquement inférer les types si vous ne lui avez pas spécifié de type à l'importation des données ou à la création du DataFrame.

Par défaut, Pandas va utiliser trois types principaux :

- ✓ les entiers int en 32 ou en 64 bits,
- ✓ les nombres décimaux float en 32 ou en 64 bits,
- ✓ les objets Object qui rassemblent la plupart des autres types.

On trouvera aussi des booléens et tous les types définis par NumPy.

La base de données listing de AirBnB est obtenue par scrapping web et certaines informations ne peuvent pas être traitées directement. En effet, lorsqu'on affiche les informations sur les colonnes, on voit que la colonne ***price*** est typée en Object alors qu'il s'agit de valeurs décimales.

```
Out[] :
<class 'pandas.core.frame.DataFrame'>
RangeIndex: 59945 entries, 0 to 59944
Data columns (total 96 columns) :
id 59945 non-null int64
...
price 59945 non-null object
...
dtypes: float64(21), int64(13), object(62)
memory usage: 43.9+ MB
```

Nous allons tout d'abord essayer de comprendre la raison de ce mauvais typage.

```
In[] : listing["price"].head()
Out[] :
0      $59.00
1      $93.00
2     $110.00
3      $90.00
4     $371.00
```

On voit bien ici que le codage de cette colonne inclut le signe $ devant chaque nombre. Par ailleurs, nous ne le voyons pas ici mais le séparateur de millier est la virgule, ce qui n'a pas été pris en compte.

Comme on travaille sur une structure de Pandas, on va éviter de traiter les lignes une par une mais on va plutôt appliquer une transformation à toutes les lignes simultanément.

Nous travaillons ici sur des chaînes de caractères, nous allons donc devoir le signifier à Pandas.

Pour nous débarrasser du $ en première position, nous avons trois possibilités :

```
In[] : # élimine le premier élément
       %timeit listing["price"].str[1:]
Out[] : 13.5 ms ± 159 µs per loop (mean ± std. dev. of 7 runs, 100 loops
                                                                   each)

In[] : # remplace tous les $
       %timeit listing["price"].str.replace("$","")
Out[] : 23.7 ms ± 432 µs per loop (mean ± std. dev. of 7 runs, 10 loops
                                                                   each)

In[] : #élimine le premier élément lorsque c'est un $
       %timeit listing["price"].str.strip("$")
Out[] : 19.6 ms ± 146 µs per loop (mean ± std. dev. of 7 runs, 100 loops
                                                                   each
```

On voit que ces trois approches sont assez différentes, la première est la plus efficace en termes de temps de calcul mais elle est aussi la plus dangereuse en cas d'erreur dans nos données.

Nous pourrions aussi utiliser des expressions régulières pour effectuer ces étapes.

Il reste deux étapes à réaliser : éliminer les virgules et transformer la variable en variable numérique :

```
In[] : listing["price"]= pd.to_numeric(listing["price"].str.strip("$")\
                                                  .str.replace(","
                                                                ,""))

In[] : listing["price"].dtype
Out[] : dtype('float64')
```

Nous avons donc réussi à modifier notre colonne.

Si nous désirons automatiser ce traitement, il suffit de créer une boucle sur les colonnes. On utilise le code suivant :

```
for col in listing.columns:
    if listing[col].dtype==object:
        listing[col]= pd.to_numeric(listing[col].str.strip("$")\
                      .str.replace(",", ""), errors="ignore")
```

On a utilisé le paramètre `errors` de la fonction `to_numeric`. Celui-ci sert à gérer les erreurs. Par exemple, lorsque Pandas n'arrive pas à faire la transformation en numérique, il renvoie une erreur par défaut. Dans notre cas, il est évident que certaines variables sont des objets qui ne pourront pas être transformés en variables numériques. Pour ces cas, on utilise `errors = "ignore"`, qui permet de ne pas faire la transformation tout en continuant l'exécution.

Le changement de type le plus classique est donc le passage d'objet à numérique. Néanmoins, d'autres changements sont parfois nécessaires.

Si on étudie la colonne "instant_bookable", on veut pouvoir prendre en compte cette colonne pour la passer en booléen :

```
In[] : # approche avec NumPy
       %%timeit
       listing["instant_bookable"]=np.where(listing["instant_bookable"]=="f",
                                             False, True)
Out[] : 4.4 ms ± 66.7 µs per loop (mean ± std. dev. of 7 runs, 100 loops
                                                                     each)

In[] : # approche avec un dictionnaire et Pandas
       %%timeit
       listing["instant_bookable"]= listing["instant_bookable"].replace(
                                             {"f": False,"t": True})
Out[] : 6.82 ms ± 44.4 µs per loop (mean ± std. dev. of 7 runs, 100 loops
                                                                     each)
```

On voit dans ce code que lorsqu'on veut remplacer deux valeurs, l'utilisation de la fonction `np.where` de NumPy peut être une solution, mais il faut être attentif aux risques liés à des mauvais codages de la variable.

Dès qu'on aura plus de deux valeurs ou lorsqu'on aura des doutes sur les valeurs de la colonne, la combinaison de `.replace()` et d'un dictionnaire est efficace. Nous aurons donc tendance à privilégier cette seconde approche.

Il existe de nombreux cas de nettoyages de données basés sur des erreurs de typage. Ce que nous allons voir dans tout ce chapitre pourra vous aider à répondre à vos problématiques spécifiques.

4.3.4 Les jointures et concaténations

◆ *Les jointures entre DataFrame*

Les jointures entre DataFrame sont un outil puissant de Pandas qui ressemble aux outils disponibles en SQL. Une **jointure** consiste à construire, à partir de deux DataFrame, un DataFrame en utilisant ce qu'on appelle une **clé de jointure** qui sera un identifiant des lignes présent dans les deux DataFrame initiaux.

	id	name	price
0	3109	zen and calm	59.0
1	5396	Explore the heart of old Paris	93.0
3	8522	GREAT FLAT w/ CITY VIEW	90.0

	listing_id	date	reviewer_name
0	3109	2016-12-27	Sophie
1	3109	2016-12-28	Tom'S
2	3109	2017-10-28	Patricia
3	3109	2017-11-03	Patricia
4	3109	2018-02-12	Dominique
329	8522	2010-06-16	Jeff

```
pd.merge(listing_s,reviews_s,left_on="id",right_on="listing_id",how="inner")
```

	id	name	price	listing_id	date	reviewer_name
0	3109	zen and calm	59.0	3109	2016-12-27	Sophie
1	3109	zen and calm	59.0	3109	2016-12-28	Tom'S
2	3109	zen and calm	59.0	3109	2017-10-28	Patricia
3	3109	zen and calm	59.0	3109	2017-11-03	Patricia
4	3109	zen and calm	59.0	3109	2018-02-12	Dominique
5	8522	GREAT FLAT w/ CITY VIEW	90.0	8522	2010-06-16	Jeff

```
pd.merge(listing_s,reviews_s,left_on="id",right_on="listing_id",how="outer")
```

	id	name	price	listing_id	date	reviewer_name
0	3109	zen and calm	59.0	3109.0	2016-12-27	Sophie
1	3109	zen and calm	59.0	3109.0	2016-12-28	Tom'S
2	3109	zen and calm	59.0	3109.0	2017-10-28	Patricia
3	3109	zen and calm	59.0	3109.0	2017-11-03	Patricia
4	3109	zen and calm	59.0	3109.0	2018-02-12	Dominique
5	5396	Explore the heart of old Paris	93.0	NaN	NaN	NaN
6	8522	GREAT FLAT w/ CITY VIEW	90.0	8522.0	2010-06-16	Jeff

Figure 4.7 – Illustration de la jointure de DataFrame.

La fonction de jointure de Pandas est la fonction `pd.merge()`. Elle prend comme paramètres deux objets DataFrame puis des paramètres optionnels :

- ✓ `on` : choix de la ou des clés de jointure.
- ✓ `how` : choix de la méthode de jointure. Il faut choisir entre `left`, `right`, `inner` et `outer`.
- ✓ `left_on` (et `right_on`) : si les clés de jointure n'ont pas le même nom d'une table à une autre.
- ✓ `index_left` (et `index_right`) : on donnera ici un booléen si l'index du DataFrame est utilisé comme clé.

Sur les données AirBnB, nous utiliserons une jointure interne afin d'associer les appréciations aux logements :

```
In() : global_airbnb=pd.merge(listing, reviews, left_on="id",
                                   right_on="listing_id", how="inner")
       global_airbnb.shape
Out[] : (969581, 104)
```

On voit ici qu'on a rassemblé les colonnes des deux DataFrame. Dans ce cas, le DataFrame reviews est beaucoup plus grand que listing, le DataFrame obtenu ne rassemble que les clés communes aux deux DataFrame mais lorsqu'il y a plusieurs répétitions d'une clé, la combinaison est répétée. La figure 4.6 illustre ce cas.

◆ *La concaténation d'arrays et de DataFrames*

La **concaténation** est légèrement différente de la jointure. Il s'agit juste de coller à droite ou en dessous une structure de données à la structure actuelle. Il n'y a donc pas de notion de clé de jointure mais uniquement une dimension à spécifier.

Si nous désirons concaténer deux arrays, nous utiliserons la fonction `np.concatenate()`. Cette fonction s'applique aussi sur des DataFrames, mais il existe la fonction `pd.concat()` pour les DataFrames qui pourra être utilisée. Ces deux fonctions sont très différentes. La fonction de NumPy voit toute structure comme une matrice non indexée. Ainsi, si dans vos deux structures à concaténer, l'ordre des colonnes n'est pas le même, alors la concaténation va entraîner des combinaisons de colonnes différentes. C'est pour cette raison que, si vous travaillez sur un DataFrame, on préférera `pd.concat()`.

Si nous désirons ajouter des lignes à un DataFrame, on utilisera :

```
listing_concat_1 = pd.concat([listing_s_1, listing_s_2], ignore_
                                                          index=True)
```

Le paramètre `ignore_index` permet de ne pas prendre en compte l'index et de renuméroter les observations dans le DataFrame obtenu.

Dans ce cas, si une colonne est manquante pour l'un des deux DataFrames, les observations de cette colonne seront codées avec des données manquantes.

Si nous désirons ajouter des colonnes, on utilisera :

```
listing_concat_2=pd.concat([listing_s_1, listing_s_2], axis=1)
```

On utilisera donc `axis = 1` pour travailler sur les colonnes. Si un individu n'est pas présent dans l'un des deux DataFrames, alors il lui sera alloué des valeurs manquantes. Cette approche est proche d'une jointure sur les index. Si vous désirez juste coller deux DataFrames, l'un à côté de l'autre sans utiliser les index, on utilisera :

```
array_concat=np.concatenate([listing_s_1, listing_s_2], axis=1)
```

Dans ce cas, on obtient un array non indexé pour lequel la concaténation s'est faite en fonction de la position des lignes et non de leur index. Attention, il faut que les deux DataFrames aient exactement le même nombre de lignes.

4.3.5 La gestion des duplications de lignes

Il arrive souvent dans des données que des lignes soient dupliquées par erreur ou que vous désiriez vérifier la duplication de certaines lignes.

Pandas possède deux outils pour traiter ce type de données : `duplicated()` et `drop_duplicates()`.

Si nous voulons vérifier si des lignes sont dupliquées dans le DataFrame sur les employés de la ville de Boston, il nous suffit de faire :

```
In[] : boston.duplicated().sum()
Out[] : 0
```

Il s'avère qu'il n'y a aucune duplication. Nous aurions pu nous concentrer uniquement sur le nom, le département et le titre des employés :

```
In[] : boston.duplicated(['NAME','DEPARTMENT NAME','TITLE']).sum()
Out[] : 4
```

On a donc quatre éléments dupliqués, on peut maintenant les visualiser :

```
boston[boston.duplicated(['NAME','DEPARTMENT NAME','TITLE'], keep=False)]
```

Le résultat est visible dans la figure 4.8. Nous utilisons `keep=False` afin d'afficher les duplications ainsi que l'élément dupliqué.

	NAME	DEPARTMENT NAME	TITLE	REGULAR	RETRO	OTHER	OVERTIME	INJURED	DETAIL	QUINN/EDUCATION INCENTIVE	TOTAL EARNINGS	POSTAL
608	DohertyBrian J	Boston Police Department	Police Officer	100210.65	1491.90	4400.03	14676.76	NaN	52624.0	NaN	173303.34	2122
6097	McCarthyKevin M	Boston Fire Department	Fire Lieutenant	133038.18	NaN	3474.55	14578.21	NaN	4381.5	NaN	155472.44	2184
6504	McCarthyKevin M	Boston Fire Department	Fire Lieutenant	57947.80	NaN	1835.94	22557.60	67211.54	NaN	NaN	149552.88	2043
7871	FlynnRobert	Boston Police Department	Police Officer	91822.47	7289.39	4853.52	67548.83	NaN	828.0	NaN	172342.21	2124
11757	KellyMichael Joseph	Boston Fire Department	Fire Fighter	105118.72	NaN	550.00	9273.38	NaN	NaN	NaN	114942.10	2122
16249	KellyMichael Joseph	Boston Fire Department	Fire Fighter	83457.62	NaN	550.00	13921.51	8705.64	19408.0	NaN	126042.77	2132
16618	FlynnRobert	Boston Police Department	Police Officer	52689.10	1411.01	800.00	19674.52	32146.74	28198.0	NaN	134919.37	2122
17639	DohertyBrian J	Boston Police Department	Police Officer	76901.21	1332.73	800.00	23830.39	NaN	36616.0	NaN	139480.33	2124

Figure 4.8 – DataFrame comprenant les éléments dupliqués.

Nous pouvons maintenant nous débarrasser des duplications, on utilisera pour cela :

```
boston_no_dup=boston.drop_duplicates(['NAME','DEPARTMENT NAME','TITLE'],
                                      keep="first")
```

Dans ce cas, on garde le premier. On peut demander à garder le dernier (last) et on utilisera des tris afin d'ordonner les résultats pour se débarrasser des duplications non pertinentes.

4.3.6 La discrétisation

La discrétisation permet de transformer une variable quantitative (l'âge des individus par exemple) en une variable qualitative (une classe d'âge pour chaque individu). Pour cela, nous utilisons deux fonctions de Pandas : `pd.cut()` et `pd.qcut()`.

◆ *Intervalles constants*

Si nous désirons créer une variable de classe basée sur des intervalles de taille constante allant du minimum au maximum.

Nous utilisons :

```
In[] : listing["price_disc1"]= pd.cut(listing["price"], bins=5)
       listing["price_disc1"].head()
Out[] :
0    (-9.379, 1875.8]
1    (-9.379, 1875.8]
2    (-9.379, 1875.8]
3    (-9.379, 1875.8]
4    (-9.379, 1875.8]
Name: price_disc1, dtype: category
Categories (5, interval[float64]): [(-9.379, 1875.8] < (1875.8, 3751.6]
< (3751.6, 5627.4] < (5627.4, 7503.2] < (7503.2, 9379.0]]
```

Pandas a automatiquement créé des intervalles allant de -9,379 à 9379. Ces intervalles ont des étendues égales. La valeur de -9,379 est calculée par Pandas comme le minimum auquel on soustrait 0,01 % de l'étendue (le maximum moins le minimum). Pandas utilise cette méthode car, par défaut, les bornes inférieures de chaque intervalle sont exclues.

On voit ici que la nouvelle variable a comme valeurs les intervalles. Si vous voulez vérifier la répartition par intervalle, il suffit d'utiliser la méthode `.value_counts()` :

```
In[] : listing["price_disc1"].value_counts()
Out[] :
(-9.379, 1875.8]    59926
(1875.8, 3751.6]       14
(7503.2, 9379.0         3
(3751.6, 5627.4]        2
(5627.4, 7503.2]        0
Name: price_disc1, dtype: int64
```

Par ailleurs, si vous désirez donner des noms aux intervalles, vous pouvez le faire en utilisant le paramètre `labels=` de la fonction `cut()` :

```
listing["price_disc1"]=pd.cut(listing["price"], bins=5, labels=range(5))
```

L'approche « intervalles constants » est l'approche classique pour construire un histogramme sur vos colonnes. Nous verrons par la suite que Matplotlib fait automatiquement la discrétisation de ce type lors de la construction d'un histogramme. Néanmoins, ces résultats que nous venons de voir nous poussent à nous orienter vers une autre approche.

◆ *Intervalles définis par l'utilisateur*

Si vous désirez créer des intervalles sur mesure, il vous suffit de donner les bornes de ces intervalles. On utilise :

```
In[] : listing["price_disc2"]=pd.cut(listing["price"],
                bins=[listing["price"].min(), 50,100,500,
                                                listing["price"].max()],
                     include_lowest = True)
       listing["price_disc2"].value_counts()
Out[] :
(50.0, 100.0]                30076
(100.0, 500.0]               15555
(-0.001, 50.0]               13802
(500.0, 9379.0]                512
Name: price_disc2, dtype: int64
```

On remplace donc le nombre d'intervalles par une liste de valeurs (ici on prend le minimum et le maximum des données). Afin d'inclure le minimum, on ajoute `include_lowest=True`.

◆ *Intervalles de fréquence constante*

Il est souvent intéressant de construire des intervalles ayant un nombre d'individus constant d'une classe à une autre. Pour cela, on va utiliser une autre fonction de Pandas nommée `pd.qcut()`. Elle prend le même type de paramètres que la fonction précédente mais elle va créer des classes de taille similaire (en nombre d'individus) :

```
In[] : listing["price_disc3"]=pd.qcut(listing["price"],q=5)
       listing["price_disc3"].value_counts()
Out[] :
(-0.001, 50.0]      13802
(85.0, 120.0]       12215
(67.0, 85.0]        11904
(120.0, 9379.0]     11708
(50.0, 67.0]        10316
Name: price_disc3, dtype: int64
```

Pandas a fait de son mieux pour bien distribuer les données dans les intervalles. Comme il y a beaucoup de prix égaux, il n'a pas pu obtenir des intervalles avec des fréquences parfaitement égales.

4.3.7 Les tris

Les tris sont des outils importants en data science. Il vous arrive très fréquemment de vouloir trier des données. Chaque package possède des outils de tris, nous allons en étudier deux : celui de NumPy et celui de Pandas.

◆ *Le tri de NumPy*

Si nous restons sur un array de NumPy dans son sens le plus classique, celui-ci contient une méthode `.sort()` qui s'applique très bien sur un array à une seule dimension, on pourra avoir :

```
array1 = np.random.randn(5000)
array1.sort()
```

Cette méthode modifie l'array1 et trie de manière croissante. Si on désire faire un tri décroissant, on pourra utiliser :

```
array1[::-1].sort()
```

Comme vous le voyez, cette méthode n'est pas très efficace pour faire des tris complexes. On utilisera une autre méthode nommée `.argsort()` :

```
table = np.random.rand(5000, 10)
table[table[:,1].argsort()]
```

On trie donc sur la seconde colonne de notre array. On peut alors retourner le résultat de ce tri.

Le tri basé sur `.argsort()` est extrêmement efficace mais s'applique avant tout à un array.

◆ *Le tri de Pandas*

Pandas possède une fonction de tri sur les DataFrames extrêmement efficace qui se rapproche beaucoup d'une approche SQL des tris. Elle a de nombreux paramètres et permet de trier sur plusieurs clés dans des sens différents.

Si nous prenons nos données sur les logements AirBnB, nous désirons trier les données par ordre croissant de nombre de chambres, puis par niveau de prix décroissant. Pour cela, une seule ligne de code est nécessaire :

```
listing.sort_values(["bedrooms","price"], ascending=[True, False])
```

On a donc bien un outil puissant basé sur des listes de clés. Comme dans le cas des jointures avec Pandas, lorsqu'on a plusieurs variables ou paramètres de tri, on les place dans une liste. Par défaut, le tri de Pandas trie par colonne avec le paramètre `axis=1`. Si vous désirez trier par ligne, vous pouvez changer ce paramètre.

Pandas vous permet aussi d'effectuer des tris sur les index en utilisant `.sort_index()`.

L'outil de tri de Pandas est moins performant en termes de rapidité d'exécution que le `.argsort()` de NumPy. Néanmoins, les possibilités plus grandes et le fait de travailler sur une structure plus complexe, telle que le DataFrame, nous confortent dans l'utilisation du tri de Pandas pour nos analyses.

4.3.8 Le traitement de données temporelles

Python a de nombreux outils pour travailler sur des dates, notamment le package datetime nativement présent dans Python. Celui-ci est structuré autour du format datetime basé sur un temps POSIX. Ce format utilise des unités de temps codées en utilisant les codes du tableau suivant.

Unité	Code
Année/Mois/Semaine/Jour	Y/M/ W/D
Heure/Minute/Seconde	h/m/s
Milliseconde/microseconde/nanoseconde	ms/us/ns

Le format standard de dates en Python est le suivant : "2018-10-28 11:32:45"

De nombreuses fonctions sont utilisables pour le traitement des dates avec Python, mais nous allons nous intéresser au traitement des dates pour les outils de la data science que sont NumPy et Pandas.

NumPy possède depuis peu un type datetime qui permet de travailler sur des dates dans les arrays. Pandas a toujours été très habile avec les dates, c'est en effet dans une optique de traitement de séries temporelles que Pandas a été mis au point et, dans ce cadre-là, les dates et les heures sont primordiales.

◆ *Les dates avec NumPy*

Depuis peu, il est possible de travailler avec des dates à l'intérieur d'un array de NumPy (depuis NumPy 1.7). Ainsi la fonction `np.datetime64` permet de créer des dates, et le type datetime est utilisable pour créer des arrays. On peut par exemple utiliser `arange()` pour générer une suite de semaines de janvier 2017 à janvier 2018 :

```
np.arange("2017-01-01","2018-01-01", dtype="datetime64[W]")
```

Il existe de nombreuses fonctions permettant de travailler sur les dates, notamment avec les différences basées sur la fonction `timedelta()`.

On peut aussi travailler sur les jours travaillés (business days). Cette partie de NumPy est en constante évolution. La documentation de NumPy est le meilleur outil pour en suivre les avancées.

◆ *Les dates avec Pandas*

C'est clairement Pandas qui a l'ascendant sur le traitement des dates en data science. Avec des fonctions efficaces et simples à prendre en main, le travail sur les dates est extrêmement simplifié.

Pandas possède de sérieux atouts dans la prise en compte des dates notamment avec l'intégration des formats de dates dans l'importation des données. Néanmoins, si vos données n'ont pas été correctement importées, il est très simple de transformer des chaînes de caractères dans un DataFrame ou dans une Series en dates. Pour cela, on utilise :

```
In[] : pd.to_datetime(['11/12/2017', '05-01-2018'], dayfirst=True)
Out[] : DatetimeIndex(['2017-12-11', '2018-01-05'], dtype='datetime64[ns]',
                      freq = None)
```

On crée ainsi un DatetimeIndex qui peut être utilisé dans une Series ou dans un DataFrame. On peut aussi donner un format de dates en utilisant le paramètre `format=`.

Il est souvent intéressant de traiter de nombreuses dates. On a très souvent envie de générer des suites de dates de manière automatique. Imaginons que nous avons des données quotidiennes de cotation d'un indice boursier, et que nous désirons transformer ces données en une série indexée sur les jours ouvrés pendant lesquels la banque est ouverte. Les données pour l'année sont stockées dans un array.

```
index_ouverture= pd.bdate_range('2017-01-01','2017-12-31')
pd.Series(data, index=index_ouverture).plot()
```

On a donc utilisé `bdate()` afin d'utiliser les jours ouvrés. On a aussi représenté le résultat que l'on trouve dans la 4.9.

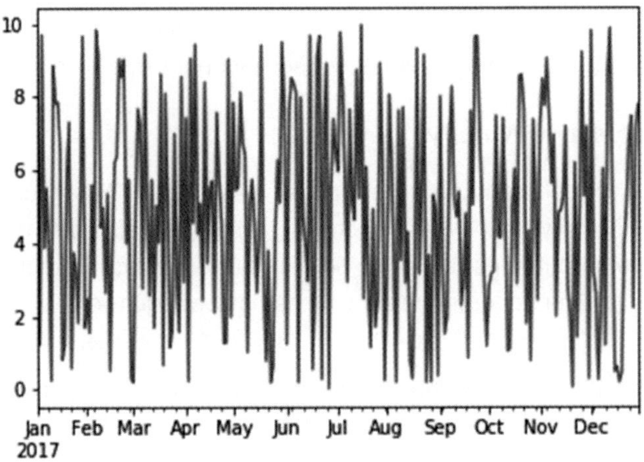

Figure 4.9 – Affichage du graphique des points de l'objet Series.

On peut aussi utiliser `date_range()` avec différents paramètres. Si par exemple, on désire générer un index avec des relevés toutes les 2 heures entre le 1er février 2018 à 8h00 et le 31 mars 2018 à 8h00, on utilisera :

```
In[] : index_temps = pd.date_range('2018-02-01 08:00:00',
                                   '2018-03-31 08:00:00', freq='2h')
       print(index_temps.shape, index_temps.dtype)
Out[]: (693,) datetime64[ns]
```

De nombreuses possibilités sont accessibles pour le traitement des dates et des heures. Ainsi, si plutôt que des dates et des heures, vous préférez utiliser des périodes (ceci revient à utiliser un mois plutôt que le premier jour du mois comme valeur de votre index), vous pouvez le faire avec la fonction `period_range()`.

```
In[] : pd.period_range("01-01-2017","01-01-2018", freq="M")
Out[] :
PeriodIndex(['2017-01', '2017-02', '2017-03', '2017-04', '2017-05',
                                                               '2017-06',
             '2017-07', '2017-08', '2017-09', '2017-10', '2017-11',
                                                               '2017-12',
             '2018-01'],
             dtype='period[M]', freq='M')
```

On a ainsi généré une suite de mois. Ceci peut se faire sur des semaines (W), des trimestres (Q), des années...

Si on désire générer des périodes, on pourra le faire grâce à `pd.period()` :

```
In[] : pd.period_range(pd.Period("2017-01", freq="M"),
                       pd.Period("2019-01", freq="M"), freq="Q")
Out[] :
PeriodIndex(['2017Q1', '2017Q2', '2017Q3', '2017Q4', '2018Q1',
                                                               '2018Q2',
'2018Q3', '2018Q4', '2019Q1'], dtype='period[Q-DEC]', freq='Q-DEC')
```

Par ailleurs, vous pouvez traiter les fuseaux horaires de manière simplifiée avec Pandas en utilisant la propriété `.tz`. Par défaut, une date n'est associée à aucune timezone :

```
In[] : index_temps.tz is None
Out[] : True
```

Pour définir un fuseau horaire, on le fait généralement dans la fonction `date_range()`, qui a un paramètre `tz =` . Les fuseaux horaires peuvent être définis, avec une chaîne de caractères incluant une combinaison zone/ville ("Europe/Paris"), vous pouvez en obtenir la liste exhaustive en important :

```
from pytz import common_timezones, all_timezones
all_timezones
```

Si vous avez déjà défini vos dates et que vous désirez leur ajouter un fuseau horaire, vous allez utiliser la méthode `tz_localize()`. Imaginons que l'on génère des données toutes les deux heures à Paris, on veut transformer cet index en passant sur le fuseau horaire de Nouméa en Nouvelle-Calédonie, voici le code :

```
In[] : index_heures=pd.date_range("2018-01-01 09:00:00",
                                  "2018-01-01 18:00:00", freq="2h")
       index_heures_paris = index_heures.tz_localize("Europe/Paris")
       index_heures_paris
Out[] :
DatetimeIndex(['2018-01-01 09: 00: 00+01: 00', '2018-01-01 11: 00:
                                                          00+01: 00',
               '2018-01-01 13: 00: 00+01: 00', '2018-01-01 15: 00:
                                                          00+01: 00',
               '2018-01-01 17: 00: 00+01: 00'],
               dtype='datetime64[ns, Europe/Paris]', freq='2H')
```

```
In[] : index_heures_noumea = index_heures_paris.tz_convert("Pacific/
                                                            Noumea")
       index_heures_noumea
Out[] :
DatetimeIndex(['2018-01-01 19: 00: 00+11: 00', '2018-01-01 21: 00:
                                                          00+11: 00',
               '2018-01-01 23: 00: 00+11: 00', '2018-01-02 01: 00:
                                                          00+11: 00',
               '2018-01-02 03: 00: 00+11: 00'],
               dtype='datetime64[ns, Pacific/Noumea]', freq='2H')
```

Lorsqu'on traite des séries temporelles, on peut utiliser l'outil rolling :

```
pd.Series(data, index=index_ouverture).plot()
pd.Series(data, index=index_ouverture).rolling(window=10).mean().plot()
```

La deuxième ligne permet d'afficher la moyenne prise sur 10 points adjacents. La figure 4.10 illustre le résultat sur un graphique.

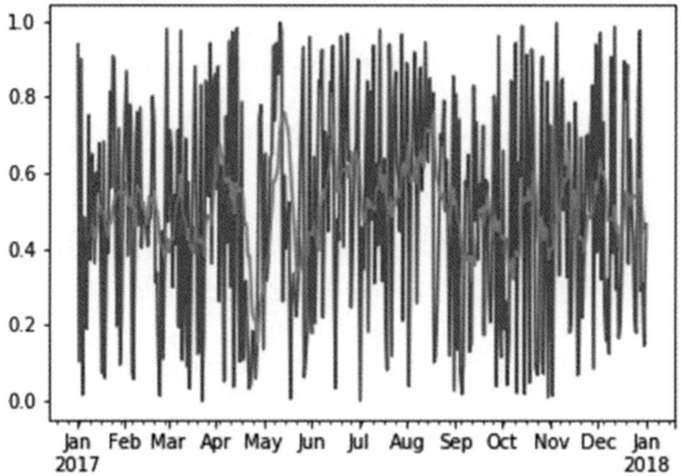

Figure 4.10 – Affichage du résultat de la méthode rolling.

4.3.9 Le traitement des données manquantes

Les données manquantes sont un domaine de la data science à part entière. Leur traitement nécessite une réflexion bien au-delà de quelques lignes de codes.

Dans tous vos projets data science, vous serez confronté à des données manquantes, elles sont réparties en trois types principaux :

- ✓ Les données manquantes « complètement aléatoirement » : dans ce cas, l'absence de données est issue d'un processus aléatoire. On croise assez peu ce type de données dans la réalité.

- ✓ Les données manquantes aléatoirement : les hypothèses sont ici un petit peu relâchées par rapport au cas précédent. On suppose que le fait qu'une donnée soit manquante ne dépend pas de la valeur de cette donnée, mais pourra dépendre de variables externes.
- ✓ Les données manquantes non aléatoirement : il s'agit de données qui manquent suivant un processus qui peut être identifié. Par exemple, les données manquantes sur des individus qui ne sont pas concernés par une question.

Suivant le type de données manquantes, les traitements seront très différents. Ainsi, pour les deux premiers cas, on pourra penser à des méthodes d'imputation alors que pour le troisième il ne sera pas possible de faire cela.

◆ *Les données manquantes en Python*

NumPy possède un code standard pour gérer les données manquantes, il s'agit de NaN. On peut définir un élément d'un array comme une donnée manquante en utilisant :

```
In[] : table = np.random.rand(5000, 10)
       table[0,1]=np.nan
       table[0,1]
Out[]: nan
```

L'avantage d'utiliser ce codage réside dans le fait que les `nan` n'altèrent pas le type de votre array et qu'ils ne sont pas pris en compte dans les calculs de statistiques descriptives avec les fonctions adaptées :

```
In[]  : vec=np.ones(10)
        vec[3]=np.nan
        np.nansum(vec)
Out[] : 9.0
```

Lorsque vous importez des données avec Pandas, celui-ci va automatiquement remplacer les données manquantes par des codes nan.

◆ *La suppression des données manquantes*

L'approche la plus simple pour traiter des données manquantes est de supprimer les observations comportant des données manquantes.

Pandas comporte de nombreuses méthodes pour cela. Si nous prenons les données sur les salaires des employés de la ville de Boston, nous pouvons utiliser :

```
In[] : #on récupère les données
       boston=pd.read_csv("../data/employee-earnings-report-2017.csv")
       # la table globale
       boston.shape
Out[] : (22245, 12)

In[] : # la table lorsqu'on retire les lignes avec données manquantes
       boston.dropna().shape
```

```
Out[] : (123, 12)

In[] : # la table lorsqu'on retire les colonnes avec des données  man-
quantes
      boston.dropna(axis = 1).shape
Out[] : (22245, 4)
```

On voit que, dans cette table, de nombreuses données manquantes existent surtout sur huit colonnes. Quatre colonnes sont complètes.

◆ *La complétion par la moyenne, le mode ou la médiane*

Avant de compléter nos données, il va falloir transformer nos données Boston de manière à avoir des données numériques. En s'inspirant du code vu plus haut pour les données AirBnB, nous pouvons faire cela avec :

```
for col in boston.columns:
    if boston[col].dtype==object:
        boston[col]=pd.to_numeric(boston[col].str.replace(r"\(.*\)",""))\
                  .str.replace(",","").str.strip("$"),
                                                   errors='ignore')
```

Dans ce code, on supprime d'abord les parenthèses en utilisant une expression régulière (voir le chapitre 2), puis on élimine les virgules et on enlève le sigle $ lorsqu'il est en début de chaîne.

On a maintenant huit colonnes en float avec des salaires.

On peut maintenant travailler sur les données manquantes. Il existe deux moyens de compléter par la moyenne ou par la médiane.

Un premier en utilisant Pandas :

```
# pour la moyenne
for col in boston.columns:
    if boston[col].dtype ==np.number:
        boston[col]= boston[col].fillna(boston[col].mean())

# pour la médiane
for col in boston.columns:
    if boston[col].dtype ==np.number:
        boston[col]= boston[col].fillna(boston[col].median())

# pour le mode, on utilise une condition à l'intérieur de l'appel de la boucle
# qui est équivalente à ce que nous faisions plus haut
# le calcul du mode renvoie un objet Series et non une valeur comme la boucle
# méthodes, d'où le [0]
for col in boston.select_dtypes(object).columns:
        boston[col]= boston[col].fillna(boston[col].mode()[0])
```

Il est aussi possible de compléter par la moyenne avec la commande `boston =boston.fillna(boston.mean())`, mais cette commande a des performances extrêmement mauvaises.

Le package Scikit-Learn permet aussi de faire des remplacements par la moyenne ou la médiane :

```
# on importe la classe depuis le module preprocessing
from sklearn.preprocessing import Imputer

# on crée un objet de cette classe avec la stratégie d'imputation comme
# paramètre
imputer = Imputer(strategy = "mean")

# on construit un nouveau jeu de données en appliquant la méthode
# .fit_transform()
boston_imputee = imputer.fit_transform(boston.select_dtypes(np.number))
```

Cette approche peut sembler plus complexe mais elle a deux forces :

✓ Elle stocke les valeurs imputées :

```
In[]: imputer.statistics_
Out[]:
array([61455.76428393, 2722.55503378, 3875.57645036, 15761.12561486,
       22166.98263445, 19292.67593892, 16133.73926073, 71517.44743088])
```

✓ Elle permet d'appliquer cette approche sur de nouvelles données. Imaginons que l'on cherche à prédire des données avec un algorithme, dans ces nouvelles données, il y a des données manquantes. On peut utiliser l'objet imputer pour compléter ces données en utilisant nos données initiales :

```
boston_new__imputee = imputer.transform(boston_new.select_dtypes(np.
                                                        number))
```

Ces approches simples permettent de traiter rapidement des données manquantes. Néanmoins, il faut bien garder en tête que la complétion par une valeur est dangereuse. Elle ne modifie pas la position de l'échantillon (moyenne ou médiane) mais elle modifie la variabilité de l'échantillon (la variance, l'écart-type). Or, la majorité des méthodes d'analyse utilisent cette variabilité pour construire des modèles.

◆ *L'ajout d'une nouvelle modalité*

Pour les variables qualitatives, et lorsque les données sont manquantes non aléatoirement, on va stocker toutes les données manquantes dans une nouvelle modalité. Pour cela, on va créer une nouvelle modalité avec la méthode `.fillna()`.

◆ *Les méthodes avancées*

Des méthodes beaucoup plus avancées, basées sur des algorithmes de machine learning, vont permettre de prédire la valeur des données manquantes. On utilise parfois des méthodes d'imputations multiples ou de plus proches voisins. Avec Scikit-Learn, on peut le faire mais on préférera utiliser un package spécialisé tel que `fancyimpute` qui propose de nombreux algorithmes. Nous ne développerons pas cet aspect ici car ces packages sont encore expérimentaux et sortent du cadre de cet ouvrage.

4.3.10 Le traitement des colonnes avec des données qualitatives

Les données qualitatives sont extrêmement présentes dans les données. Dès que vous travaillez sur des données socio-démographiques sur des individus, vous allez rencontrer des données qualitatives. Le traitement des données qualitatives est souvent négligé dans les ouvrages de traitement de la donnée. Il est donc primordial de bien expliquer le traitement qu'elles requièrent.

◆ *Le type categorical*

Les données qualitatives sont des valeurs textuelles par défaut. Pandas propose un type spécifique pour traiter ce type de données. Le type ***categorical*** permet d'optimiser le traitement de ce type de données.

Il permet de créer et de transformer des données de ce type. Vous avez importé des données avec des variables qualitatives, Pandas va automatiquement les considérer comme du type object. Vous pourrez le voir en utilisant la propriété `.dtype`. Si vous désirez transformer ce type en un type categorical, vous pouvez utiliser la fonction `pd.Categorical()` :

```
In[] : var_quali=pd.Categorical(["Boston","Paris","Londres","Paris",
                                                             "Boston"])
       var_quali
Out[] :
[Boston, Paris, Londres, Paris, Boston]
Categories (3, object): [Boston, Londres, Paris]

In[] : # on peut ajouter une modalité
       var_quali=var_quali.add_categories("Rome")
       # on alloue cette valeur à un élément de notre objet
       var_quali[4]="Rome"
```

Si on modifie notre objet en y ajoutant une modalité non définie au préalable, on aura alors un message d'erreur.

Si on veut transformer une colonne objet en category, on utilise :

```
In[] : boston["POSTAL"]=boston["POSTAL"].astype("category",
                                                        ordered=False)
       boston["POSTAL"].dtype
Out[] :
CategoricalDtype(categories=['10025', '10033', '10128', '1027', '1028',
```

```
'1040', '10466', '10512', '1057', '1085',...
                '95008', '97201', '97209', '97410', '98074', '98121',
                '98144', '98296', 'B1S 3', 'UNKNO'],
              ordered = False)
```

On utilise `ordered = False` car il n'y a pas d'ordre entre les modalités de notre colonne. Si une notion d'ordre doit être ajoutée, on ajoute la liste des modalités et on passe le paramètre ordered à True.

Le type Categorical est inspiré du type factor de R.

Faut-il utiliser le type categorical ?

Il s'agit d'une question récurrente des utilisateurs. En effet, rien ne vous oblige à utiliser ce type, vous pouvez simplement utiliser des chaînes de caractères qui seront traitées comme objet dans vos DataFrame Pandas. L'utilisation du type categorical vous apporte une plus grande fiabilité des données. En effet, les modalités d'une variable qualitative, lorsqu'elle est du type categorical, sont définies lors de la création de la variable et un ajout de modalité sera limité par le système. À l'inverse, si vous utilisez des chaînes de caractères, l'ajout de données pouvant contenir des problèmes tel qu'une mauvaise orthographe, ou une modalité non existante dans les données initiales, ne sera pas remarqué par Python si vous avez utilisé le type str alors que cela sera impossible pour le type categorical. Par ailleurs, en termes de mémoire nécessaire, une colonne de ce type est plus économe qu'un objet classique.

◆ *La transformation des données*

Pour traiter des données qualitatives, il faudra les transformer. En effet, les algorithmes que vous aurez à utiliser sont basés sur des données numériques et donc des variables quantitatives.

Si vous travaillez sur des données nominales, il va falloir transformer les variables en indicatrices. C'est-à-dire que vous allez obtenir une colonne pour chaque modalité de votre variable qualitative.

Cette approche peut être appliquée avec deux packages que nous utilisons souvent : Pandas et Scikit-Learn.

Dans le cadre de nos données sur les logements AirBnB, nous avons plusieurs variables qualitatives, notamment roomtype qui a trois modalités :

```
In[] : listing["room_type"].value_counts()
Out[] :
Entire home/apt 52057
Private room 7361
Shared room 527
Name: room_type, dtype: int64
```

Approche Pandas avec get_dummies():

```
frame_room_type = pd.get_dummies(listing["room_type"])
```

Cette fonction crée un nouveau DataFrame dont les cinq premières lignes apparaissent dans la figure 4.11.

	Entire home/apt	Private room	Shared room
0	1	0	0
1	1	0	0
2	1	0	0
3	1	0	0
4	1	0	0

Figure 4.11 – Résultats avec **pd.get_dummies()**

Approche Scikit-Learn avec OneHotEncoder():

Dans ce cas, il faut que la variable qualitative soit déjà sous forme d'entiers entre 0 et p-1, p étant le nombre de modalités de notre variable.

On va combiner deux classes de Scikit-Learn: LabelEncoder et OneHotEncoder. La première va permettre de recoder les valeurs textuelles en entiers et la seconde de construire des colonnes binaires à partir des valeurs de la variable transformée.

Voici le code:

```
# on importe les classes
from sklearn.preprocessing import LabelEncoder, OneHotEncoder

# on crée un objet de la classe LabelEncoder
encode1=LabelEncoder()

# on crée un objet de la classe OneHotEncoder
encode2=OneHotEncoder(sparse = False)

# on combine l'application des deux classes
array_out=encode2.fit_transform(encode1.fit_transform(
                                  listing["room_type"]).reshape(-1,1))

# on transforme la sortie en DataFrame
pd.DataFrame(array_out, columns=listing["room_type"].unique())
```

Le résultat est équivalent au précédent, on voit que c'est plus complexe mais cette approche possède quelques avantages. On doit souvent pouvoir appliquer ces transformations sur un autre échantillon et ces méthodes le permettent.

Pour détailler un peu le processus, il s'agit de recoder en entier les chaînes de caractères avec LabelEncoder et ensuite de construire le tableau de colonnes binaires avec OneHotEncoder.

	Entire home/apt	Private room	Shared room
0	1.0	0.0	0.0
1	1.0	0.0	0.0
2	1.0	0.0	0.0
3	1.0	0.0	0.0
4	1.0	0.0	0.0

Figure 4.12 – Résultat en combinant LabelEncoder et OneHotEncoder.

Si vous travaillez sur des données ordinales (avec des modalités ordonnées), il vous suffit de recoder une variable avec des valeurs chiffrées (attention, cette approche n'est valable que pour des données ordinales).

Approche avec Pandas :

Il n'y a pas d'approche automatisée, on peut utiliser le code suivant :

```
listing["room_type2"]=listing["room_type"].map(dict(zip(listing["room_type"]\
                                            .unique(),
                        range(listing["room_type"].nunique())) ))
```

On crée donc une colonne en utilisant un dictionnaire qui permet de faire correspondre des éléments de celui-ci à des valeurs entières.

Approche avec Scikit-Learn :

Cette approche est plus simple, elle se base sur l'outil LabelEncoder et se fait avec ce code :

```
from sklearn.preprocessing import LabelEncoder
encode1=LabelEncoder()
listing["room_type2"]=encode1.fit_transform(listing["room_type"])
```

Ces méthodes sont centrales car la plupart des algorithmes en Python ne supportent pas le type categorical.

4.3.11 Les transformations numériques

Lorsque vous travaillez sur des données, un certain nombre de transformations de base sont nécessaires. Trois packages pourront être utiles pour ce type de transformations : Scikit-Learn, Pandas et SciPy.

Avec Pandas, la plupart des transformations se font en faisant les calculs directement en utilisant les fonctions universelles de Pandas.

Avec Scikit-Learn, l'approche est légèrement différente. Dans ce cas, on utilise des classes permettant de transformer les données.

SciPy nous permet d'appliquer des transformations plus spécifiques.

Nous utiliserons les données sur les employés de la ville de Boston desquelles nous extrayons les colonnes numériques :

```
boston_num=boston.select_dtypes(include=[np.number])
```

◆ *Centrer et réduire les données*

Il s'agit de faire en sorte que la moyenne soit nulle et que la variance soit égale à 1. On peut simplement centrer ou réduire, ou centrer et réduire.

On peut utiliser pour Pandas :

```
# avec Pandas pour centrer et réduire
boston_std=boston_num.apply(lambda x: (x-x.mean())/x.var())
```

Avec Scikit-Learn, on utilisera la classe StandardScaler :

```
from sklearn.preprocessing import StandardScaler

scaler=StandardScaler(with_mean=True, with_std=True)
rescaled=scaler.fit_transform(boston_num)

pd.DataFrame(rescaled, index=boston_num.index, columns=boston_num.columns)
```

Les objets obtenus sont toujours des arrays de NumPy. Il faut donc bien transformer ces arrays en DataFrame si vous voulez continuer à travailler sur un DataFrame.

Si on désire centrer les données, on modifiera la formule pour le cas Pandas et on modifiera les paramètres pour le cas Scikit-Learn.

L'approche Scikit-Learn est spécialement adaptée au cas du machine learning. En effet, on aura souvent besoin d'appliquer une transformation sur de nouvelles données.

◆ *Changer d'échelle*

Il s'agit de faire en sorte que le minimum et le maximum soient définis. On aura aussi les deux approches avec Pandas et Scikit-Learn :

On utilise pour passer à une échelle 0-100 :

```
# avec Pandas
boston_0_100=boston_num.apply(lambda x: (x-x.min())/(x.max()-x.min())*100)

# avec Scikit-Learn
from sklearn.preprocessing import MinMaxScaler

minmaxscaler=MinMaxScaler((0,100))
```

```
boston_0_100=minmaxscaler.fit_transform(boston_num)
boston_0_100=pd.DataFrame(boston_0_100, index=boston_num.index,
                          columns=boston_num.columns)
```

◆ ***Transformation de Box-Cox***

Lorsque vous désirez obtenir des données suivant une loi normale, vous risquez d'avoir besoin d'une transformation qui permette de se rapprocher de cette loi.

La transformation de Box-Cox est une transformation qui peut gérer ce problème. Elle ne s'applique qu'à des données positives. Celle-ci est disponible dans le package SciPy et s'utilise de la manière suivante :

```
from scipy import stats
total_earning_trans=stats.boxcox(boston_num["TOTAL EARNINGS"])
```

Il existe d'autres transformations de données qui sont disponibles en Python. Elles sont toutes basées sur les trois approches que nous avons décrites.

4.3.12 Échantillonnage des données

Dans le cadre du big data aujourd'hui, la notion d'échantillonnage est de plus en plus écartée. Néanmoins, celle-ci reste centrale pour de nombreuses applications et l'échantillonnage des données est très souvent nécessaire. Sans rentrer dans des détails théoriques sur l'échantillonnage, nous allons présenter deux approches d'échantillonnage :

- l'échantillonnage aléatoire sans remise,
- l'échantillonnage stratifié.

Pandas propose une méthode d'échantillonnage simple à mettre en œuvre, il s'agit de la méthode ***sample***.

Si on désire échantillonner aléatoirement 1000 lignes de notre base Boston, on utilisera :

```
In[]: boston_aleat_1000=boston.sample(n=1000)
      boston_aleat_1000.shape
Out[]: (1000, 12)
```

On peut se servir du paramètre `frac =` si on désire obtenir un échantillon de la taille d'une fraction du jeu de données initial.

L'échantillonnage stratifié consiste à reproduire dans vos échantillons les mêmes répartitions de certaines variables que dans l'échantillon initial.

Il peut se faire avec Pandas ou avec Scikit-Learn. On utilisera dans ce cas le listing des logements disponibles à Paris. Si nous voulons échantillonner 10 % des logements en conservant la répartition du type de chambre (room_type), on utilisera :

```
In[] : # répartition dans l'échantillon initial
       listing["room_type"].value_counts(normalize=True)
Out[] :
Entire home/apt 0.868413
Private room 0.122796
```

```
Shared room 0.008791
Name: room_type, dtype: float64

In[] : # échantillonnage stratifié
       listing_sample=listing.groupby('room_type').apply(
                                          lambda x:x.sample(frac=.1))
       # repartition dans l'échantillon final
       listing_sample["room_type"].value_counts(normalize=True)
Out[] :
Entire home/apt 0.868390
Private room 0.122769
Shared room 0.008841
Name: room_type, dtype: float64
```

On utilise un groupby que nous allons revoir plus tard et, au sein de chaque groupe, on échantillonne 10 %. Avec plusieurs variables, il suffit de les intégrer dans le groupby.

Scikit-Learn permet aussi de créer des sous-échantillons stratifiés, mais cela s'intègre plus dans un aspect machine learning du traitement.

4.3.13 La construction de tableaux croisés

Les tableaux croisés peuvent être très utiles pour visualiser des croisements de colonnes de variables qualitatives et les intégrer dans d'autres calculs.

Deux fonctions dans Pandas sont utiles : la méthode `frame.pivot_table()` et la fonction `pd.crosstab()`.

La seule différence entre ces deux approches réside dans les données qui sont acceptées dans chaque fonction. Pour `pivot_table`, sachant que c'est une méthode appliquée à un DataFrame, toutes les données doivent venir de ce DataFrame. La fonction `crosstab` est différente, elle peut prendre en entrée des données issues de plusieurs DataFrame ou d'arrays.

Si nous reprenons nos données AirBnB et que nous désirons croiser deux colonnes, nous allons utiliser :

```
pd.crosstab(listing['instant_bookable'], listing['room_type'])
```

Le tableau obtenu est affiché dans la figure 4.13.

room_type	Entire home/apt	Private room	Shared room
instant_bookable			
f	37773	5361	357
t	14284	2000	170

Figure 4.13 – Tableau croisé obtenu à partir du comptage des occurrences.

Par défaut, cet outil inclut des comptages dans le tableau. Mais si on désirait afficher la moyenne du prix des logements, on utiliserait :

```
pd.crosstab(listing['instant_bookable'], listing['room_type'],
                                          values=listing['price'],
                                                     aggfunc="mean")
listing.pivot_table(values='price', index='instant_bookable',
                                    columns='room_type',
                                                     aggfunc='mean')
```

Le tableau obtenu est dans la figure 4.14.

room_type	Entire home/apt	Private room	Shared room
instant_bookable			
f	101.920605	69.724492	46.694678
t	112.693643	73.924500	36.723529

Figure 4.14 – Tableau croisé obtenu en affichant la moyenne des prix.

On peut aller plus loin en combinant plusieurs variables et en combinant plusieurs statistiques dans le tableau :

```
listing.pivot_table(values='price',
                    index=['is_business_travel_ready','instant_bookable'],
                    columns='room_type', aggfunc=['mean','count'])
```

Le tableau obtenu est dans la figure 4.15.

		mean			count		
	room_type	Entire home/apt	Private room	Shared room	Entire home/apt	Private room	Shared room
is_business_travel_ready	instant_bookable						
f	f	100.867297	69.724492	46.694678	36608.0	5361.0	357.0
	t	110.781383	73.924500	36.723529	13375.0	2000.0	170.0
t	f	135.018884	NaN	NaN	1165.0	NaN	NaN
	t	140.830583	NaN	NaN	909.0	NaN	NaN

Figure 4.15 – Tableau croisé plus complexe.

4. 4 EXTRAIRE DES STATISTIQUES DESCRIPTIVES

Pandas vous permet dans un premier temps d'afficher des informations sur votre DataFrame.

Une fois ce dernier créé, on utilise très souvent la méthode `.head()` afin de visualiser les premières lignes du DataFrame (par défaut les cinq premières).

Astuce – Si vous travaillez dans un notebook Jupyter et, si vous avez beaucoup de variables dans votre DataFrame, vous allez souvent voir dans l'affichage de votre DataFrame le signe... en remplacement d'un certain nombre de colonnes. Si vous voulez que toutes les colonnes s'affichent, vous pouvez utiliser l'option :

```
pd.options.display.max_columns = None
```

Par ailleurs, si vous voulez modifier la précision d'affichage des résultats, vous pouvez utiliser :

```
pd.options.display.precision=3
```

Notez bien que cette fonction modifie l'affichage des DataFrame et n'arrondit pas les données. La précision des données stockées est toujours la même.

De nombreuses autres options sont disponibles dans Pandas pour optimiser l'affichage des résultats. Si vous désirez revenir aux valeurs par défaut, vous pouvez utiliser la fonction :

```
pd.reset_option("all")
```

4.4.1 Statistiques pour données quantitatives

Lorsqu'on calcule des statistiques descriptives spécifiques aux données quantitatives sur un DataFrame complet, Pandas n'affiche des résultats que pour les variables quantitatives (sans message d'erreur pour les colonnes non quantitatives).

◆ *Méthode ou fonction ?*

Dans Pandas, la plupart des fonctions statistiques sont disponibles en tant que méthodes associées aux objets DataFrame mais aussi sous forme de fonctions. Ainsi, pour la moyenne, on aura :

```
pd.mean(mon_frame)
mon_frame.mean()
```

Ces deux lignes de codes produisent le même DataFrame avec les moyennes par colonne des variables quantitatives.

On aura tendance à sélectionner la méthode afin d'éviter des problèmes de compatibilité (essayez d'appliquer `pd.mean()` sur un dictionnaire).

◆ *Statistiques descriptives de base*

Quelques méthodes statistiques universelles de Pandas :

```
# moyenne
boston.mean()
# variance
boston.var()
# écart-type
boston.std()
# médiane
```

```
boston.median()
# matrice de corrélation
boston.corr()
```

Toutes ces méthodes permettent d'obtenir des Series ou des DataFrame avec autant de lignes que de colonnes quantitatives dans le jeu de données initial, mis à part la dernière qui renvoie une matrice de corrélation (coefficient de Pearson par défaut).

Une autre fonction intéressante est la méthode `.describe()` qui affiche un certain nombre de statistiques pour les variables quantitatives (elle ne fait que cela par défaut mais nous verrons plus loin qu'elle peut s'appliquer aux variables qualitatives).

```
boston.describe()
```

La figure 4.16 illustre le résultat.

Si vous voulez construire votre propre DataFrame de statistiques, vous pouvez utiliser la méthode `.agg()`. Par exemple :

```
boston.agg(["mean","std"])
```

Le DataFrame obtenu est celui de la figure 4.17.

	REGULAR	RETRO	OTHER	OVERTIME	INJURED	DETAIL	QUINN/EDUCATION INCENTIVE	TOTAL EARNINGS
count	22245.000000	22245.000000	22245.000000	22245.000000	22245.000000	22245.000000	22245.000000	22245.000000
mean	61455.764284	2722.555034	3875.576450	15761.125615	22166.982634	19292.675939	16133.739261	71517.447431
std	36793.733234	1243.028295	6812.427267	10202.043674	7136.245092	7160.834192	1184.710373	51127.428966
min	0.000000	3.500000	0.000000	0.000000	0.000000	0.000000	40.210000	3.500000
25%	30823.270000	2722.555034	850.000000	15761.125615	22166.982634	19292.675939	16133.739261	30160.550000
50%	61455.764284	2722.555034	3875.576450	15761.125615	22166.982634	19292.675939	16133.739261	66218.240000
75%	92969.550000	2722.555034	3875.576450	15761.125615	22166.982634	19292.675939	16133.739261	102602.380000
max	264660.690000	28657.850000	187299.320000	144873.750000	285458.880000	131008.000000	38116.790000	366232.650000

Figure 4.16 – Résultats de la méthode `.describe()`

	REGULAR	RETRO	OTHER	OVERTIME	INJURED	DETAIL	QUINN/EDUCATION INCENTIVE	TOTAL EARNINGS
mean	61455.764284	2722.555034	3875.576450	15761.125615	22166.982634	19292.675939	16133.739261	71517.447431
std	36793.733234	1243.028295	6812.427267	10202.043674	7136.245092	7160.834192	1184.710373	51127.428966

Figure 4.17 – Résultats de la méthode **`.agg()`**

Toutes les fonctions vues plus haut s'appliquent aussi sur une seule colonne d'un DataFrame qui sera automatiquement transformée en objet de la classe Series.

```
listing["price"].mean()
```

Dans ce cas, le résultat sera juste une valeur.

◆ *Des statistiques plus avancées*

Il peut arriver que des statistiques plus avancées soient nécessaires, notamment en se basant sur des distributions de probabilités. Pour cela, on utilisera plutôt le package SciPy et, plus précisément scipy.stats, qui possède de nombreuses statistiques importantes.

Par exemple, on peut calculer l'asymétrie d'une distribution (skewness) en utilisant :

```
In[] : from scipy.stats import skew
       skew(listing["price"])
Out[] : 26.112538168061622
```

4.4.2 Statistiques pour données qualitatives

Les statistiques descriptives pour des variables qualitatives sont très différentes de celles pour des variables quantitatives. Ainsi, on s'intéresse généralement au mode et à la fréquence des modalités de la variable, Pour cela, on pourra obtenir des statistiques simples en utilisant la méthode `.describe(include = "all")`.

D'autres approches sont possibles mais elles s'appliqueront variables par variables sur un objet Series. Ainsi, on peut utiliser :

```
In[] : # nombre de modalités
       listing["room_type"].nunique()
Out[] : 3

In[] : # liste des modalités
       listing["room_type"].unique()
Out[] : array(['Entire home/apt', 'Private room', 'Shared room']
                                                        , dtype=object)

In[] : # liste et fréquence d'apparition des modalités
       listing["room_type"].value_counts()
Out[] :
Entire home/apt 52057
Private room 7361
Shared room 527
Name: room_type, dtype: int64

In[] : # calcul du mode
       listing["room_type"].mode()
Out[] :
0    Entire home/apt
dtype: object.nunique()
```

Ces méthodes vont compter le nombre de modalités, afficher toutes les modalités, afficher les modalités ordonnées par fréquence d'apparition avec la fréquence associée, et enfin afficher le mode (la modalité avec la fréquence la plus élevée).

La méthode `.value_counts()` possède un certain nombre de paramètres pour inclure les données manquantes, normaliser les résultats…

4.5 UTILISATION DU GROUPBY POUR DÉCRIRE DES DONNÉES

4.5.1 Le principe

La méthode **.groupby** est une méthode qui permet de construire un objet à partir d'un DataFrame. Cet objet sépare les données en fonction des modalités d'une ou de plusieurs variables qualitatives. On obtiendra ainsi de manière quasi-immédiate des indicateurs par modalités. De nombreuses méthodes sont disponibles sur ces objets groupby afin de maximiser la simplicité de manipulation de données.

Généralement, on suppose que le groupby est basé sur trois étapes : séparation/application et combinaison.

La **séparation** est la partie la plus simple, on sépare notre DataFrame en fonction d'un critère (généralement une ou plusieurs colonnes). Ensuite, on **applique** des fonctions sur les groupes obtenus à l'étape précédente. Finalement, on **combine** les résultats obtenus pour chaque groupe dans une sortie simplifiée.

Par exemple, sur les données AirBnB, on peut faire cela par type de chambres :

```
In[] : listing_group_room = listing.groupby("room_type")
       listing_group_room["price"].mean()
Out[] :
room_type
Entire home/apt 104.876635
Private room 70.865643
Shared room 43.478178
Name: price, dtype: float64
```

On sépare et on calcule la moyenne, et on rassemble les résultats dans un nouvel objet. On affiche donc dans un objet Series les prix moyens par type de chambre. On voit ici qu'on a utilisé la méthode `.mean()` de la classe des objets groupby.

4.5.2 Les opérations sur les objets groupby

On peut très simplement obtenir des statistiques plus poussées avec des groupby.

De nombreuses méthodes de transformation de données pourront être appliquées avec une étape `.groupby()`.

Dans le cadre de l'étude d'un DataFrame, soit on étudie toutes les colonnes du DataFrame, soit une colonne spécifiquement dans le cadre d'une étape groupby. Cependant, lorsqu'on travaille sur tout le DataFrame, les traitements peuvent devenir longs.

Dans le tableau ci-dessous, quelques méthodes associées au groupby sont détaillées :

Méthode/Propriété	Utilisation
`.agg()`	Application de plusieurs fonctions et obtention d'un DataFrame
`.apply()`	Application de n'importe quelle transformation sur les données
`.count()`	Comptage du nombre de lignes par groupe
`.cummax() / .cummin() / .cumprod()/.cumsum()`	Réalisation des calculs cumulés
`.describe()`	Equivalent de la méthode **.describe()** des DataFrame
`.first()`	Affichage des premiers éléments de chaque groupe
`.groups`	Affichage des groupes sous forme de dictionnaires
`.max() / .min() / .median() / .mean() / .quantile() / .std() / .var()`	Méthodes statistiques de base pour faire vos calculs. On peut aussi les intégrer sous forme de liste de chaînes de caractères dans la méthode **.agg()**.
`.ngroups`	Affichage du nombre de groupes
`.nth()`	Affichage du n^{ième} élément de chaque groupe (si un groupe a moins de n éléments alors le groupe n'est pas affiché)
`.sum()`	Calcul de la somme des valeurs du groupe
`.tail()`	Affichage des dernières lignes de chaque groupe

Par ailleurs, lorsqu'on veut grouper des lignes en se basant sur plusieurs colonnes, il suffira d'ajouter une liste de colonnes dans l'appel à `.groupby()`.

4.5.3 Apply : une méthode importante pour manipuler vos groupby

La méthode apply permet d'appliquer n'importe quelle fonction sur vos données. Si par exemple, vous désirez calculer l'écart salarial au sein de chaque département sur les données des salariés de la ville de Boston, vous allez devoir utiliser la différence entre le maximum et le minimum. Il n'existe pas de fonction universelle. Nous allons donc utiliser un groupby et la méthode apply :

```
In[] : diff_salaires_dep = boston.groupby('DEPARTMENT NAME')['TOTAL EARNINGS']\
                            .apply(lambda x: x.max()-x.min())
       diff_salaires_dep.sort_values(ascending = False)
Out[] :
DEPARTMENT NAME
Boston Police Department 366229.15
BPS Business Service 284561.66
Boston Fire Department 276546.71
Superintendent 243562.93
...
```

Remarque – On a utilisé un caractère de fin de ligne \ qui permet de couper une ligne de code en plusieurs morceaux répartis sur plusieurs lignes.

4.5.4 Cas concret d'utilisation d'un groupby

Nous travaillons sur les données AirBnB. Nous désirons obtenir des statistiques descriptives sur les prix et leurs variations au sein de chaque arrondissement de Paris. Pour cela, nous allons utiliser un groupby :

```
# on nettoie les données de code postaux
listing["zip_clean"]=listing.zipcode.str.extract('(^\d*)')
# on ne garde que les codes de 5 valeurs commençant par 75 et on
extrait le numéro de l'arrondissement
listing["zip_clean2"]=np.where((listing["zip_clean"].str[:2]=="75")
&(listing["zip_clean"].str.len()==5),
                              listing["zip_clean"].str[-2:], np.nan)

# on construit des statistiques par arrondissement
listing.groupby("zip_clean2")["price"].agg(["mean","std"])
```

	mean	std	count
zip_clean2			
01	149.699819	207.906779	553
02	122.326853	99.791309	823
03	132.383234	108.564180	1336
04	141.086134	110.710899	952
05	117.605123	92.960438	937
06	159.105006	310.408133	819
07	155.165545	138.348843	743
08	177.320057	180.160466	703
09	104.459302	78.291041	1204
10	90.069617	64.238276	1853
11	84.863860	61.546805	2637
12	78.592195	60.536368	1025

Table 4.18 – Résultats pour les douze premiers arrondissements de Paris.

Le résultat est dans la figure 4.18. Si nous désirons étudier les variations par arrondissement et par type d'appartement, nous pourrons avoir deux clés pour notre groupby :

```
In[] : listing.groupby(["zip_clean2","room_type"])["price"].mean()
Out[] :
zip_clean2 room_type
01          Entire home/apt 153.230461
            Private room 120.816327
            Shared room 80.400000
02 Entire home/apt 126.244681
            Private room 81.200000
            Shared room 55.000000
03 Entire home/apt 132.434253
            Private room 146.568182
            Shared room 50.437500
```

De nombreuses autres applications sont disponibles avec le groupby.

4.6 ALLER PLUS LOIN : ACCÉLÉRATION

Bien évidemment, l'utilisation de packages tels que NumPy et Pandas améliore grandement les performances de Python mais cela ne suffit pas dans beaucoup de cas. Nous allons ici explorer rapidement deux approches pour accélérer vos traitements : la **parallélisation** et l'**intégration de code « compilé »**.

4.6.1 Parallélisation avec Dask et Pandas

On parle ici de parallélisation des calculs sur les cœurs de votre machine ou de votre serveur et non de traitements dits big data. Pour des détails sur cette question, je vous incite à vous référer au dernier chapitre de cet ouvrage.

Dask a été conçu pour simplifier la parallélisation de vos traitements en gardant le même format que Pandas. Il répond à deux problèmes : l'accélération, mais surtout le traitement de fichiers plus volumineux que ce que peut gérer Pandas. Vous allez pouvoir importer des fichiers en utilisant Dask et enchaîner des traitements.

Le principe est simple : plutôt que de traiter un gros DataFrame, votre DataFrame est divisé en petits DataFrame. Dask n'exécute les calculs que lorsqu'on lui demande, notamment avec la méthode `.compute()`.

Voici un exemple de traitement :

```
In[] : import dask.dataframe as dd
df = dd.read_csv("../data/listings.csv")
       %time df.price.mean()
Out[] : Wall time: 2 ms
        dd.Scalar<series-..., dtype=float64>

In[] : % time df.price.mean().compute()
Out[] : Wall time: 212 ms
        100.16044707648678
```

On voit dans ce code que la partie sans la méthode `.compute()` est immédiate. Cependant, lorsqu'on récupère la moyenne, le temps de calcul est beaucoup plus long.

Il faut bien noter que l'objectif est de récupérer les résultats des traitements le moins souvent possible. On n'aura donc pas d'étape de visualisation du DataFrame lorsqu'on entre son nom (comme c'est le cas dans un notebook avec Pandas).

L'utilisation de Dask est intéressante lorsque la taille de votre DataFrame est très importante et que vous ne désirez pas utiliser Apache Spark, qui demande une infrastructure plus complexe (voir le chapitre 7).

Ce package est en constante évolution et sa documentation vous permettra de vous lancer dans son utilisation :

https://dask.pydata.org/en/latest/

4.6.2 Accélération du code avec Numba

Python n'est pas optimisé pour atteindre des vitesses de traitement importantes. Il s'agit d'un langage interprété, ce qui le rend facile à utiliser mais plus difficile à optimiser. Si la parallélisation n'est pas adaptée ou ne suffit pas à vos calculs, il faut utiliser des méthodes pour compiler tout ou partie de votre code.

Vous pouvez bien sûr décider de changer de langage, de passer à C ou C++, ou même d'utiliser Julia. Mais ce n'est pas notre objectif ici.

La plupart des packages de traitement de données sont codés dans un langage entre Python et C nommé Cython. Un code en Cython est intégré dans votre code Python mais utilise une compilation pour faire tourner le code. Cython devient rapidement une solution utile pour optimiser votre code mais il demande de s'adapter à un nouveau langage. D'un autre côté, si vous ne voulez pas modifier votre code en Python tout en accélérant la vitesse de traitement, Numba est une bonne solution.

Numba a été créé pour ne pas amener à une trop forte distorsion du langage Python. Il est basé sur un compilateur *just-in-time* (JIT) (au même titre que le langage Julia) pour faire en sorte de compiler les codes à la volée et ainsi accélérer le traitement une fois compilé.

L'utilisation de Numba demande l'importation du package Numba. On utilise pour cela :

```
from numba.decorators import jit, autojit
```

On pourra choisir `autojit` en tant que fonction ou en tant que décorateur (voir chapitre 2), en voici un exemple :

```
In[] : import math
       # utilisation de Python sans Numba
       def hypot_python(x, y):
           return math.sqrt(x**2 + y**2)
       # utilisation de Numba avec un décorateur
       @jit
       def hypot_numba_jit(x, y):
           return math.sqrt(x**2 + y**2)
       # utilisation de la fonction autojit de Numba pour transformer la
       # fonction Python
       hypot_numba_autojit = autojit(hypot_python)

In[] : % timeit hypot_python(333,555)
Out[] : 943 ns ± 20.8 ns per loop (mean ± std. dev. of 7 runs,
                                                   1000000 loops)

In[]: % timeit hypot_numba_jit(333,555)
Out[]: 193 ns ± 5.56 ns per loop (mean ± std. dev. of 7 runs, 1000000
                                                           loops)

In[] : % timeit hypot_numba_autojit(333,555)
Out[] : 194 ns ± 3.56 ns per loop (mean ± std. dev. of 7 runs,
                                                  10000000 loops)
```

Si nous essayons de comparer trois approches sur des données :

✓ l'approche Python,

✓ l'approche NumPy,

✓ l'approche Numba,

on obtiendra cela :

```
In[] : from numba.decorators import jit, autojit

In[] : # génération des données
       X = np.random.random((10000, 3))

In[] : # code base sur NumPy
       def sum_numpy(X):
           return np.sum(np.sqrt(X))
In[] : % timeit sum_numpy(X)
Out[] : 24.2 µs ± 626 ns per loop (mean ± std. dev. of 7 runs, 10000
                                                              loops)

In[] : # code pure Python
       def sum_python(X):
           M = X.shape[0]
           N = X.shape[1]
           d=0.0
           for i in range(M):
               for j in range(N):
                   d += np.sqrt(X[i, j])
          return d
In[] : % timeit sum_python(X)
Out[] : 5.01 ms ± 204 µs per loop (mean ± std. dev. of 7 runs, 100
                                                          loops each)

In[] : # code python avec sum python et sqrt numpy
       def sum_python2(X):
           return sum(np.sqrt(X))
In[] : % timeit sum_python2(X)
Out[] : 606 µs ± 24.2 µs per loop (mean ± std. dev. of 7 runs, 1000
                                                              loops)

In[] : # code avec numba sur fonction python
       sum_numba = autojit(sum_python)
In[] : % timeit sum_numba(X)
Out[] : 13 µs ± 94 ns per loop (mean ± std. dev. of 7 runs, 100000
                                                          loops each)

In[] : # code numba base sur le code numpy
       sum_numba2 = autojit(sum_numpy)
```

```
In[] :% timeit sum_numba2(X)
Out[] : 16 µs ± 119 ns per loop (mean ± std. dev. of 7 runs, 100000
                                                              loops)
```

On voit que Numba est beaucoup plus rapide que les autres approches. Le code pour appliquer Numba est extrêmement simple, il n'implique aucune différence par rapport à Python et va juste compiler votre code Python.

On voit que le code avec des fonctions NumPy est moins rapide que celui sans ces fonctions. Cela s'explique par le fait que les fonctions de NumPy sont déjà codées dans un langage compilé et qu'il n'y aura pas de gain de temps avec le compilateur JIT de Numba.

On utilisera donc Numba lorsqu'on définit de nouvelles fonctions qui utilisent des principes de Python, combiné avec les autres packages de traitement de données. C'est uniquement dans ce cas qu'il y aura un réel gain de temps.

Ce package est en constante évolution et la documentation de celui-ci vous permettra de vous lancer dans son utilisation :

https://numba.pydata.org/

En résumé

Dans ce chapitre, nous avons traité des données réelles structurées ou non structurées avec Python et les packages associés. Nous avons étudié les transformations nécessaires à leur utilisation et les statistiques descriptives obtenues grâce à Pandas et NumPy. Nous avons terminé par une ouverture vers des processus d'accélération de traitements.

5

Data visualisation avec Python

Objectif

La data visualisation (ou visualisation des données ou dataviz) est l'art de représenter des données en utilisant des graphiques afin de faciliter la prise de décision. Nous avons tous vécu des expériences à l'issue desquelles nous étions fiers des résultats après un long travail de recherche mais qui n'ont malheureusement pas abouti aux prises de décisions attendues. Ce problème est souvent lié à une seule raison, l'explication des résultats et leur mise en forme n'ont pas permis de mettre en valeur ce que vous vouliez dire. La data visualisation doit vous permettre de le faire.

Nous allons donc utiliser les possibilités de Python pour créer des visualisations à partir de vos données.

De nombreux packages sont disponibles en Python pour représenter des données de manière attractive.

Le plus connu est Matplotlib et sert de base à de nombreux autres packages. Nous l'emploierons dans ce chapitre ainsi que Seaborn et Bokeh qui proposent des solutions alternatives.

5.1 CONSTRUCTION DE GRAPHIQUES AVEC MATPLOTLIB

5.1.1 Utilisation de Matplotlib

Matplotlib est un package complet pour la data visualisation. Il est basé sur la construction de graphiques en utilisant des commandes simples.

On commence par importer le module pyplot du package :

```
import matplotlib.pyplot as plt
```

Le module pyplot fait partie du package Matplotlib et vous apporte tous les outils nécessaires pour construire de manière efficace des graphiques plus complexes.

Il existe un autre module de Matplotlib qui s'appelle pylab. Il contient d'autres fonctions et utilise aussi NumPy mais il est déconseillé de l'utiliser et vous ne le croiserez que dans du code ancien. Nous nous concentrerons donc sur pyplot.

5.1.2 Afficher des graphiques

Suivant votre méthode de travail, plusieurs approches sont possibles.

Si vous travaillez dans une IDE classique avec l'interpréteur Python, pour afficher un graphique, il vous faudra utiliser la commande :

```
plt.show()
```

Si vous travaillez dans un notebook Jupyter, il vous faudra ajouter une ligne au début de votre notebook afin de faire en sorte que le graphique apparaisse dans le notebook à la suite de votre code sous la forme d'une image statique :

```
%matplotlib inline
```

Le principe du développement de graphiques avec Matplotlib est toujours le même : on peuple notre graphique petit à petit et, une fois le graphique terminé, on soumet le code et on affiche le graphique (avec `plt.show()` dans votre IDE classique ou en soumettant la cellule dans votre notebook). Il faut éviter d'avoir plusieurs `plt.show()` dans le même script en Python (pas dans un notebook).

Par ailleurs, il existe deux manières de construire des graphiques avec Matplotlib.

On peut enchaîner les traitements et finalement afficher un graphique :

```
import numpy as np
plt.figure()
plt.subplot(2,2,1)
plt.plot(np.random.randn(100))
plt.subplot(2,2,2)
plt.plot(np.random.random(size=100),"+")
plt.subplot(2,2,3)
plt.plot(np.random.randn(100),"r.")
plt.subplot(2,2,4)
plt.plot(np.random.randn(100), "g--")
plt.savefig("mes_graphiques.jpg")
plt.show() #si dans un IDE classique
```

On voit ici que nous créons un graphique avec `figure()` et modifions les sous-graphiques.

On peut utiliser des objets et travailler dessus :

```
import numpy as np
fig, ax=plt.subplots(2,2)
ax[0,0].plot(np.random.randn(100))
```

```
ax[0,1].plot(np.random.random(size=100),"+")
ax[1,0].plot(np.random.randn(100),"r.")
ax[1,1].plot(np.random.randn(100), "g--")
plt.savefig("mes_graphiques2.jpg")
plt.show() #si dans un IDE classique
```

Un objet `ax` d'axes des graphes est ici rempli avec la méthode `.plot()`.

Le graphique obtenu est dans la figure 5.1.

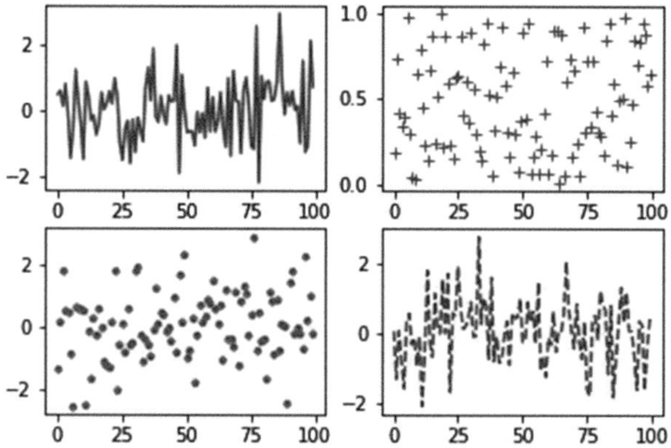

Figure 5.1 – Graphiques obtenus avec les deux codes du paragraphe 5.1.2.

Nous aurons tendance à privilégier la première approche qui est bien adaptée aux notebooks mais nous serons amenés à utiliser parfois la seconde, notamment dans le cadre de graphiques plus interactifs.

5.1.3 Les paramètres globaux de Matplotlib et l'exportation de graphiques

Il arrive souvent que l'on désire obtenir des graphiques uniformes avec un style bien spécifique. Matplotlib va vous permettre d'utiliser des styles bien spécifiques prédéfinis mais aussi de définir votre style.

◆ *Utilisation de styles prédéfinis*

Matplotlib vous propose un ensemble de styles prédéfinis. Pour en connaître la liste, utilisez :

```
In[] : print(plt.style.available)

dict_keys(['bmh', 'classic', 'dark_background', 'fast', 'fivethir-
tyeight', 'ggplot', 'grayscale', 'seaborn-bright', 'seaborn-color-
blind', 'seaborn-dark-palette', 'seaborn-dark', 'seaborn-darkgrid',
'seaborn-deep', 'seaborn-muted', 'seaborn-notebook', 'seaborn-paper',
'seaborn-pastel', 'seaborn-poster', 'seaborn-talk', 'seaborn-ticks',
'seaborn-white', 'seaborn-whitegrid', 'seaborn', 'Solarize_Light2',
'tableau-colorblind10', '_classic_test'])
```

Les styles sont stockés dans un dictionnaire de paramètres. Si nous désirons appliquer un style, nous pouvons connaître ces paramètres :

```
plt.style.library['ggplot']
```

On obtient une liste de rcParams, qui sont les paramètres de notre affichage graphique.

Si nous voulons utiliser ce style, on entre :

```
plt.style.use('ggplot')
plt.plot(np.random.randn(100))
```

Le graphique obtenu est dans la figure 5.2. Le style choisi doit rappeler les graphiques obtenus avec le package ggplot (équivalent de ggplot2 de R).

On peut aussi prendre un style pour un seul graphique, dans ce cas on utilise :

```
with plt.style.context('ggplot') :
    plt.plot(np.random.randn(100))
```

Si on veut revenir aux paramètres par défaut, on utilisera :

```
plt.rcParams.update(plt.rcParamsDefault)
```

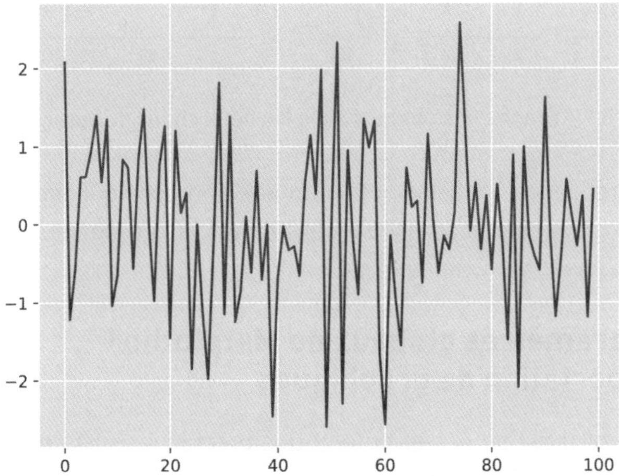

Figure 5.2 – Graphique utilisant le style ggplot.

◆ *Définissez vos propres paramètres*

Matplotlib vous permet de définir vos propres paramètres, ce sont les paramètres rc. Il existe deux approches :

```
plt.rc('lines', linewidth=2, color='r')
```

Ou :

```
plt.rcParams['lines.linewidth'] = 2
plt.rcParams['lines.color'] = 'r'
```

On revient aux paramètres par défaut en utilisant le même code que plus haut.

Si vous voulez obtenir la liste des paramètres par défaut, il suffit d'entrer :

```
plt.rcParamsDefault
```

◆ *Exporter vos graphiques*

Matplotlib possède une fonction très efficace pour l'exportation : `savefig()`.

Si vous désirez exporter un graphique que vous avez créé sous forme d'un fichier (les notebooks affichent le graphique mais ne le sauvegardent pas sous un format exportable), Matpltolib propose de nombreux formats nativement : eps, pdf, pgf, png, ps, raw, rgba, svg, svgz. On peut ensuite paramétrer la qualité de l'image en termes de dpi et un certain nombre d'autres paramètres tels que `pad_inches` qui permettra d'ajouter un contour autour du graphique en nombre de pouces.

Il faut bien mettre cette commande dans la même cellule du notebook que la définition du graphique, et avant le `plt.show()` si vous n'êtes pas dans un notebook. On aura :

```
with plt.style.context('ggplot') :
    plt.plot(np.random.randn(100))
plt.savefig("../data/ggplot_style.png", dpi=600, transparent=True)
```

5.1.4 Votre premier graphique

Si on désire dessiner un graphique simple, on pourra utiliser la fonction `plot()` :

```
plt.plot(np.random.randn(100))
```

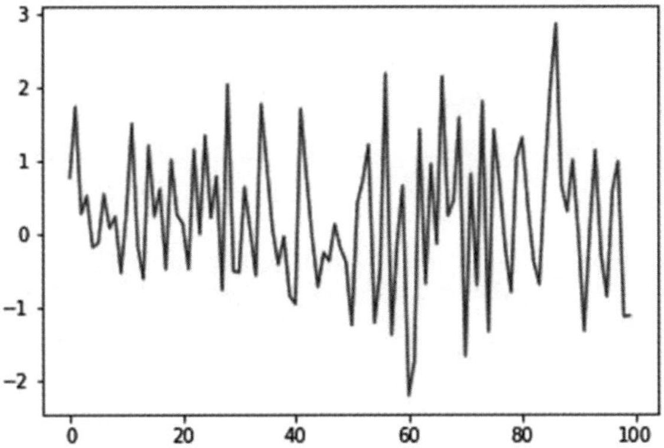

Figure 5.3 – Graphique simple issu du code ci-dessus.

On peut assez simplement rendre ce graphique plus esthétique, notamment en lui donnant un titre et en cumulant les courbes (voir figure 5.4).

```
plt.plot(np.random.randn(100),'r-' )
plt.plot(np.random.randn(100),'b--' )
plt.title("Evolution du prix des actions sur 100 jours")
plt.xlabel("Temps")
plt.ylabel("Valeur")
```

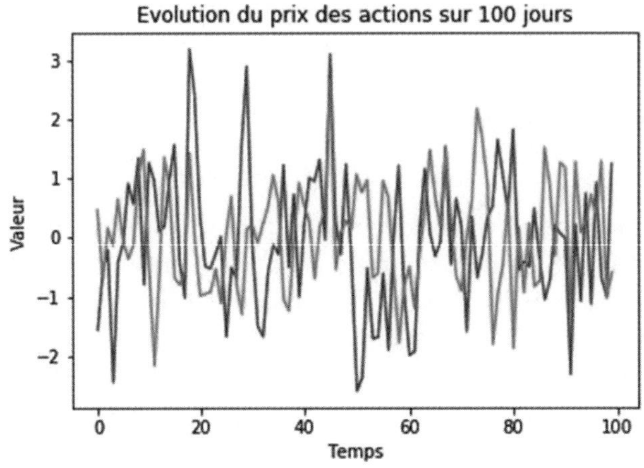

Figure 5.4 – Cumul de courbes.

Attention !

Une erreur extrêmement fréquente est l'utilisation de ce type de code plt.title = "Mon titre". Dans ce cas, plutôt que d'utiliser une fonction, on alloue une valeur à plt.title. On change donc cet objet et il sera parfois complexe de retrouver la fonction initiale (on l'a écrasée).

Matplotlib propose un grand nombre de fonctions en relation avec sa fonction `plt.plot`. Vous en trouverez quelques exemples dans ce tableau :

Code	Action
`plt.subplot(2,1,2)`	Construction de plusieurs sous-graphiques
`plt.plot(x, color=...)`	Choix de la couleur (par nom, par code, par code Hex, par un tuple RVB)
`plt.plot(x, linestyle=...)`	Choix du type de droites (solid, dashed, dotted...)
`plt.xlim(-10,10)`	Limites de l'axe des x
`plt.ylim(-5,5)`	Limites de l'axe des y
`plt.axis([-10,10,-5,5]`	Limites de tous les axes
`plt.title("Mon graphique")`	Titre du graphique
`plt.xlabel("X")`	Titre de l'axe des abscisses

Code	Action
plt.plot(…, label="Courbe 1")	Libellé de la courbe 1 dans mon graphique (nécessaire pour la légende)
plt.legend()	Affichage de la légende (le paramètre permet de placer la légende)

Voici un exemple sur des données boursières, nous avons voulu représenter les données issues des maximums et minimums quotidiens de l'indice CAC 40. Ces données sont détaillées au début du chapitre 4 et sont disponibles sur le site associé à cet ouvrage.

Nous avons récupéré les données depuis un fichier csv et obtenu un graphique (figure 5.5) :

```
cac40=pd.read_csv("../data/CAC40.txt", sep=";", parse_dates=["date"],
                  dayfirst=True, names=["identifiant_valeur", "date",
                                        "ouverture", "plus_haut", "plus_bas",
                                        "cloture","volume"])

# on affiche la courbe des valeurs plus hautes de chaque jour en bleu
plt.plot(cac40["date"], cac40["plus_haut"], label="Plus haut",
                                                  color="blue")

# on affiche la courbe des valeurs plus basses de chaque jour en rouge et
# pointillés
plt.plot(cac40["date"], cac40["plus_bas"], label="Plus bas", color="red",
         linestyle = 'dashed')

# on définit le nom des axes
plt.xlabel("Date")
plt.ylabel("Valeur")

# on définit le titre
plt.title("Evolution de l'indice CAC40 sur l'année 2017")

# on affiche la légende
plt.legend()
```

Il est possible de créer de nombreux types de graphiques avec la fonction `plt.plot()` de Matplotlib mais nous préférerons utiliser d'autres fonctions spécifiques à d'autres types de graphiques. Le type de graphique que nous avons à effectuer de manière récurrente sur des données est le nuage de points.

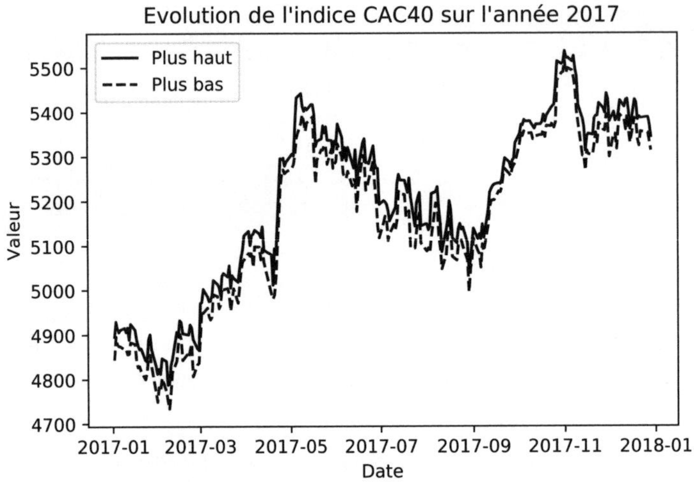

Figure 5.5 – Evolution des cours de l'indice CAC 40.

5.1.5 Nuage de points avec plt.scatter

La fonction scatter permet de construire des nuages de points simplement.

En voici un exemple :

```
x=np.random.random(size=100)
y=np.random.random(size=100)
taille = np.random.random(size=100)*100
couleurs=np.random.random(size=100)*100

# s représente la taille des points
# c représente les couleurs (on peut avoir une seule couleur)
# cmap permet de fournir à Matplotlib une palette de couleurs
plt.scatter(x,y,s=taille, c=couleurs, cmap=plt.get_cmap("Greys"))
plt.xlabel("X")
plt.ylabel("Y")
plt.title("Représentation de points aléatoires")
plt.colorbar()
```

On a donc représenté un nuage de points aléatoires en définissant la taille de ces points et leur couleur. On a ajouté une colorbar pour avoir une légende des couleurs. Le résultat est visible dans la figure 5.6.

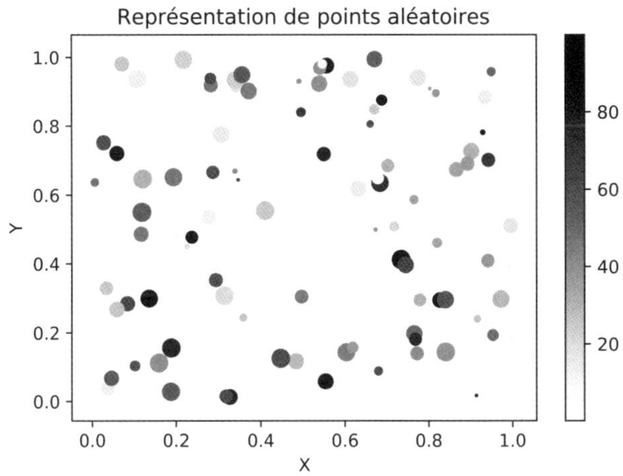

Figure 5.6 – Nuage de points aléatoires.

◆ *Utiliser un scatter pour représenter des points géographiques*

Sur les données AirBnB, on peut simplement afficher des coordonnées géographiques sous forme de nuage de points.

```
plt.scatter("longitude","latitude", data=listing, s=1, c="availability_30")
plt.axis('off')
plt.colorbar()
```

On part du DataFrame listing des données AirBnB et on utilise les colonnes longitude et latitude pour définir les points. On prend une taille de 1 pour chaque point et on colorie les points en fonction de la disponibilité dans les 30 prochains jours. Le résultat est affiché dans la figure 5.7.

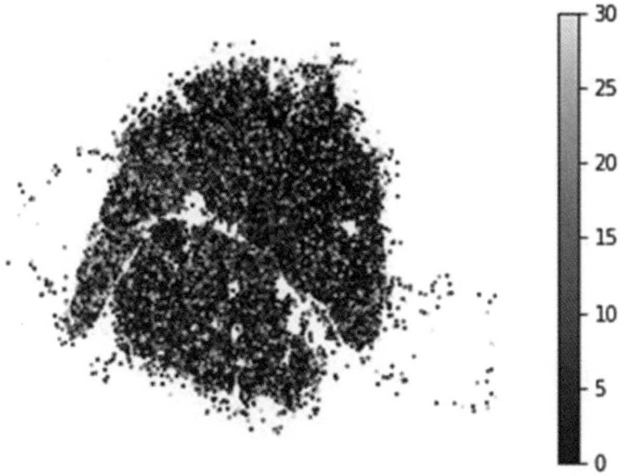

Figure 5.7 – La représentation de points géolocalisés dans un nuage de points.

On voit bien que les arrondissements de l'Ouest parisien ont plus de disponibilités que ceux du centre.

5.1.6 Le graphique en bâtons avec plt.bar()

La fonction `plt.bar()` permet de construire des diagrammes en bâtons de manière simple. Ces diagrammes doivent être construits afin de bien définir les axes des ordonnées et des abscisses. Il faut donc définir un axe des abscisses constitué des valeurs associées aux bâtons en ordonné.

Voici un premier exemple :

```
plt.bar(range(5),[2,4,6,4,7])
```

Le résultat se trouve dans la figure 5.8.

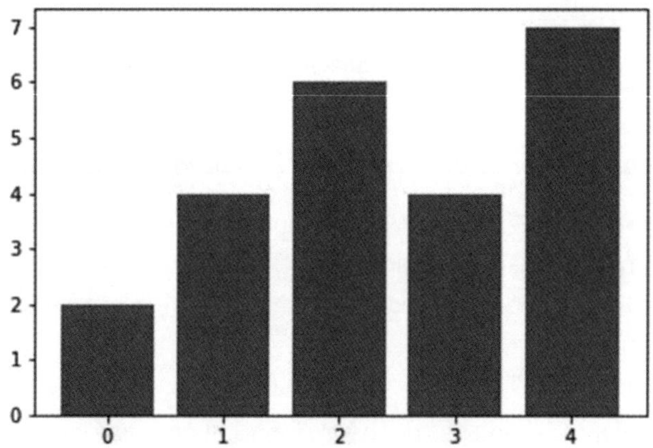

Figure 5.8 – Graphique en bâtons classique.

On préfère avoir un graphique plus évolué, avec :

```
review_means_resa=airbnb[airbnb["instant_bookable"]=="t"]\
                    .groupby("cancellation_policy").number_of_reviews.mean()
review_means_noresa=airbnb[airbnb["instant_bookable"]=="f"]\
                    .groupby("cancellation_policy").number_of_reviews.mean()
ind = np.arange(len(review_means_resa[:3]))
width = 0.35

plt.bar(ind - width/2, review_means_resa[:3], width,
                color='SkyBlue', label='Resa instant')
plt.bar(ind + width/2, review_means_noresa[:3], width,
color = 'IndianRed', label = 'Pas resa instant')

plt.ylabel('Nombre moyen de critiques')
plt.xlabel("Politique d'annulation")
plt.title("Nombre moyen de critiques")
```

```
plt.xticks(ind, review_means_resa.index[:3])
plt.legend()
```

Ce code est séparé en plusieurs parties :

- ✓ Dans une première partie, nous manipulons notre DataFrame pour en extraire les informations qui nous intéressent. Dans notre cas, il s'agit de deux objets Series qui rassemblent les nombres moyens de critiques des appartements en fonction de la possibilité de réserver instantanément le logement et en ajoutant un groupby pour calculer la moyenne en fonction des politiques d'annulation (nous ne prenons que les trois premières, ce qui se traduit par [:3]).
- ✓ Dans une seconde partie, nous définissons les caractéristiques de notre graphique, la largeur des barres et leur position avec une suite d'entiers. On peut alors dessiner les barres en utilisant `plt.bar()`. Nous les positionnons de chaque côté de la marque numérique définie plus haut.
- ✓ Dans une troisième partie, nous modifions les ticks en utilisant les différentes politiques d'annulation et ajoutons une légende.

Il existe de nombreuses autres possibilités sur les graphiques en bâtons avec Matplotlib que vous découvrirez en manipulant cet outil.

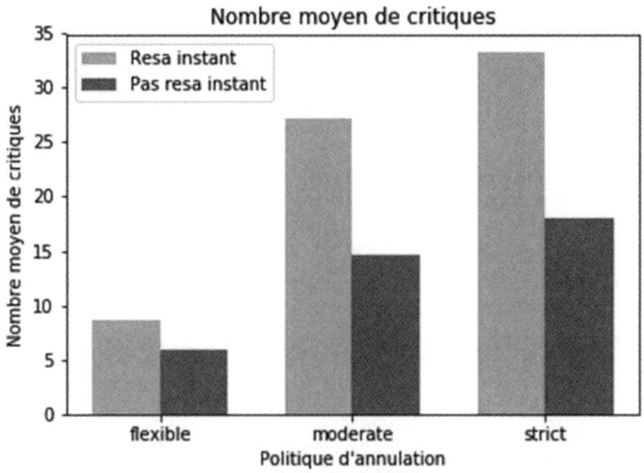

Figure 5.9 – Graphique en bâtons obtenu à partir des données AirBnB.

5.1.7 La construction d'un pie chart

Le ***pie chart*** est souvent connu sous le nom de *camembert* en français. Ce graphique est assez pauvre mais il est fréquemment utilisé.

Un pie chart est simple à mettre en œuvre avec Matplotlib, si nous reprenons l'exemple vu juste au-dessus :

```
plt.pie(review_means[:3], labels=review_means.index[:3], autopct='% 1.1f%%',
shadow=True)
```

On voit ici que notre graphique utilise les index de l'objet Series pour les afficher. Finalement, le codage utilisé pour les pourcentages est donné par le paramètre `autopct=`. La figure 5.10 illustre le résultat.

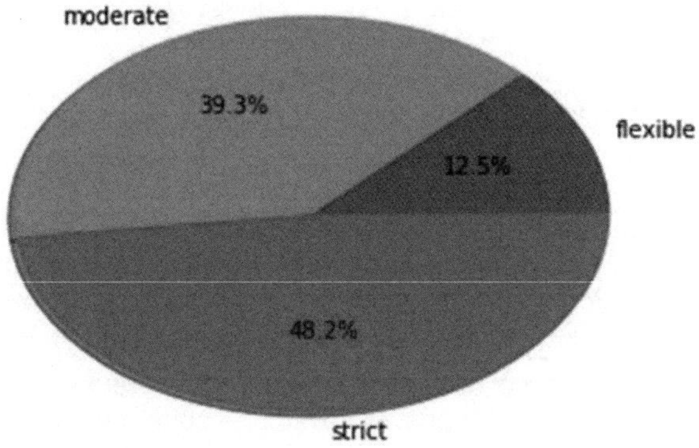

Figure 5.10 – Pie chart sur les données AirBnB.

5.1.8 Les barres d'erreurs avec plt.errorbar()

Il arrive souvent que l'on veuille représenter des barres d'erreur liées aux observations. Cette fonction nous permet de construire un graphique classique (comme avec `plt.plot()`) en ajoutant des barres d'erreurs.

Ces barres d'erreurs peuvent prendre différentes formes et différentes tailles.

Si par exemple, on cherche à représenter 30 points et des barres d'erreurs pour les 30 points, on pourra avoir :

- ✓ Une valeur unique d'erreur : dans ce cas, on utilisera le paramètre `yerr=5`.
- ✓ Une valeur pour chaque barre d'erreur (en positif et en négatif) : dans ce cas, on utilisera le paramètre `yerr=` avec comme paramètre un array de la taille des données.
- ✓ Une valeur en positif et en négatif pour chaque barre d'erreur : dans ce cas, on utilisera le paramètre `yerr =` avec comme paramètre une liste, un tuple ou un array avec deux colonnes de valeurs de la taille des données.

Si nous tentons de représenter les données d'une enquête sur 1 000 personnes avec les marges d'erreurs, en utilisant les quantiles de la distribution normale :

```
# résultats des 4 candidats
data=np.array([.33,.25,.28,.14])
x=np.linspace(1,4,4)

# calul de la marge d'erreur
marge=np.sqrt(data*(1-data)/1000)*scipy.stats.distributions.norm.ppf(0.975)

# affichage du résultat
plt.errorbar(x, data, yerr=marge, fmt='.b', ecolor="grey",
                                                barsabove=True)
plt.title("Résultats avec marge d'erreur")
plt.ylim([0,0.5])
plt.xticks(x,["A","B","C","D"])
```

On peut modifier l'aspect des barres d'erreurs en utilisant par exemple `plt.style.use()` avec un style différent.

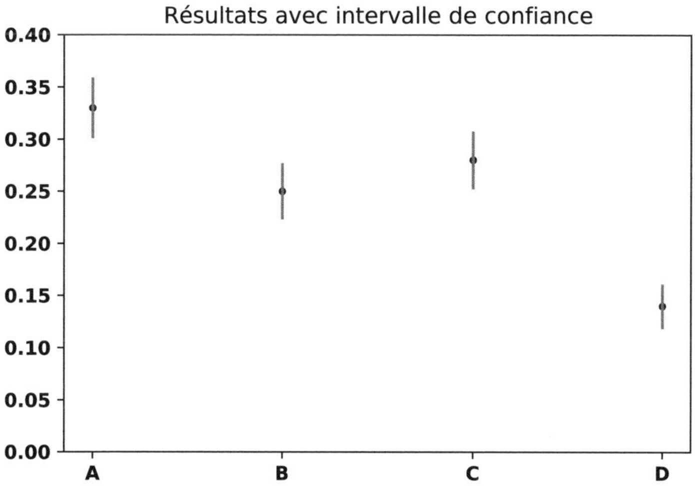

Figure 5.11 – Représentation de barres d'erreurs simples.

5.1.9 La construction d'histogrammes

Les histogrammes sont des outils de description des données extrêmement importants afin d'aider à déterminer la distribution sous-jacente à chaque variable quantitative.

Un histogramme représente les densités d'observations par intervalles. Un histogramme est obtenu sur une variable quantitative et se construit en deux étapes :

- ✓ Division de l'étendue de la variable en intervalles de tailles fixes (le nombre d'intervalles est à définir par l'utilisateur).
- ✓ Calcul de la fréquence des observations sur chaque intervalle et affichage sous forme d'un diagramme en bâtons.

Ces deux étapes sont prises en charge par Matplotlib dans la fonction `plt.hist()`.

Si nous désirons créer deux histogrammes associés à deux variables ayant les mêmes échelles sur le même graphique, nous utilisons le code suivant :

```
data1=np.random.randn(100000)+1
data2=np.random.randn(100000)

plt.hist(data1, bins=50, color="blue", label="données 1", alpha=0.5)
plt.hist(data2, bins=50, color="red", label="données 2", alpha = 0.5)
plt.title("Histogrammes")
plt.ylabel("Fréquences")
plt.legend()
```

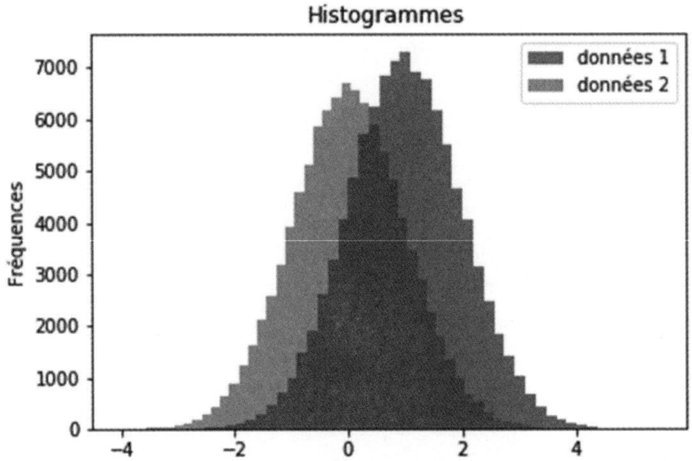

Figure 5.12 – Histogramme de deux distributions normales.

Dans ce code, on utilise `label =` pour donner un nom aux données. Le `alpha=` est utilisé afin d'afficher les graphiques en transparence et gère le degré d'opacité des graphiques. Le graphique obtenu se trouve dans la figure 5.12.

5.1.10 Personnaliser vos graphiques Matplotlib

◆ *Ajouter plusieurs graphiques sur le même graphique*

Jusqu'ici, nous avons utilisé des graphiques simples, il peut devenir vite nécessaire de combiner plusieurs graphiques sur la même figure. Pour cela, on va utiliser deux approches. Nous travaillons sur les données du CAC 40.

Avec la fonction `plt.figure()` :

```
# on crée une figure
plt.figure()
# on définit le titre de cette figure
plt.suptitle("Evolution de l'indice CAC40 sur l'année 2017", fontsize=14)

# on se concentre sur le premier sous-graphique
plt.subplot(211)
plt.plot(cac40["date"], cac40["plus_bas"], label="Plus bas")
plt.ylabel("Valeur")
plt.legend()

# on se concentre sur le second sous-graphique
plt.subplot(212)
plt.plot(cac40["date"], cac40["plus_haut"], label = "Plus haut")
plt.xlabel("Date")
plt.ylabel("Valeur")
plt.legend()
```

La fonction subplot permet de définir le graphique sur lequel vous travaillez. Ainsi, le code 212 veut dire qu'on travaille sur une figure avec deux graphiques en ligne et un seul en colonne. Le dernier chiffre définit le graphique que l'on modifie.

Avec la fonction `plt.subplots()` :

```
# on définit les colonnes à utiliser
cols=["plus_haut","plus_bas"]

# on construit les sous-graphiques qui partagerons l'axe y
f, axes = plt.subplots(len(cols), 1)
# on définit le titre de la figure
f.suptitle("Evolution de l'indice CAC40 sur l'année 2017", fontsize=14)

# pour chaque sous-graphique, on ajoute un plot
for ax, col in zip(axes, cols) :
    ax.plot(cac40["date"], cac40[col], label = col.capitalize().replace("_"," "))
    ax.set_ylabel("Valeur")
    ax.legend()

    # finalement, on ajoute le titre de l'axe des x
axes[1].set_xlabel("Date")
```

On voit qu'on a automatisé un peu plus le traitement et qu'on crée des objets pour chaque sous-graphique. La fonction `plt.subplots()` permet d'obtenir une liste de sous-graphiques que nous avons stockés dans axes.

Le graphique obtenu se trouve dans la figure 5.13.

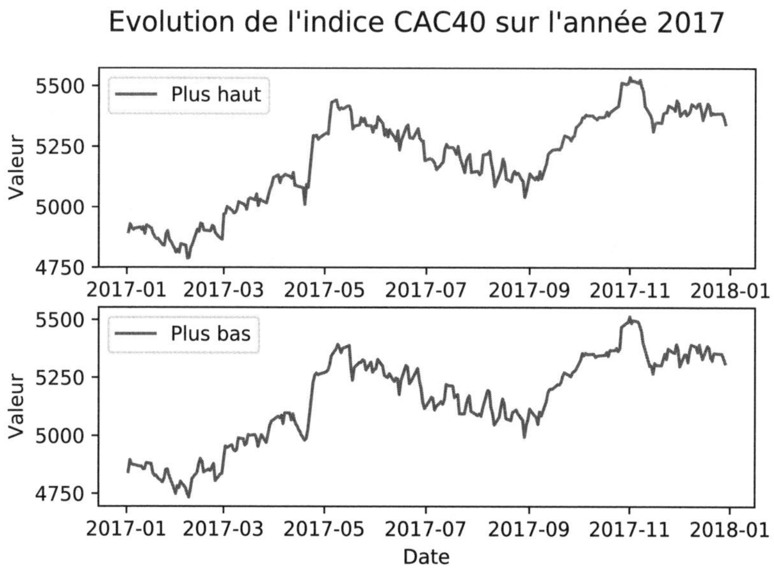

Figure 5.13 – Graphique incluant plusieurs sous-graphiques.

◆ *Personnaliser les légendes et les colorbar*

Les légendes et les colorbar (légendes pour des dégradés de couleurs représentant une variable quantitative) peuvent être facilement modifiés. Une légende est générée en utilisant la fonction `legend()`. Par défaut, elle permet d'afficher une légende standard dans votre graphique.

Cette fonction possède de nombreuses options. Si vous désirez afficher la légende à l'extérieur du graphique :

```
plt.legend(bbox_to_anchor=(1.01,1),shadow=True,loc=2,borderaxespad=0.)

plt.legend(frameon=False, loc=2, borderaxespad=0.5)
```

`bbox_to_anchor` permet de positionner la légende à l'extérieur du graphique, `shadow` d'ajouter une ombre et `borderaxespad` de positionner la légende par rapport aux axes. Le paramètre `loc` permet de forcer la position, ainsi `loc=2` force la légende à se trouver en haut à droite.

Le résultat obtenu avec ces deux approches se trouve dans la figure 5.14.

Finalement, on peut spécifier ce qui doit apparaître dans la légende. Il suffit d'entrer des valeurs directement dans l'appel à `legend()` :

```
plt.legend(["Courbe 1","Courbe 2"])
```

Il faut bien mettre les éléments dans une liste. Matplotlib prend les éléments dans l'ordre et ajoute les noms dans la légende. S'il y a plus d'éléments dans la liste que de courbes affichées, Matplotlib n'affiche que les premières sans message d'erreur.

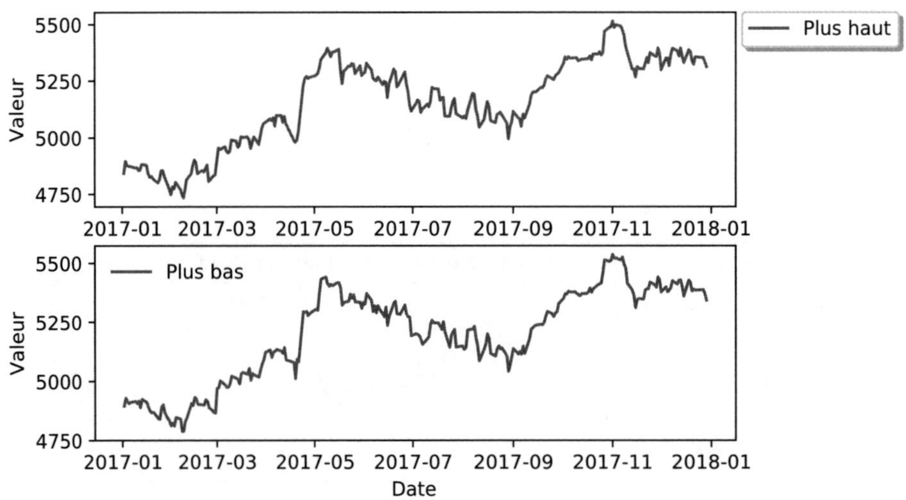

Figure 5.14 – Positionnements de la légende.

Concernant les `colorbars()`, il est possible de les adapter aux données. Celles-ci sont automatiquement créées avec une palette définie par défaut. Nous pouvons simplement modifier cette palette en utilisant d'autres palettes avec :

```
x=np.random.random(size=100)
y=np.random.random(size=100)
taille=np.random.random(size=100)*100
couleurs=np.random.random(size=100)*100

# s représente la taille des points
# c représente les couleurs (on peut avoir une seule couleur)
# cmap permet de fournir à Matplotlib une palette de couleurs
plt.scatter(x,y,s=taille, c=couleurs, cmap=plt.get_cmap("Greys"))
plt.title("Représentation de points aléatoires")
plt.colorbar(orientation="horizontal",shrink=0.8).set_label("Niveaux")
```

La figure 5.15 est obtenue. On a donc réduit la colorbar (shrink), on l'a affichée horizontalement et on lui a ajouté un nom. L'utilisation de `plt.get_cmap()` nous a permis de récupérer une palette de couleurs.

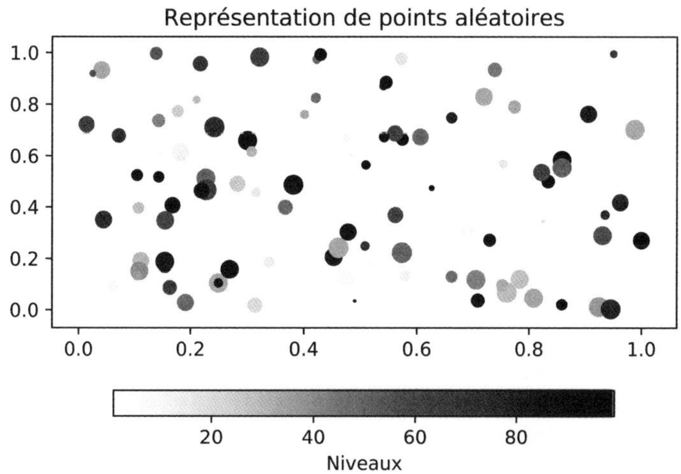

Figure 5.15 – Personnalisation de la colorbar.

◆ *Insérer du texte dans un graphique*

Il existe deux fonctions principales pour ajouter du texte dans un graphique : `plt.text()` et `plt.annotate()`. La première permet d'ajouter un texte à une position spécifique et la seconde permet d'ajouter une annotation.

Si nous essayons d'ajouter des valeurs sur un graphique, on utilisera `plt.text()` :

```
moyenne=2
sigma=3
plt.hist(sigma*np.random.randn(1000)+moyenne, 50, density=True,
facecolor='g', alpha=0.75)
```

```
plt.title("Histogramme issu d'une loi normale")
plt.text(-6, .15, '$\mu=%.2f,\ \sigma=%.2f$' %(moyenne, sigma),  font-
size=12)
plt.axis([-10,10,0,0.16])
```

Nous avons ajouté à la position (-6, .15) une chaîne de caractères avec des caractères spéciaux, la moyenne et l'écart-type de la distribution générée. Le résultat est visible dans la figure 5.16.

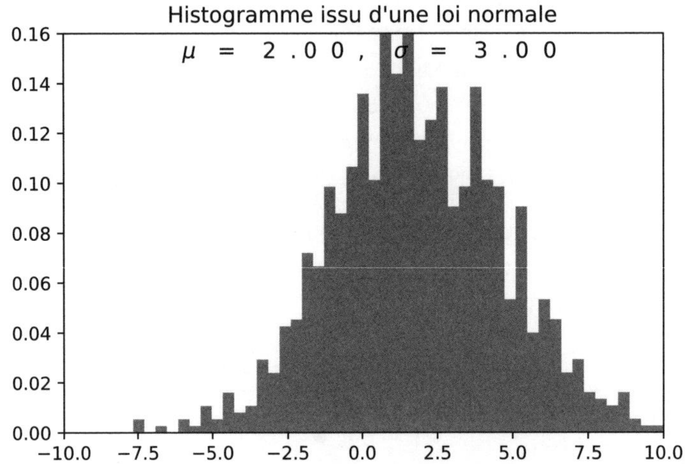

Figure 5.16 – Utilisation de **`plt.text()`** sur un histogramme.

On peut aussi ajouter des annotations sur un graphique :

```
import matplotlib.dates as mdates

# on extrait la valeur maximale sur l'année
maximum_annee=cac40["plus_haut"].max()
# on extrait la date du maximum que l'on transforme en nombre
date_maximum_num=mdates.date2num(cac40.loc[cac40["plus_haut"].idxmax(),
                                  "date"])
# on représente les données
plt.plot(cac40["date"], cac40["plus_haut"], label="Plus haut")
plt.xlabel("Date")
plt.ylabel("Valeur")

# on ajoute l'annotation
plt.annotate("Maximum de l'année : %.2f" %(maximum_annee),
xy=(date_maximum_num, maximum_annee),
             xytext=(date_maximum_num-300, maximum_annee),
             arrowprops=dict(facecolor='black'))
```

On a donc ajouté une annotation avec le cours maximal du CAC40 sur l'année et une flèche pour indiquer la position de ce point. Il faut bien voir que Matplotlib n'accepte que des valeurs sur les axes en float, ce qui nous oblige à transformer la date en float avec la fonction `date2num()`.

Le graphique obtenu est dans la figure 5.17.

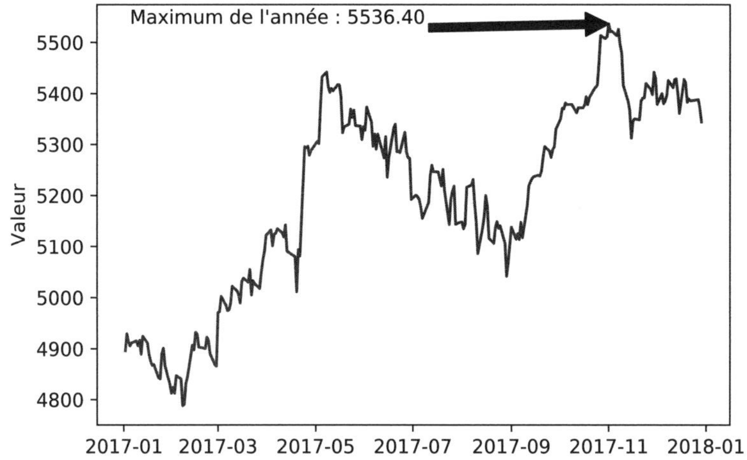

Figure 5.17 – Ajout d'une annotation sur un graphique.

5.1.11 Créer un graphique animé

Matplotlib vous permet de générer des graphiques animés, c'est-à-dire des vidéos dans lesquelles vous allez pouvoir faire évoluer votre graphique.

Pour pouvoir utiliser ces fonctionnalités, il faut ajouter de nouveaux outils dans votre environnement Anaconda. On va installer ffmpeg, avec la commande :

```
conda install -c menpo ffmpeg
```

Ceci va nous permettre de générer des fichiers vidéo.

Si on désire construire une vidéo permettant de visualiser l'évolution d'un nuage de points dans lequel la taille des points évolue avec le temps.

```
from matplotlib.animation import FuncAnimation

# définition de la figure
fig, ax = plt.subplots(figsize=(5, 3))

# génération des données
x=np.random.randn(100)
y = np.random.randn(100)
z = 10*np.random.random(100)

# définition du graphique
nuage = ax.scatter(x, y)

# fonction d'animation
```

```
def animate(i) :
    nuage.set_sizes(z*i)

# construction de l'objet animé
anim = FuncAnimation(fig, animate, interval=100, frames=len(y)-1)

# sauvegarde du fichier
anim.save('nuage-points.mp4')
```

Le fichier généré est un fichier au format mp4. Il est exporté grâce à la méthode `save()`.

Pour créer n'importe quel type de graphique animé, il faut donc utiliser la classe `FuncAnimation` qui va prendre comme paramètres :

- ✓ `fig` : la figure utilisée.
- ✓ `func` : une fonction qui sera appelée lors de la génération de chaque image de la vidéo. Le premier argument de cette fonction doit être le numéro de l'image (on utilise i dans notre exemple).
- ✓ `init_func` : si on désire utiliser une fonction de génération de la première image.
- ✓ `interval` : délai entre les images en millisecondes.
- ✓ `frames` : définition de l'itérable à fournir à chaque image (on utilise un entier, cette valeur génère une suite d'entiers débutant à 0).

L'animation créée est disponible sur le site associé à cet ouvrage.

5.2 SEABORN POUR DES REPRÉSENTATIONS PLUS ÉLABORÉES

5.2.1 Utilisation de Seaborn

Seaborn est un autre package intéressant pour la création de graphiques. Il est basé sur Matplotlib et en utilise les principes. Son principal intérêt réside dans la création de graphiques plus spécifiques en quelques lignes de code.

Pour utiliser Seaborn, il faut installer ce package. Il est directement disponible dans Anaconda et il vous suffira de l'importer dans votre code. Pour ce faire, on utilise :

```
import seaborn as sns
```

C'est un package simple d'utilisation si vous connaissez les bases de Matplotlib et les DataFrame de Pandas. Comme Matplotlib, il permet deux approches pour définir vos graphiques et il pourra utiliser des fonctions héritées de Matplotlib.

5.2.2 Le box-plot ou la boîte à moustaches

Si vous n'êtes pas habitué à ce graphique, voici une courte description ;

Un ***box plot*** (appelé aussi une *boîte à moustaches*) est un graphique utilisé fréquemment pour l'exploration des données. Il permet de visualiser pour une variable ou pour un groupe d'individus le comportement global des individus.

Ce graphique est composé d'une boîte (box). Ses côtés supérieurs et inférieurs représentent les quartiles des données. Elle est coupée en deux par une ligne qui représente la médiane. De plus, des moustaches (des barres) se situent au dessus et en dessous de la boîte. Les bornes de ces moustaches sont définies par :

- $min\left(maximum,\ Q_3 + \frac{3}{2}(Q_3 - Q_1)\right)$
- $min\left(maximum,\ Q_1 - \frac{3}{2}(Q_3 - Q_1)\right)$

Q_1 et Q_3 sont respectivement les 1er et 3e quartile des données. Ainsi, un box plot reflète à la fois la tendance centrale et une idée de la distribution des données.

Ce graphique est surtout intéressant lorsqu'on essaye de comparer des variables sur des échelles similaires ou lorsqu'on essaye de comparer des groupes d'individus sur la même variable.

Matplotlib possède une fonction pour dessiner des box plots (`plt.boxplot()`) mais celle-ci est pauvre et ne permettra pas facilement d'obtenir de belles représentations. Seaborn va nous permettre de le faire en utilisant la fonction `sns.boxplot()`.

Nous utiliserons ici des données de la région Île-de-France sur les communes (données open data Île-de-France, voir le début du chapitre 4 pour une description des données). On représente le box-plot du nombre de naissances par habitant en fonction du département d'Île-de-France :

```
import pandas as pd
data_idf=pd.read_csv("../data/base-comparateur-de-territoires.csv",
                                                         sep=";")

sns.boxplot(data_idf["DEP"], data_idf["NAIS0914"]/ data_idf["P09_POP"])
plt.title("Box plot du nombre de naissances par habitant par départe-
ment")
```

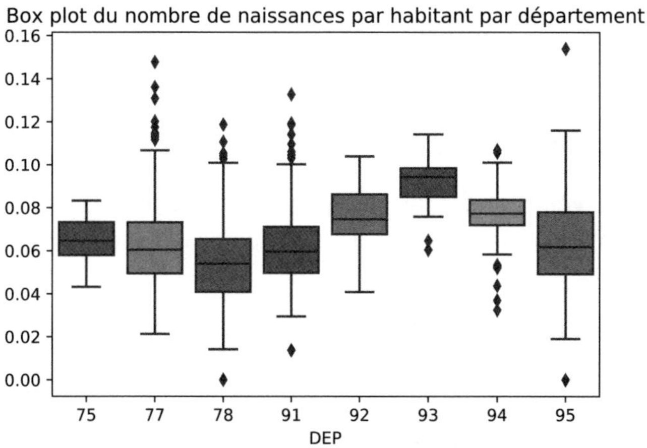

Figure 5.18 – Box-plot par groupe avec Seaborn.

Ce box plot nous montre une médiane plus élevée dans le département 93 et plus faible dans le département 78. Par ailleurs, les losanges ajoutés sur le graphique sont les valeurs extrêmes, il s'agit de communes ayant des valeurs se trouvant au-delà des moustaches et qui méritent notre attention. On voit que, dans le cas du département 95, on a des moustaches très larges et deux valeurs : l'une très élevée, l'autre très faible. Il serait intéressant d'analyser ces commues afin de comprendre leur comportement.

Les box plots de Seaborn offrent d'autres possibilités, notamment d'utiliser le paramètre data = qui va simplifier notre code :

```
data_idf["NAIS_HAB"]= data_idf["NAIS0914"]/data_idf["P09_POP"]
sns.boxplot("DEP","NAIS_HAB", data=data_idf,
                                linewidth=1, notch=True, fliersize=2)
plt.title("Box-plot par département")
```

On crée une nouvelle variable dans notre DataFrame et on utilise la fonction `sns.boxplot` avec le paramètre `data`. On affine les lignes et on réduit la taille des observations aberrantes. Par ailleurs, on ajoute l'option `notch=True` qui permet de représenter les intervalles de confiance autour de la médiane.

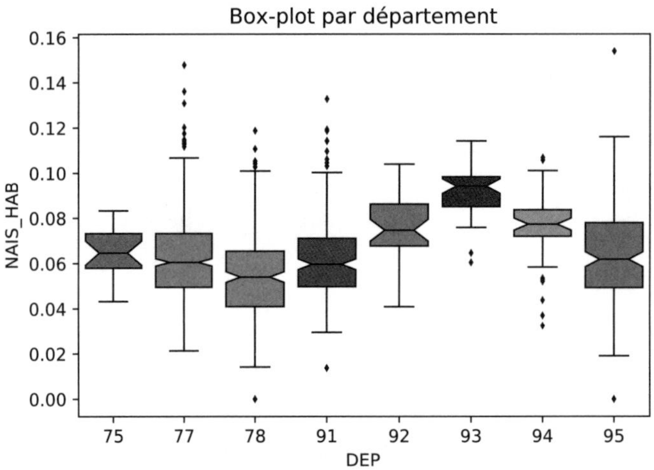

Figure 5.19 – Box-plot entaillé avec Seaborn.

5.2.3 Les violons

Les *violons* ou ***violin* plot** sont des graphiques importants en visualisation de données, ils permettent de visualiser la répartition des données et la boîte à moustache associée.

Pour obtenir un graphique en violons, on utilise :

```
sns.violinplot("DEP","NAIS_HAB", data=data_idf)
plt.title("Violin-plot par département")
```

Le graphique obtenu se trouve dans la figure 5.20.

Nous pouvons faire des violin plot plus complexes, avec plusieurs variables de groupes.

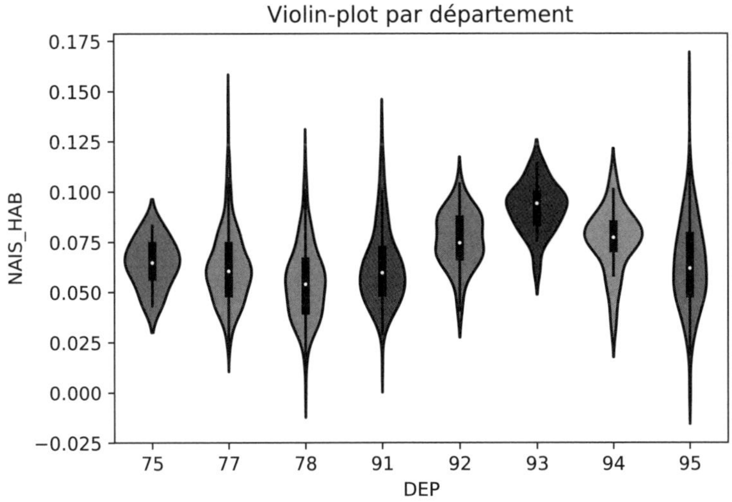

Figure 5.20 – Violin plot par département.

Si nous prenons maintenant les données AirBnB, on voudrait représenter le niveau des évaluations sur un logement en fonction du type de chambre et du type d'hôte (super-host ou non).

```
sns.violinplot("room_type","review_scores_rating",
                             hue="host_is_superhost", split=True,
                                                     data=listing)
plt.legend(bbox_to_anchor=(1.01, 1), shadow=True, loc=2,
                                  borderaxespad = 0.5, title = "Est super-host")
plt.title("Graphique en violons du score moyen des logements")
```

On voit, dans la figure 5.21, qu'on découpe le violon en fonction de la variable super-host. Ceci montre des évaluations plus positives pour ces individus.

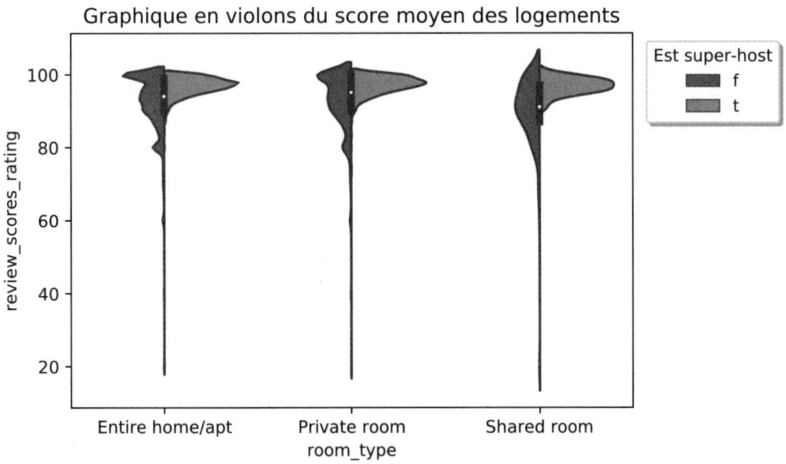

Figure 5.21 – Violin plot pour les données AirBnB.

5.2.4 Les distplot() de Seaborn

Les distplot de Seaborn sont des visualisations des distributions de probabilité des variables quantitatives. Ce graphique se rapproche beaucoup des histogrammes mais il ajoute la représentation de la distribution empirique des données.

```
var=np.concatenate([np.random.randn(10000)-5, np.random.beta(1,1,
                                                    size=10000)],
                   axis=0)
var2=np.concatenate([np.random.randn(10000), np.random.beta(1,1,
                                                    size=10000)-5],
                   axis=0)
sns.distplot(var)
sns.distplot(var2)
```

On a généré deux graphiques issus de la concaténation de plusieurs listes de nombres issus de distributions de probabilités normales et bétas. Le graphique obtenu est dans la figure 5.22.

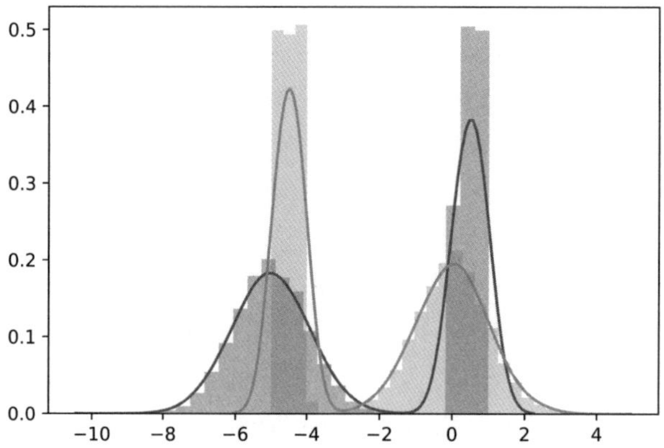

Figure 5.22 – Distplot de Seaborn.

5.2.5 Les pairplot() de Seaborn ou la matrice de graphiques

Le ***pairplot*** de Seaborn est un outil très efficace pour représenter les variables quantitatives d'un DataFrame (à condition de ne pas trop en avoir).

Un pairplot va construire une figure au sein de laquelle on trouve une matrice de graphiques. Les éléments sur la diagonale sont des distplot et les éléments hors de la diagonale sont des nuages de points qui croisent les variables deux à deux.

Si nous essayons de représenter ce graphique par département sur les données de la région Ile-de-France :

```
sns.pairplot(data=data_idf, hue='DEP',
vars=['P14_POP', 'SUPERF','NAIS0914', 'DECE0914'],
size=2, plot_kws={"s": 25},
markers=['x','o','v','^','<','+','>',"*"])
```

On utilise hue pour définir la variable de groupes et vars pour définir les variables à représenter. Le graphique obtenu se trouve dans la figure 5.23. L'argument `plot_kws` est un argument qui permet de définir des propriétés plus spécifiques du graphique. Il attend un dictionnaire de propriétés-valeurs. Ici on définit la taille des points dans les nuages de points.

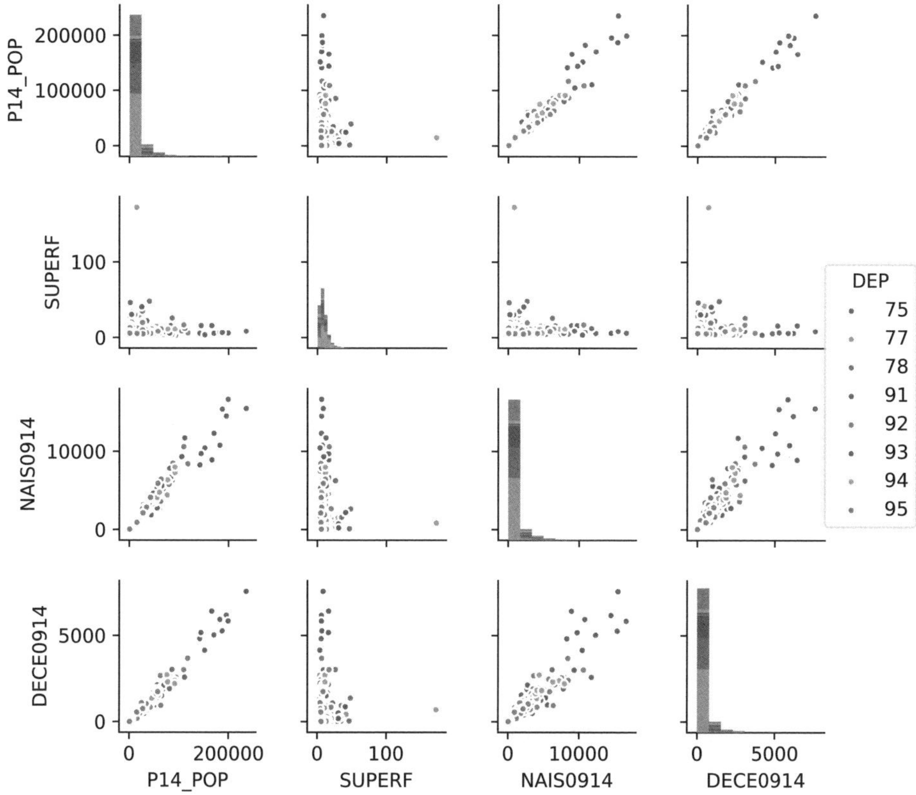

Figure 5.23 – Pairplot pour les données d'Île-de-France[2].

5.2.6 Les jointplot()

Le ***jointplot*** est un graphique qui permet de représenter le croisement entre deux variables quantitatives. Il affiche simultanément un nuage de points et des histogrammes pour chaque variable.

Si nous travaillons sur le nombre de décès et de naissances en fonction de la population des communes d'Ile-de-France, nous aurons :

```
# construction de nouvelles variables
data_idf['DECE_HAB'=data_idf['DECE0914']/data_idf["P14_POP"]
data_idf['NAISS_HAB']=data_idf['NAIS0914']/data_idf["P14_POP"]
```

2. Veuillez consulter le site web associé à cet ouvrage pour en voir une version couleur.

```
# représentation du jointplot
ax=sns.jointplot('DECE_HAB', 'NAISS_HAB', data=data_idf, joint_kws={"s": 10})
```

Le graphique obtenu se trouve dans la figure 5.24. On voit qu'il existe des communes avec de très forts taux de décès relativement à la population et ceci ne se voit pas sur les taux de naissances. On apparente donc ces communes à des communes vieillissantes avec une population qui doit baisser.

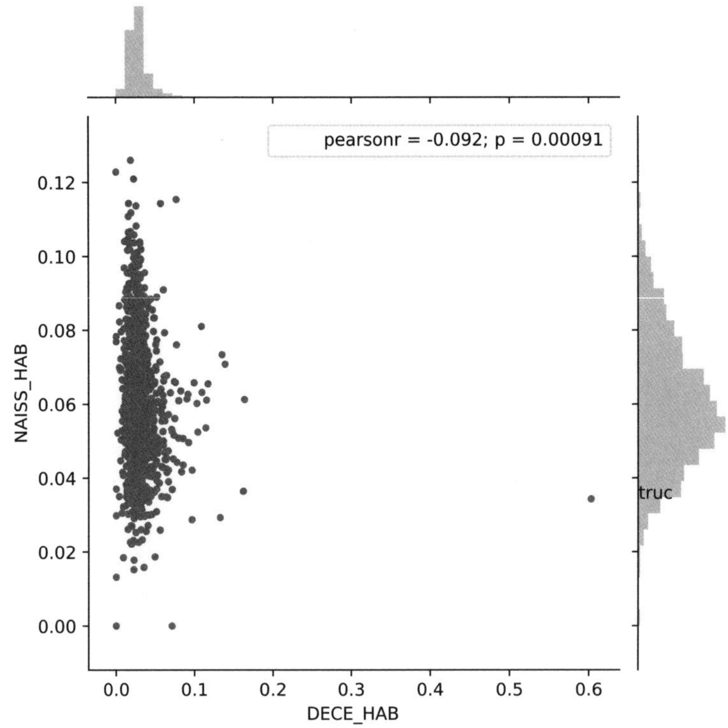

Figure 5.24 – Joinplot sur les données d'Île-de-France.

5.3 QUELQUES BASES DE CARTOGRAPHIE

La cartographie est un domaine à part entière qui a son propre environnement de travail notamment avec un grand nombre de logiciels de SIG (système d'information géographique). Python vous permettra de travailler avec certains d'entre eux. Par exemple, de nombreux traitements avec le logiciel QGIS sont automatisables en Python.

Nous nous restreindrons ici à des exemples simples de données cartographiées basées sur des fonds de cartes et utiliserons uniquement des package Python pouvant être appliqués conjointement avec ceux présentés précédemment. Si vous voulez plus de détails sur les outils de cartographie, je vous conseille de vous plonger dans leurs documentations.

Les packages pour travailler sur des cartes en Python sont multiples. Le principal outil lié à Matplotlib est aujourd'hui Cartopy. En effet, Basemap a longtemps été la référence mais ses développeurs ont arrêté leur développement et conseillent de passer à Cartopy.

5.3.1 Installation et utilisation de Cartopy

Cartopy n'est pas installé par défaut dans votre environnement Anaconda. Il va falloir l'installer en utilisant votre gestionnaire d'environnement. Entrez le code suivant :

```
conda install cartopy
```

Une fois que nous avons installé Cartopy, nous allons pouvoir représenter des cartes.

Le code suivant permet de représenter deux points sur le globe et de les lier en utilisant deux distances :

```
import cartopy.crs as ccrs
import matplotlib.pyplot as plt
# on définit le fond de carte
ax = plt.axes(projection=ccrs.Mollweide())
ax.stock_img()

# on définit les points à afficher
paris_lon, paris_lat = 2.3, 48.8
sydney_lon, sydney_lat = 151.2, -33.9

# on affiche le lien entre les deux villes en utilisant la métrique Geodetic
plt.plot([paris_lon, sydney_lon], [paris_lat, sydney_lat],
         color='blue', linewidth=1, marker='.',
         transform=ccrs.Geodetic(),
         )
# on affiche le lien entre les deux villes en utilisant
# la métrique PlateCarree
plt.plot([paris_lon, sydney_lon], [paris_lat, sydney_lat],
         color='grey', linestyle='--',
         transform=ccrs.PlateCarree(),
         )
# on ajoute du texte
plt.text(paris_lon-3, paris_lat - 12, 'Paris',
         horizontalalignment='right',
         transform=ccrs.Geodetic())

plt.text(sydney_lon + 3, sydney_lat - 12, 'Sydney',
         horizontalalignment='left',
         transform=ccrs.Geodetic())
```

On voit ici qu'on utilise une projection de Mollweide qui est une projection cartographique pseudo-cylindrique employée le plus souvent pour les planisphères de la Terre. La carte obtenue se trouve dans la figure 5.25.

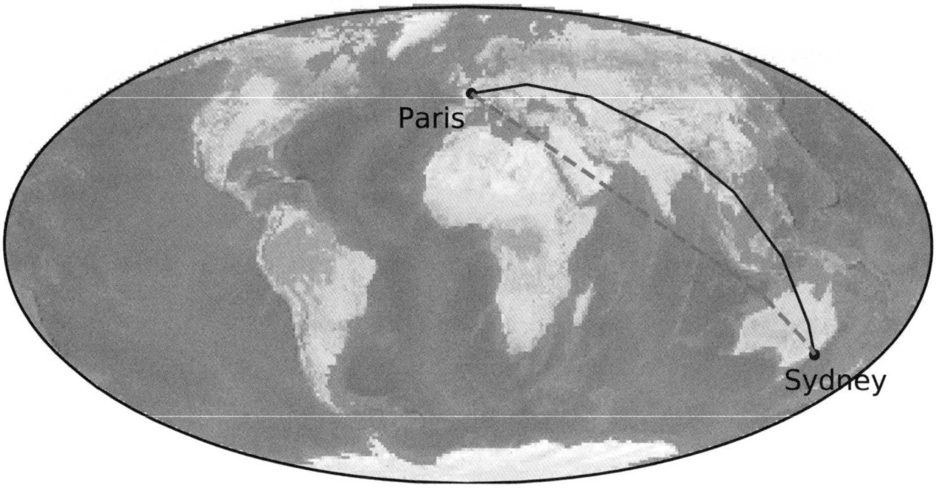

Figure 5.25 – Représentation de la distance Paris – Sydney.

Si on désire maintenant utiliser les données AirBnB de Paris, on peut combiner les deux packages que sont Matplotlib et Cartopy avec les données OpenStreetMap[3] :

```
import cartopy.crs as ccrs
from cartopy.io.img_tiles import OSM
import matplotlib.pyplot as plt

# on utilise Open Street Map (OSM)
osm_tiles = OSM()

# on crée une figure
plt.figure(figsize=(10,10))

# on crée notre fond de carte en adaptant aux coordonnées de Paris
ax = plt.axes(projection=osm_tiles.crs)
ax.set_extent([2.2, 2.5, 48.8, 48.91],
             ccrs.PlateCarree())
ax.add_image(osm_tiles, 12)

# on ajoute un nuage de points avec les données AirBnB
ax.scatter("longitude","latitude", data=listing, s=1, transform=ccrs.PlateCarree
                                                               alpha=.1)
```

Le paramètre alpha permet de gérer l'opacité du nuage de points. Le résultat est visible dans la figure 5.26.

3. Voir le lexique dans les annexes pour plus de détails.

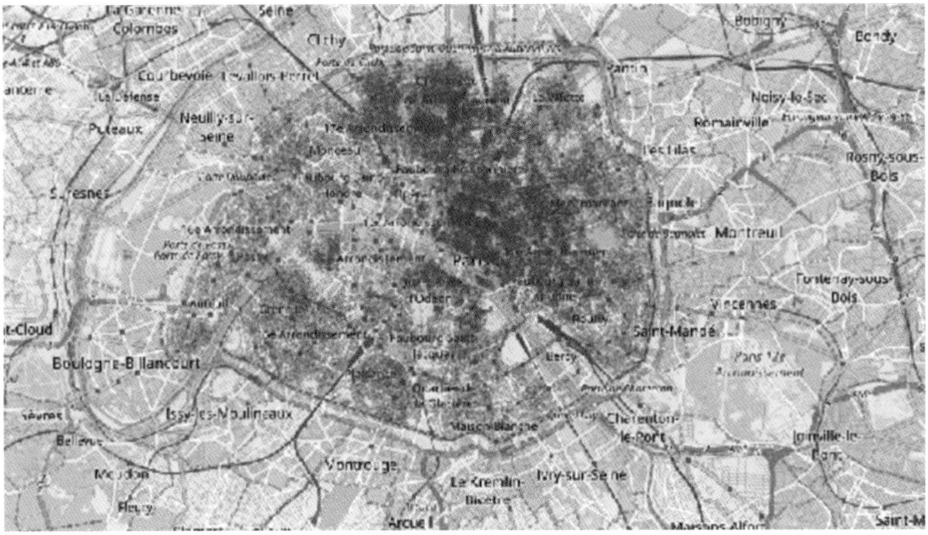

Figure 5.26 – Les données AirBnB sur un fond OpenStreetMap.

On peut aussi simplement le faire avec des données GoogleMap :

```
import cartopy.crs as ccrs
from cartopy.io.img_tiles import GoogleTiles

# on crée la figure
fig = plt.figure(figsize=(10,10))

# on récupère les données Google Map
google_tiles = GoogleTiles()
# on crée le graphique
ax = plt.axes(projection=google_tiles.crs)
# on adapte les axes à la ville de Paris
ax.set_extent((2.2, 2.5, 48.8, 48.93))

# on ajoute l'image sur le graphique
zoom = 12
ax.add_image(google_tiles, zoom )

# on ajoute les données
ax.scatter("longitude","latitude", data=listing, s=1, transform=ccrs.Geodetic(),
                                                        alpha=.1)
```

On peut personnaliser les imports de cartes. La carte obtenue est dans la figure 5.27.

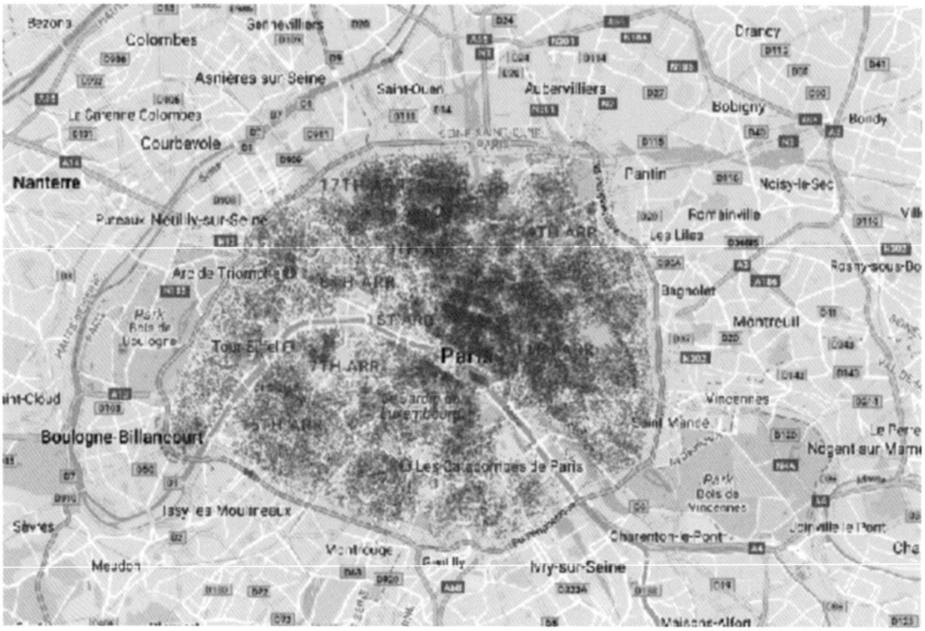

Figure 5.27 – Les données AirBnB sur un fond Google Map.

Cartopy permet aussi de traiter des fichiers shapefile mais ceci sort du cadre de cet ouvrage et peut être abordé en lien avec un ouvrage de cartographie avec Python.

5.3.2 Les autres outils

Cartopy n'est pas le seul outil pour générer des cartes. De plus, les cartes de Cartopy sont des images figées, ce qui peut être pénalisant pour construire des outils interactifs.

Les deux outils qui vous permettront de construire des cartes interactives sont :

- ✓ Folium : package créant des cartes interactives en JavaScript depuis Python : https://python-visualization.github.io/folium
- ✓ iPyLeaflet : extension des Jupyter notebooks intégrant des cartes interactives dans un notebook Jupyter : https://github.com/jupyter-widgets/ipyleaflet

Le second étant très spécifique à l'environnement Jupyter, nous nous attarderons sur le premier avec un exemple simple à partir des données AirBnB.

On commence par installer Folium dans notre environnement :

```
conda install -c conda-forge folium
```

On peut ensuite ajouter le code :

```
import folium
# création du plan et centrage sur Paris
map2 = folium.Map(location=[48.84,2.35], zoom_start=12)
```

```
# création d'un DataFrame avec les logements à plus de 1000 euros la nuit
listing_chers = listing[listing["price"]>1000]\
                                [["latitude","longitude","price",
                                                              "name"]]

# application d'une fonction sur les lignes du DataFrame qui permet
# d'ajouter des marques sur le plan
listing_chers.apply(lambda ligne:folium.Marker(location=[ligne["latitude"],
ligne["longitude"]]).add_to(map2), axis=1)

# sauvegarde du plan en html
map2.save("map.html")

# affichage dans le notebook
map2
```

En choisissant les logements en location à plus de 1000 euros la nuit, on obtient la carte interactive de la figure 5.28.

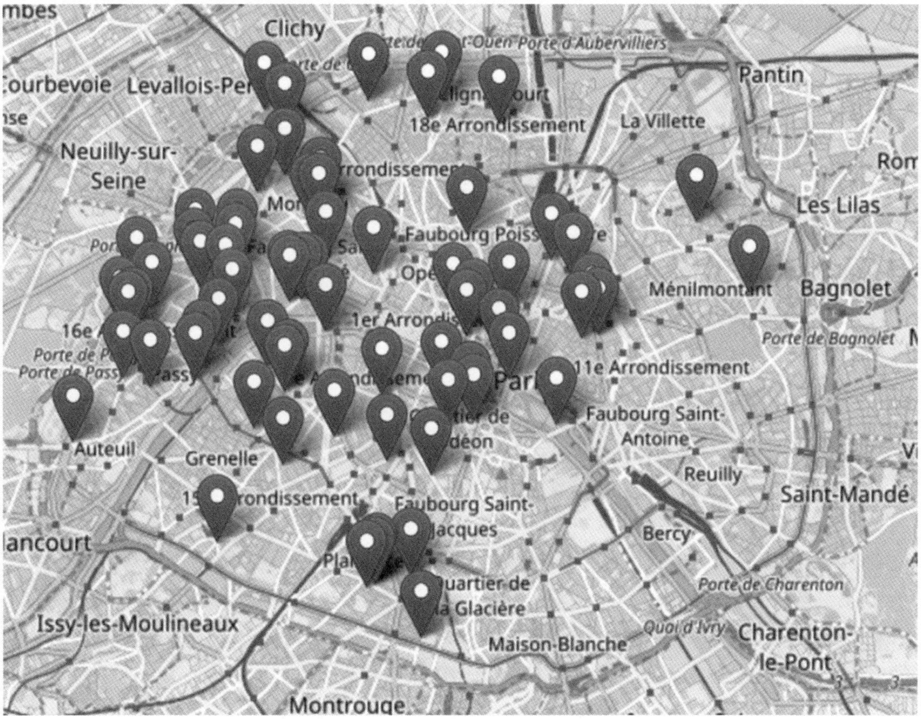

Figure 5.28 – Carte interactive avec Folium.

5.4 LES GRAPHIQUES INTERACTIFS AVEC D'AUTRES PACKAGES ET OUTILS

5.4.1 Les packages utilisés

L'une des nouvelles utilisations de la data visualisation se fait par le biais de visualisations interactives. Celles-ci permettent à l'utilisateur (souvent un utilisateur métier) de modifier de manière interactive la visualisation des données.

Cette approche extrêmement attractive demande de penser différemment l'accès aux données ainsi que l'interface utilisateur. En effet, les graphiques que nous avons créés jusqu'ici sont des graphiques fixes (ou sous forme de fichiers vidéo) qui peuvent être partagés sous la forme d'un seul fichier. Dans le cas interactif, il va falloir faire en sorte que l'environnement du graphique puisse accéder aux données nécessaires à sa construction.

Ceci aboutit à deux possibilités :

✓ Stocker les données directement avec la data visualisation.

✓ Créer une connexion permanente entre les données et la visualisation.

La première approche utilise généralement un fichier html comme conteneur qui comportera à la fois les données et l'outil de visualisation.

La seconde approche utilise généralement un serveur et une application web qui vous permettra de requêter directement les données.

Il existe aujourd'hui principalement deux packages en Python pour faire cela : Bokeh et Dash.

Bokeh est développé en partie par les équipes d'Anaconda. Dash est un package développé par Plotly.

Nous allons donner deux exemples avec Bokeh pour la création d'une visualisation et d'une application web.

5.4.2 Création d'une visualisation avec Bokeh

Il s'agit ici de construire une visualisation qui sera disponible au format html, codée en JavaScript grâce à BokehJS. Bokeh va générer ce fichier à partir de votre code en Python.

Si nous nous intéressons aux données AirBnB :

```
from bokeh.models import ColumnDataSource, HoverTool
from bokeh.plotting import figure, show, output_file


# on crée les données
listing_chers = listing[listing["price"]>1000][["price","name","room_type",
"bedrooms"]]
```

```
# on définit le titre
TITLE = "Les logements les plus chers de Paris"
# on définit les outils que l'on veut afficher
tools = "pan, wheel_zoom, box_zoom, reset, save".split(',')
# on définit les informations devant apparaître lorsqu'on survole un point
hover = HoverTool(tooltips=[
    ("Price", "@price"),
    ("Description:", "@name"),
    ("Type de logement:", "@room_type"),
])
tools.append(hover)

# on crée le graphique et on définit les axes
p = figure(tools=tools, toolbar_location="above", logo="grey", plot_width=1200,
                                                        title=TITLE)
p.xaxis.axis_label = "Prix"
p.yaxis.axis_label = "Nombre de chambres"

# on définit les données (un dictionnaire est attendu mais un  DataFrame fonctionne)
source = ColumnDataSource(listing_chers)

# on ajoute les points sous forme de cercles
p.circle("price", "bedrooms", size=5, source=source,
line_color="black", fill_alpha=0.8)

# on sauvegarde le fichier html
output_file("logements-bokeh.html", title="AirBnB à Paris")

# on ouvre un onglet du navigateur pour afficher le résultat
show(p)
```

On a donc extrait un DataFrame avec les logements à plus de 1000 euros et on les a représentés dans un graphique interactif. On voit sur la figure 5.29 que le graphique obtenu permet d'afficher les informations sur les points lorsqu'on les survole.

Les graphiques Bokeh peuvent ensuite très facilement s'intégrer dans des pages web plus évoluées notamment grâce à l'environnement web Flask de Python.

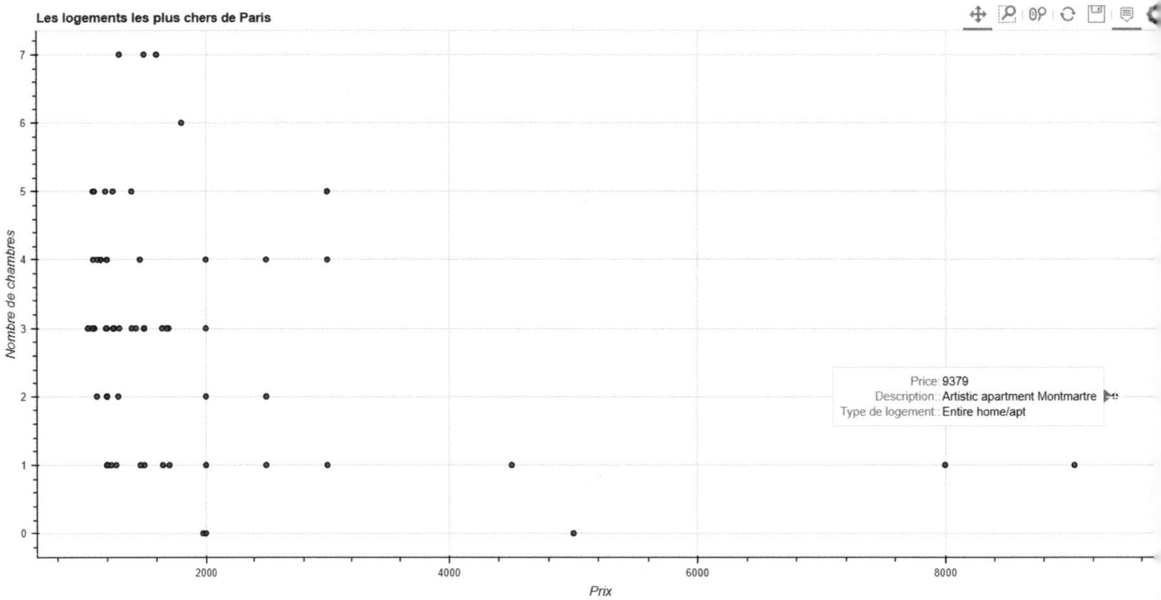

Figure 5.29 – Graphique interactif avec Bokeh.

5.4.3 Création d'une application web avec Bokeh

La représentation précédente permet de visualiser des données, mais celles-ci sont figées et stockées dans le fichier html créé. Bien souvent, on voudra aller plus loin et créer une application interactive sur les données.

Pour cela, on va utiliser Bokeh et on va concevoir un fichier Python avec l'extension .py qui va inclure notre application. La partie application basée sur un serveur de Bokeh se base sur un environnement web nommé Tornado.

Dans le cadre de cet ouvrage, nous présentons un exemple simple mais il existe des possibilités variées avec Bokeh.

La documentation de Bokeh comprend de nombreuses informations :

https://bokeh.pydata.org/en/latest/

L'exemple donné ici est un exemple simple avec lancement de l'application en local. Nous allons donc créer un fichier appli.py, et, une fois ce fichier complété, nous pourrons l'utiliser pour lancer notre application avec Bokeh.

Le code est dans un seul fichier avec la forme suivante :

```
import pandas as pd
from bokeh.plotting import figure
from bokeh.layouts import layout, widgetbox
from bokeh.models import ColumnDataSource, Div, HoverTool
from bokeh.models.widgets import Select
from bokeh.io import curdoc
```

```
# Récupération et préparation des données
# (on extrait uniquement les logements avec plus de 20 commentaires)
listing=pd.read_csv("../data/airbnb.csv", low_memory=False)
listing_chers = listing[listing["number_of_reviews"]>20]\
                [["host_is_superhost","number_of_reviews",
                  "price","name","room_type",
                  "bedrooms","review_scores_rating"]]

# Définition des widgets (un outil de sélection en fonction de la colonne
# superhost)
superhost = Select(title="Super-host", value="All",
                                              options=["Vrai","Faux"])

# Définition de la source de données. Elle est vide et utilise un dictionnaire
source = ColumnDataSource(data=dict(nb_com=[], note_com=[], type_
                                                           chambre=[],
                                    name=[], price=[]))

# Définition des informations à afficher lorsqu'on passe sur un point
TOOLTIPS=HoverTool(tooltips=[
    ("Nom", "@name"),
    ("Prix", "@price"),
    ("Nombre de commentaires", "@nb_com"),
    ("Note moyenne", "@note_com"),
    ("Type logement", "@type_chambre")
])

# construction de la figure et ajout des points à partir des données
p = figure(plot_height=600, plot_width=700,
           title="", toolbar_location=None, tools=[TOOLTIPS])
p.circle(x="nb_com", y="note_com", source=source, size=2)

# définition d'une fonction de mise à jour des données
def update() :
    if superhost.value == "Vrai":
        super="t"
    else:
        super="f"
    listing2=listing_chers[listing_chers["host_is_superhost"]==super]

    p.xaxis.axis_label = "Note moyenne"
    p.yaxis.axis_label = "Nombre de commentaires"
```

```
    # mise à jour des données
    source.data = dict(
        nb_com=listing2["number_of_reviews"],
        note_com=listing2["review_scores_rating"],
        type_chambre = listing2["room_type"],
        name=listing2["name"],
        price=listing2["price"]
    )

# gestion des contrôles pour la mise à jour
# (on en a un seul dans notre cas Select)
controls = [superhost]
for control in controls:
    control.on_change('value', lambda attr, old, new: update())

# construction du layout pour l'affichage
inputs = widgetbox(*controls, sizing_mode="fixed")
l = layout([inputs, p], sizing_mode="fixed")
# premier chargement des données
update()
# utilisation de curdoc() pour générer la dataviz
curdoc().add_root(l)
curdoc().title = "AirBnB"
```

Nous utilisons dans l'invite de commandes générale, ou dans celle d'Anaconda, la commande suivante :

```
bokeh serve appli.py
```

L'application est donc lancée sur le serveur Bokeh en local et vous pouvez y accéder en utilisant le lien : http://localhost:5006/appli

Cette application web permet de croiser le nombre de commentaires et l'évaluation moyenne des logements. Une liste déroulante offre la possibilité d'afficher les logements ayant le label super-host ou non. Par ailleurs, lorsqu'on passe sur chaque point, les caractéristiques du logement apparaissent. La figure 5.30 en donne un aperçu. En arrière-plan, un terminal avec la commande d'exécution doit tourner en permanence.

Cet exemple se fait en local sur votre machine mais il est aisé de développer et de partager une application sur un serveur via une page web.

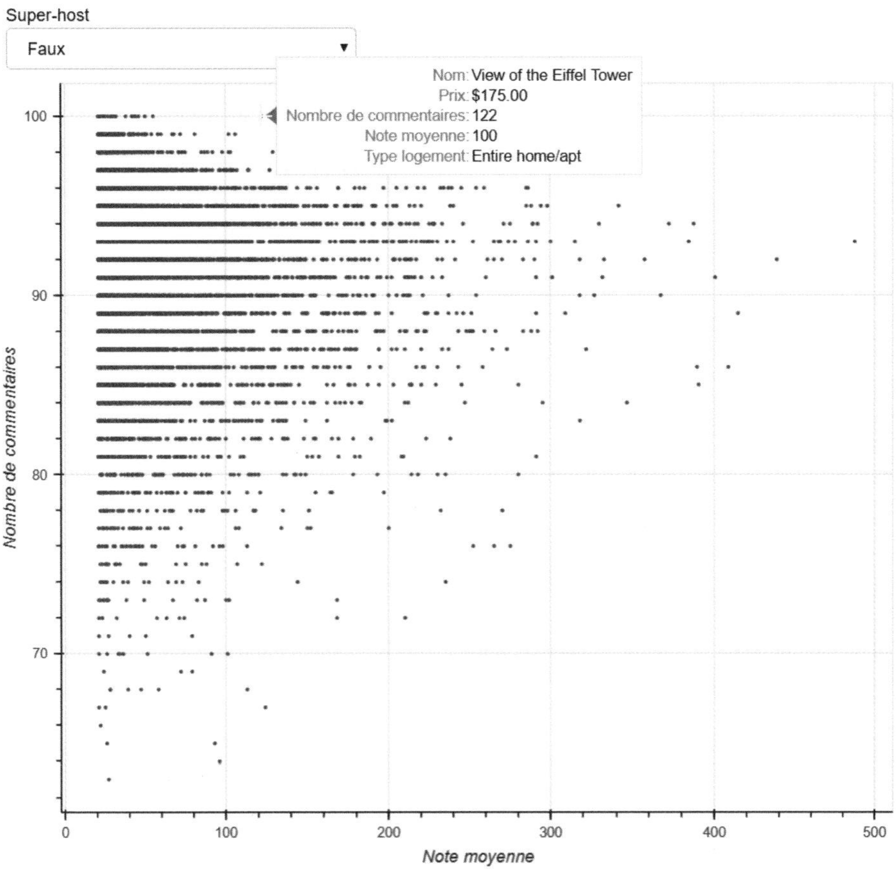

Figure 5.30 – Application Bokeh simple sur les données AirBnB.

Dash offre une solution alternative récente qui vous permet de construire des applications web en utilisant l'environnement de Plotly. Bokeh et Dash sont aujourd'hui des solutions en pleine évolution.

En résumé

Python offre une grande quantité de possibilités pour représenter des données graphiquement. Ces outils pour la data visualisation sont aujourd'hui centraux pour travailler sur de la donnée et aboutir à la mise en place de modèles de traitements. Nous en avons donné un aperçu varié vous permettant de comprendre l'étendue des possibilités avec Python.

TROISIÈME PARTIE

Python, le machine learning et le big data

Cette troisième partie doit vous permettre de traiter des données avec des approches spécifiques. Il ne s'agit pas de redévelopper théoriquement les méthodologies mais d'apporter des illustrations pratiques aux méthodes. Nous nous intéressons aux algorithmes de machine learning, au traitement des données textuelles et au deep learning, mais aussi aux applications dans un cadre big data sur des infrastructures spécifiques aux traitements de données massives.

6

Différentes utilisations du machine learning avec Python

Objectif

Ce chapitre va vous aider à comprendre les étapes d'un traitement basé sur le machine learning. Le machine learning, ce n'est pas uniquement des algorithmes, c'est aussi un traitement complet de la donnée pour en extraire de la valeur. Nous allons explorer l'utilisation du langage Python dans ce contexte, que ce soit en supervisé ou en non supervisé, pour le traitement de données textuelles ou d'images avec du deep learning.

Ce chapitre n'est pas une compilation de tous les algorithmes de l'apprentissage automatique, il s'agit de présenter les utilisations du machine learning avec Python.

6.1 LE MACHINE LEARNING, QU'EST-CE QUE C'EST ?

6.1.1 Les principes et les familles d'algorithmes

Le machine learning ou apprentissage automatique n'est pas une discipline très récente, elle existe depuis plusieurs décennies et est issue de recherches en statistique et en mathématiques appliquées. Elle se base sur un principe simple : l'utilisation des données pour que la machine apprenne et construise des modèles qui pourront être appliqués sur de nouvelles données.

Cet ouvrage n'a pas pour objectif de présenter le cadre théorique de ces approches, mais de vous aider à utiliser le langage Python pour appliquer des algorithmes plus ou moins complexes. Si vous désirez vous plonger dans les algorithmes et leur théorie, je conseille de suivre un cursus adapté sur le thème de la data science et de la statistique tel qu'il en existe dans de nombreuses écoles et universités.

Le machine learning se place dans un cadre beaucoup plus prédictif et exploratoire (au même titre que l'analyse de données multidimensionnelles) que la statistique inférentielle classique qui se place dans un cadre plus théorique et confirmatoire.

En se basant sur les différentes définitions existantes, on peut proposer celle-ci : « *champ d'étude qui donne aux ordinateurs la capacité d'apprendre sans être explicitement programmés* ». Pour être plus clair, le machine learning permet d'apprendre à résoudre un problème de manière automatique en utilisant les données. Dans le cadre du traitement de la donnée, il s'agit de construire un modèle obtenu directement à partir d'exemples. L'objectif des algorithmes de machine learning est de minimiser l'erreur de prédiction.

La discipline du machine learning se sépare en de nombreuses familles d'algorithmes permettant généralement de répondre à des questions précises. Nous allons énumérer certaines d'entre elles en utilisant des exemples d'implémentations.

◆ *L'apprentissage supervisé – prédire, prédire, prédire !*

L'apprentissage supervisé s'applique à des problèmes dans lesquels l'objectif est de prédire une valeur ou une appartenance. Il s'agit ici de classer ou de prédire en se basant sur un critère donné (par exemple, le fait qu'un individu souscrive à un service donné, la présence ou l'absence d'une maladie, le score d'un client pour un paramètre défini préalablement...).

Ces approches sont les plus utilisées actuellement. On compte parmi elles : les arbres, les forêts aléatoires, les support vector machines, les régressions, les réseaux de neurones... Nous reviendrons sur les principes de ces approches dans la suite du chapitre.

Par exemple, afin d'assurer la fidélité de ses clients, une entreprise va utiliser ses données pour « apprendre » les profils des clients ayant renouvelé ou non leurs services et, grâce à ces exemples, elle va être capable de repérer les clients « à risque de désabonnement ».

On trouve aussi des algorithmes supervisés dans la détection de spams de vos messageries mais aussi dans la prévision de scores associés aux clients dans les assurances.

◆ *L'apprentissage non supervisé – rechercher des profils !*

L'apprentissage non supervisé suppose qu'on ne connaît pas a priori le groupe d'appartenance de chaque individu. Il s'agit ici de classer des individus sans critère prédéfini. On va essayer de rassembler les individus en fonction de leur ressemblance globale.

Les approches les plus utilisées sont : les k-means, les mélanges gaussiens, les cartes auto-organisatrices... Nous reviendrons sur les principes de ces approches dans la suite du chapitre.

On peut ici citer comme exemple chez Amazon la proposition d'achats venant d'autres utilisateurs. Dans ce cas, les utilisateurs d'Amazon sont répartis dans des groupes et, par votre choix d'achat, on vous associera à un groupe de clients qui ont fait des achats proches des vôtres. Il s'agit juste de rassembler des clients dans des groupes qui ne sont pas prédéfinis (à la différence des clients fidèles/non fidèles du cas supervisé).

◆ *L'apprentissage par renforcement*

L'apprentissage par renforcement est un apprentissage par l'expérience d'une stratégie comportementale (appelée *politique*) en fonction des échecs ou succès constatés (les *renforcements* ou *récompenses*). Il s'agit d'une autre branche du machine learning qui vise à satisfaire un objectif plus complexe qui sera atteint après un certain nombre d'étapes amenant des « récompenses » à nos algorithmes. Le domaine de l'apprentissage par renforcement est en pleine évolution actuellement mais il sort du cadre de cet ouvrage.

Ces approches sont très utiles lors de la mise en place d'intelligences artificielles pour jouer à des jeux (comme AlphaGo par exemple) ou lorsque les tâches sont complexes. Le développement de ce type d'approches peut se faire en Python, notamment avec OpenAI ou Keras (qui est aussi un outil de deep learning). L'implémentation de ce type de méthodes est généralement assez complexe et demande une bonne compréhension du problème à résoudre.

6.1.2 Faire du machine learning

Le processus de machine learning s'intègre dans un processus beaucoup plus global de data science. Il s'agit de partir du problème pour arriver à la solution en s'aidant des données.

Mais faire du machine learning, c'est aussi très large en termes de possibilités. Traiter des formes dans des vidéos est très différent du fait d'analyser les comportements des clients d'une marque. Pourtant, des algorithmes de machine learning sont utilisés pour répondre à ces deux problématiques. Avant de parler d'implémentation en Python, voici quelques exemples pour lesquels on devra « faire du machine learning ».

◆ *Recommandation*

Le but est de recommander aux clients des contenus personnalisés. Dans les médias (Netflix, Amazon...), ce sont des objectifs essentiels. Il s'agit de l'une des applications les plus connues.

◆ *Clustering*

Dans ce contexte on cherche à rassembler des objets similaires. Il s'agit de l'application la plus fréquente de l'apprentissage non supervisé.

◆ *Classification*

Lorsqu'on fait de la reconnaissance d'images, de l'identification de clients (fidèles ou non)..., on fait de la classification. On est dans le cas où on a des exemples (par exemple des images d'animaux) et, à partir de ces exemples, on veut demander à la machine d'apprendre à identifier efficacement un animal.

◆ *Régression*

Lorsqu'on veut prédire une valeur numérique, on utilise des méthodes de régression. L'évolution des prix des TGV en fonction de la demande et d'autres paramètres est, entre autres, donnée par ce type d'algorithmes.

◆ *Détection d'anomalies*

L'analyse de la fraude bancaire ou la détection de panne constitue un cas assez spécifique car le nombre d'exemples de fraudes est toujours très faible relativement au nombre de non fraudes.

◆ *Traitement de données textuelles*

Les données textuelles sont des données non structurées qui demandent des approches spécifiques. L'analyse des questions ouvertes dans les enquêtes, l'analyse des réclamations des clients, le traitement des données des réseaux sociaux sont autant de problématiques où le machine learning sera nécessaire.

◆ *Deep learning*

Le deep learning ne répond pas spécifiquement à une question. Il s'agit plutôt d'un ensemble de méthodes permettant de répondre à certains problèmes très complexes. L'apprentissage profond va utiliser des réseaux de neurones afin de représenter le processus de choix. Il s'appliquera très bien à des problèmes d'apprentissage supervisé complexes, notamment la reconnaissance d'images. Il est utilisé dans les assistants personnels et très souvent associé au terme d'intelligence artificielle car il permet de répondre à des questions qu'il n'aurait pas complètement apprises par des exemples. Le deep learning est souvent vu comme un domaine à part mais il s'agit d'une sous-partie du machine learning basé sur des approches différentes mais avec un principe d'apprentissage automatique toujours similaire.

6.2 COMMENT FAIRE DU MACHINE LEARNING AVEC PYTHON

6.2.1 Scikit-Learn

Depuis quelques années, le machine learning en Python est associé à un package : Scikit-Learn. Ce package, initialement développé à l'INRIA à Saclay en France, est aujourd'hui le package de référence pour le machine learning avec Python.

Il rassemble une quantité impressionnante d'algorithmes mais aussi de méthodes de prétraitement des données pour Python.

Il est basé sur les arrays de NumPy et possède de nombreuses optimisations qui le rendent très efficace. Scikit-Learn est écrit en Python, avec quelques algorithmes essentiels écrits en Cython pour optimiser les performances.

Sa documentation très détaillée le rend d'autant plus populaire: http://scikit-learn.org/stable/

Le package Scikit-Learn est celui que nous allons utiliser sur la plupart des traitements de machine learning avec Python. Il se décompose en modules qui permettent de bien comprendre toutes les étapes de la mise en place d'un algorithme de machine learning.

En voici quelques-uns que nous allons redévelopper par la suite:

✓ Préparation des données:
  - sklearn.preprocessing: ce module comprend tous les outils de préparation des données de Scikit-Learn. Nous avons déjà utilisé ces outils à de nombreuses reprises dans le chapitre 4 de cet ouvrage.

✓ Validation de modèles, pipelines et métriques:
  - sklearn.metrics: cette partie rassemble des critères de validation adaptés aux différentes méthodes de machine learning.
  - sklearn.model_selection: on trouve ici les outils pour sélectionner le bon modèle de machine learning, notamment la division de l'échantillon ou les méthodes de validation croisée.
  - sklearn.pipeline: il s'agit ici de classes et de fonctions pour la construction de pipelines de traitement afin d'automatiser des traitements.

✓ Apprentissage supervisé:
  - sklearn.ensemble: on trouve ici les méthodes d'agrégation permettant de combiner des classifieurs simples afin d'en obtenir un plus efficace.
  - sklearn.linear_model: il s'agit bien évidemment du modèle linéaire et de ses variantes.
  - sklearn.naive_bayes: il s'agit du classifieur bayésien naïf et de ses variantes.
  - sklearn.neighbors: cette partie rassemble les méthodes basées sur les plus proches voisins.
  - sklearn.neural_network: ce module comprend les classes basées sur les réseaux de neurones (il ne s'agit pas de deep learning).
  - sklearn.svm: ce module comprend les méthodes basées sur les support vector machines.
  - sklearn.tree: les classes et fonctions liées aux arbres de décisions sont stockées dans ce module.

✓ Apprentissage non supervisé:
  - sklearn.cluster: on trouve ici les méthodes de clustering en apprentissage non supervisé.
  - sklearn.decomposition: on trouve ici des méthodes de réduction de dimensions par décomposition, comme l'analyse en composantes principales.
  - sklearn.manifold_learning: ce module rassemble des méthodes de réduction de dimension non linéaires appelées manifold learning.

Cette liste a tendance à s'étoffer avec le temps car l'équipe de développement de Scikit-Learn fait en sorte que leur outil évolue avec les nouveautés. Cependant, il est à noter que Scikit-Learn ne comprend pas d'algorithmes de deep learning, ce qui nous amène à parler d'autres outils Python pour le machine learning.

6.2.2 TensorFlow

TensorFlow est un Framework pour le calcul numérique qui a été rendu open source par Google en 2015. TensorFlow est aujourd'hui la référence pour le deep learning.

Voici quelques-unes de ses caractéristiques :

- ✓ Multi-plateforme (Linux, Mac OS, Android et iOS)
- ✓ API dans de multiples langages dont Python
- ✓ *Back-end* en C/C++
- ✓ Supporte les calculs sur CPU, GPU et même le calcul distribué sur cluster

Le fait qu'il soit utilisé à grande échelle chez Google a aussi contribué à sa popularité.

C'est un Framework de calculs numériques mais c'est surtout ses capacités de deep learning qui sont mises en avant.

Le mot *tenseur* désigne une structure de données ressemblant à un array multidimensionnel. Un tenseur à deux dimensions est une matrice.

Ses principes de développements et d'utilisations sont assez différents de Scikit-Learn. Les traitements sont basés sur des graphes d'exécution. On construit un graphe dans lequel chaque nœud est une opération et on lie ces nœuds avec des tenseurs. Cette structure rend les opérations de parallélisation des calculs extrêmement simples.

Nous ne développerons pas en détail TensorFlow dans cet ouvrage. Des références sur le sujet sont disponibles à la fin de l'ouvrage.

6.2.3 Keras

Keras est un package de deep learning extrêmement utilisé qui est développé et maintenu par François Chollet[1]. Depuis peu, il est inclus dans l'environnement TensorFlow. Ce package est en fait une implémentation en Python d'accès vers les différents environnements de deep learning que sont TensorFlow ou CNTK (Theano aussi mais cet environnement n'est plus maintenu). Il s'agit surtout d'une interface permettant de simplifier vos développements en deep learning sans utiliser les API des différents Framework.

Nous reviendrons sur le deep learning et l'utilisation de Keras dans la suite de ce chapitre. Ce package étant une surcouche entre différents environnements de deep

1. François Chollet est chercheur en IA chez Google, Mountain View, Californie. Il a contribué à démocratiser le deep learning, avec Keras qu'il a lancé peu de temps avant de rejoindre Google en 2015.

learning (TensorFlow…) et Python, il possèdera les avantages de l'environnement sélectionné.

6.2.3 Les autres packages

Il existe de nombreux autres packages Python pour le machine learning, nous ne les détaillerons pas ici mais en voici quelques-uns :

- ✓ Caffe2 : Caffe2 est l'évolution de Caffe (qui existe toujours) développé par Berkeley et amélioré par Facebook. Ce Framework de deep learning possède une API Python. Il met en avant l'aspect déploiement mobile et scalable de vos applications de deep learning. Il est adapté à un environnement multi-GPU mais pourra aussi facilement s'intégrer sur iOS ou Android. Vous trouverez beaucoup d'informations ici : https://caffe2.ai/
- ✓ PyTorch : Cet environnement est surtout mis en avant pour ses capacités de traitement et d'accélération grâce aux GPU. Il inclut du code en Cuda afin de s'adapter aux cartes graphiques NVidia. PyTorch est basé sur des bibliothèques de calcul sur des « tenseurs » (un peu comme NumPy) mais avec une forte accélération par GPU. De plus, il possède de nombreux algorithmes de deep learning. Il vient en remplacement de NumPy couplé à du deep learning. Vous trouverez de nombreux détails ici : https://pytorch.org/
- ✓ The Microsoft Cognitive Toolkit (CNTK) : Cet environnement Windows de deep learning est présent depuis assez longtemps et reste bien maintenu et amélioré par Microsoft. Il peut être intéressant si vous êtes sur des serveurs Windows pour passer en production. Il propose une API Python qui vous permettra de progresser rapidement. Vous trouverez des détails ici : https://github.com/Microsoft/CNTK

Cette liste est en perpétuelle évolution. Par exemple, en 2017, nous aurions mis Theano dans cette liste qui était alors un Framework incontournable du deep learning, mais son développement a été abandonné en décembre 2017 et il ne doit donc plus être utilisé.

6.3 LE PROCESSUS DE TRAITEMENT EN MACHINE LEARNING

6.3.1 Le rôle du data scientist pour les traitements machine learning

Le rôle du data scientist, à qui on demande de mettre en place des algorithmes de machine learning, est d'apporter sa caution scientifique au traitement de la donnée. C'est l'une des différences entre le travail du data scientist et celui de l'expert en business intelligence.

L'utilisation de tel ou tel algorithme requiert de nombreuses précautions et on attend du data scientist qu'il les prenne consciencieusement.

Bien évidemment, son rôle va bien au-delà : il doit veiller à répondre à la question métier et aider à la mise en œuvre des algorithmes pour le passage éventuel en production.

L'utilisation de Python a tout son sens pour un data scientist car il va pouvoir automatiser et créer des prototypes de manière extrêmement rapide. De plus, la présence de toutes les API vers des environnements plus rapides et plus scalables rend Python indispensable au data scientist.

6.3.2 Avant les algorithmes : les données

Lorsque vous désirez utiliser un algorithme de machine learning, la première question à vous poser concerne la problématique métier.

Une fois que vous avez bien défini cette problématique, vous pouvez la transformer en problème de data science. Ainsi, dans le cas d'une banque, si vous désirez extraire les clients à qui vous voulez proposer un nouveau service, la problématique métier est la suivante : à partir de données sur vos clients, est-ce que vous pouvez prédire ou non le fait qu'un client serait intéressé par un produit ?

D'un point de vue « data science », il s'agit de savoir si un client répondra oui/non (1/0) à une requête émise par votre service client.

À partir de là, il faut rechercher les données disponibles pour répondre à ce problème. Nous pouvons dans ce cas étudier différentes possibilités :

- ✓ fouiller dans ses données – vous avez forcément des données clients et des informations sur vos clients. Ceci va constituer le centre de votre donnée.
- ✓ acheter des données – des marketplaces sont disponibles pour acheter des données à d'autres entreprises.
- ✓ inciter les gens à en fabriquer – dans ce cas, on essayera de mettre en place des processus de recueil auprès des conseillers en agence afin de vérifier la réponse du client en cas de proposition de nouveaux produits.
- ✓ faire appel à l'open data – s'il s'agit de données sur les entreprises, on pourra par exemple récupérer le répertoire SIRENE des entreprises afin d'obtenir plus de données sur certains clients.
- ✓ utiliser des logs – notamment sur des sites web pour estimer l'attractivité d'une nouvelle offre.
- ✓ utiliser les données des réseaux sociaux.
- ✓ utiliser des informations de géolocalisation.

Toutes ces sources de données devront être prétraitées, fusionnées et préparées par le data scientist, en suivant les étapes décrites dans les chapitres précédents de cet ouvrage et que nous reprendrons dans les exemples par la suite.

6.3.3 Quelques règles à respecter lorsqu'on utilise des algorithmes

◆ *Prendre garde au modèle*

Lorsqu'on applique des algorithmes de machine learning, on crée toujours des modèles statistiques qui doivent représenter la réalité. Malgré l'inflation du volume de données, les méthodes utilisées sont basées sur des modèles statistiques ou probabilistes qui reposent sur des hypothèses. Votre objectif n'est pas de recréer vos données mais de créer un modèle qui représente le plus fidèlement possible la réalité.

Quel que soit l'algorithme que vous utilisez, vous devez garder en tête que vous créez un modèle qui se base sur des hypothèses et qui doit faire en sorte de bien s'adapter à de nouvelles données.

◆ *Respecter les hypothèses sous-jacentes*

À partir du moment où l'on utilise des modèles, un certain nombre d'hypothèses doivent être vérifiées. Même si le fait de travailler sur des jeux de données très volumineux nous empêchera d'utiliser des statistiques inférentielles, il faut bien être conscient que chaque modèle a ses hypothèses sous-jacentes.

Ainsi, un modèle linéaire ne prendra en compte que des relations linéaires. Il supposera une hypothèse d'indépendance entre les observations... C'est au data scientist de vérifier cela. Cet ouvrage n'étant pas un ouvrage consacré à la théorie de ces modèles, nous passerons souvent les étapes de vérifications, nécessaires à l'application des méthodes. De nombreux ouvrages sont cités dans la bibliographie afin de découvrir la théorie de ces méthodes.

◆ *Éviter le sur-apprentissage* **(overfitting)**

C'est l'un des principaux problèmes liés au traitement de gros jeux de données avec des algorithmes de machine learning.

Quel en est le principe ? Lorsque vous entraînez un algorithme sur un jeu de données d'apprentissage, il construit un modèle en se basant sur ces données. Plus l'algorithme sera complexe (la fonction d'optimisation), mieux le modèle prédira les données de l'échantillon d'apprentissage. Or, notre objectif n'est pas de prédire les données d'apprentissage mais de prédire de nouvelles données qui seront différentes des données d'apprentissage.

Lorsque votre modèle est tellement « bon » qu'il s'ajuste parfaitement aux données d'apprentissage, ceci revient à dire qu'il a réussi à capter tous les signaux compris dans vos données d'apprentissage. Parmi toute l'information de vos données, une partie peut être du bruit et n'apportera rien à votre modèle ou détériorera même sa qualité prédictive. Il faut donc éviter ce piège.

À l'opposé, un modèle trop simple fera du sous-apprentissage, mais c'est plus facilement visible.

Pour gérer le problème du sur-apprentissage, on doit toujours tester nos modèles sur des données qui n'ont pas servi à construire le modèle. C'est ce qu'on fait lorsqu'on crée un échantillon d'*apprentissage* et un échantillon de *validation*. Par ailleurs, la validation croisée est aussi une bonne approche pour se prémunir contre ce problème.

◆ *Se méfier du fléau de la dimension* (curse of dimensionality)

Il s'agit du fait que la plupart des algorithmes de machine learning n'arrivent pas à bien gérer des jeux de données avec un nombre de colonnes/variables trop grand.

Lorsque le nombre de dimensions dans vos données augmente, il devient très vite difficile de trouver des patterns simples à partir de ces données, on parle alors du *fléau de la dimension*.

L'augmentation de la dimension rend les données plus éparses les rendant inadaptées aux manières traditionnelles d'analyser les données.

Au même titre que les méthodes d'apprentissage supervisé, les méthodes de clustering sont aussi touchées. En effet, il devient très difficile de trouver des classes cohérentes car les individus ont tendance à s'écarter les uns des autres.

Pour résoudre ce problème, on utilise principalement des méthodes de réduction de dimension afin de pouvoir représenter les données dans un espace plus facilement interprétable par les distances usuelles et par les algorithmes de machine learning classiques.

◆ *Éviter le tout automatique*

Aujourd'hui, de plus en plus d'outils permettent d'automatiser la mise en place d'algorithmes de machine learning. Ces outils sont généralement de bons outils qui pourront vous aider mais il ne faut pas oublier que, en tant que data scientist, vous devez toujours adapter vos méthodologies au contexte. Chaque problème a un contexte précis et des données qui lui sont propres, les dompter demandera toute votre expertise.

6.3.4 Le traitement avec Scikit-Learn

Une fois que vous avez construit votre jeu de données, le processus est décrit dans la figure 6.1.

Les flèches en gras sont des flèches que le data scientist va souvent emprunter. Celles en pointillés seront moins souvent utilisées. La partie « transformation des données » peut aussi se faire en amont de la séparation mais nous aurons tendance à la faire après la séparation afin de mieux reproduire la réalité des données. En effet, dans la partie basse du graphique, lorsqu'on a de nouvelles données, ce sont les transformations effectuées sur les données d'apprentissage qui vont être utilisées.

◆ *Les données gérées par Scikit-Learn*

Scikit-Learn est avant tout basé sur NumPy, les données attendues auront donc généralement un format d'array. Cependant, Scikit-Learn prend maintenant en charge des objets DataFrame de Pandas. Les sorties sont toujours sous forme d'arrays.

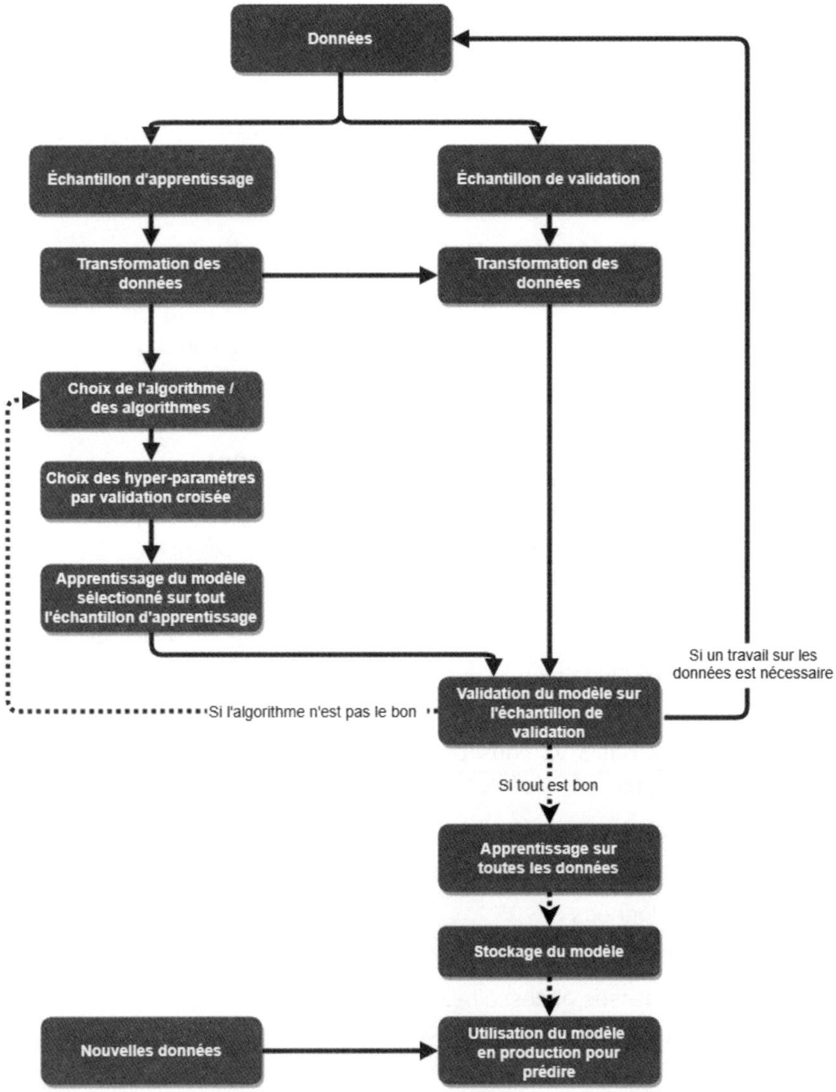

Figure 6.1 – Processus de traitement en machine learning.

Remarque – Scikit-Learn est un environnement d'automatisation de traitements liés au machine learning. Il ne s'agit pas d'un logiciel d'analyse de données. À ce titre, il ne faut pas s'attendre à des sorties détaillées de logiciel classique. Si vous cherchez ce genre de sorties, le package statsmodels en propose. Par ailleurs, de nombreux packages de R sont plus orientés vers une restitution plus conviviale. Généralement, une sortie de Scikit-Learn consiste en un array qu'il faudra retravailler pour obtenir une sortie sous forme de DataFrame par exemple.

Les données, qu'elles soient structurées ou non structurées, sont très facilement transformables en arrays, comme nous avons pu le voir dans le chapitre.

Scikit-Learn part du principe que vos données sont numériques. Il faudra donc effectuer toutes les transformations nécessaires en amont de l'application des algorithmes.

Il possède des outils pour traiter des données manquantes mais la plupart des algorithmes ne les prennent pas en charge. Il faudra donc imputer les données manquantes ou supprimer les observations en amont de l'utilisation des algorithmes.

Les propriétés des données pour être traitées par Scikit-Learn :

- Arrays de NumPy, DataFrame ou Series de Pandas
- Données numériques pour les algorithmes de machine learning
- Pas de données manquantes

◆ *L'API de Scikit-Learn et les étapes de traitement*

Dans Scikit-Learn, les algorithmes de machine learning ou de transformation de données sont stockés sous forme de classes. On aura par exemple :

```
LinearRegression()
```

Il existe aussi des fonctions qui vont permettre d'effectuer des transformations directement sur des données, l'une des plus connues est :

```
train_test_split()
```

L'utilisation de ces outils va vous permettre de construire très rapidement des modèles et de les tester.

Le processus de développement avec Scikit-Learn est très standardisé avec peu de classes et une structuration extrêmement claire :

- ✓ Préparation des données
- ✓ Séparation des données (apprentissage/validation)
- ✓ Importation des classes nécessaires
- ✓ Allocation d'une classe de modèle à un objet avec des hyperparamètres (nous reviendrons par la suite sur la définition d'un hyperparamètre)
- ✓ Ajustement des paramètres du modèle aux données (`.fit()`)
- ✓ Validation du modèle

Les classes des modèles de machine learning sont toutes basées sur les mêmes principes :

- ✓ Des attributs dans lesquels sont stockés les hyperparamètres des méthodes (le nombre de voisins pour les plus proches voisins, le nombre d'arbres dans une forêt aléatoire…)
- ✓ Des méthodes standards :
  - `.fit(x)` : ajustement du modèle aux données x.
  - `.fit_transform(x)` : ajustement du modèle aux données et obtention d'une transformation des données.

- `.predict(x)` : après ajustement, prédiction à partir du modèle sur de nouvelles données.
- `.predict_proba(x)` : après ajustement, prédiction des probabilités d'appartenance à une classe.
- `.transform(x)` : après ajustement, application d'une transformation sur des données à partir d'un modèle.

✓ Une fois les modèles estimés, de nouveaux attributs sont disponibles, ceux-ci comprennent des sorties et sont identifiables grâce au caractère underscore _ se trouvant à la fin de leur nom.

6.4 L'APPRENTISSAGE SUPERVISÉ AVEC SCIKIT-LEARN

Les méthodes d'apprentissage supervisé sont les méthodes actuellement les plus utilisées en data science. Il s'agit d'essayer de prédire une variable cible et d'utiliser différentes méthodes pour arriver à cette fin.

Nous allons illustrer ces méthodes de traitement de données avec du code et des cas pratiques.

6.4.1 Les données et leur transformation

Notre objectif dans ce premier cas est de prédire si un individu quittera ou non son opérateur de télécommunications. Pour cela nous disposons de données historiques composées de plusieurs milliers de clients de cet opérateur. Afin d'arriver à notre objectif, nous allons commencer par décrire et préparer ces données.

◆ *Les données en entrée*

Dans le cadre de cet exemple, nous allons utiliser des données issues du monde des télécommunications (ces données, comme toutes les données de cet ouvrage, sont disponibles sur le site associé, accompagnées des Jupyter notebooks comprenant les codes et leurs explications).

Ce jeu de données est décrit en détail au début du chapitre 4. Pour rappel, il est composé de 3333 individus et de 18 variables. Il est stocké dans un fichier csv, nommé telecom.csv, accessible dans le répertoire data. On le récupère en utilisant Pandas :

```
churn=pd.read_csv("../data/telecom.csv")
```

Si nous vérifions les colonnes de notre DataFrame en utilisant `churn.info()` :

```
<class 'pandas.core.frame.DataFrame'>
RangeIndex: 3333 entries, 0 to 3332
Data columns (total 18 columns):
Area Code 3333 non-null int64
Int'l Plan 3333 non-null object
VMail Plan 3333 non-null object
VMail Message 3333 non-null int64
```

```
Day Mins 3333 non-null float64
Day Calls 3333 non-null int64
Day Charge 3333 non-null float64
Eve Mins 3333 non-null float64
Eve Calls 3333 non-null int64
Eve Charge 3333 non-null float64
Night Mins 3333 non-null float64
Night Calls 3333 non-null int64
Night Charge 3333 non-null float64
Intl Mins 3333 non-null float64
Intl Calls 3333 non-null int64
Intl Charge 3333 non-null float64
CustServ Calls 3333 non-null int64
Churn?          3333 non-null object
dtypes: float64(8), int64(7), object(3)
memory usage: 468.8+ KB
```

Il est donc composé de variables détaillant les habitudes d'utilisation des services de l'opérateur et d'une variable cible nommée « Churn? » permettant de savoir si le client a quitté son opérateur.

Ce jeu de données n'a pas de données manquantes et nous allons devoir effectuer quelques transformations pour l'adapter à nos traitements. Nous voyons par exemple qu'il est composé de trois colonnes object.

Nous pouvons afficher les statistiques descriptives pour les colonnes object :

```
churn.describe(include="object").transpose()
```

Les résultats sont disponibles dans la figure 6.2.

	count	unique	top	freq
Int'l Plan	3333	2	no	3010
VMail Plan	3333	2	no	2411
Churn?	3333	2	False.	2850

Figure 6.2 – Statistiques descriptives pour les variables qualitatives.

On voit que les données sont toutes binaires. Pour les variables binaires, il nous suffit de les recoder avec Scikit-Learn pour obtenir des données exploitables. Par ailleurs, il existe une autre variable qualitative dans notre jeu de données, Area Code, qui est numérique mais avec trois modalités :

```
In[]: churn["Area Code"].value_counts()
Out[]:
415   1655
510    840
408    838
```

```
Name: Area Code, dtype: int64
```

◆ *La préparation des données*

Nous allons utiliser le processus de traitement classique pour transformer nos données avec Scikit-Learn. Dans ce cas, nous n'avons pas de données manquantes, nous travaillons donc sur la transformation des variables qualitatives.

Nous utilisons deux outils :

```
from sklearn.preprocessing import LabelEncoder, OneHotEncoder
```

LabelEncoder va nous permettre de transformer les valeurs textuelles en entiers. Nous pouvons utiliser pour chaque variable qualitative :

```
encoder=LabelEncoder()
churn["Churn?"]=encoder.fit_transform(churn["Churn?"])
```

Cette approche peut paraître peu pratique car il faut fonctionner colonne par colonne. Nous pouvons aussi faire :

```
dict_label_encode={}
for col in churn.columns:
    if churn[col].dtype == object:
        dict_label_encode[col]=LabelEncoder()
        churn[col]=dict_label_encode[col].fit_transform(churn[col])
```

L'avantage de cette approche est que nous créons un dictionnaire de transformations qui va nous permettre d'appliquer plus facilement ces transformations sur de nouvelles données.

Nous utilisons la classe OneHotEncoder afin de transformer la colonne Area Code en trois colonnes binaires (le chapitre 4 détaille le fonctionnement de cet outil) :

```
# on définit l'objet
encoder_area=OneHotEncoder(sparse=False)

# on crée un array dans lequel on stocke le résultat
area=encoder_area.fit_transform(np.array(churn["Area Code"]).reshape(-1, 1))

# on définit un DataFrame nettoyé qui consiste en la concaténation du
# DataFrame initial et des nouvelles colonnes
churn_clean=pd.concat([churn, pd.DataFrame(area,
                                 columns=encoder_area.active_features_,
                                 index=churn.index)], axis=1)

# on supprime la colonne initiale
churn_clean.drop("Area Code", axis=1, inplace=True)
```

Ce processus peut aussi être mené simplement avec la fonction de Pandas `pd.get_dummies()`. Nous préférons ici la méthode avec Scikit-Learn car elle crée un objet qui pourra être facilement réutilisé dans le reste de notre code, notamment sur de nouvelles données pour lesquelles on voudra obtenir le format à trois colonnes sans pour autant avoir les trois modalités dans les données.

Ainsi, le DataFrame churn_clean n'a plus que des colonnes numériques.

◆ *Prédire l'attrition des clients*

Lorsqu'on veut prédire une variable binaire, on devra avoir une colonne du type binaire. On préfère généralement un codage 0/1 afin de garder un type entier simple à gérer. Les variables explicatives *x* auront été préparées de manière intelligente afin de bien appliquer nos modèles.

On crée donc x et y :

```
x=churn_clean.drop("Churn?", axis=1)
y=churn["Churn?"]
```

Pour la séparation, on utilise la fonction `train_test_split()` de Scikit-Learn. Cette fonction permet de créer automatiquement autant de structures que nécessaire à partir de nos données. Elle utilise une randomisation des individus et ensuite une séparation en fonction d'un paramètre du type `test_size` :

```
# on importe la fonction
from sklearn.model_selection import train_test_split

# dans ce cas on a :
x_train, x_test, y_train, y_test = train_test_split(x,y,test_size=0.2)
```

Remarque – **La taille de l'échantillon de test sera généralement choisie entre 20 % et 30 % de la taille du jeu de données initial. Plus un jeu de données sera grand, plus on prendra un échantillon de test grand afin de bien tester la robustesse de notre modèle.**

Ce découpage crée donc quatre structures différentes qui vont nous permettre de travailler sur les modèles. Les _test ne doivent jamais servir à l'apprentissage du modèle ou des paramètres. Ils ne servent qu'à faire des validations.

Dans certains cas, il peut arriver qu'il y ait une forte disparité de distribution des modalités entre les proportions d'acceptation et de refus. On peut vouloir faire en sorte que les répartitions des modalités de *y* soient égales dans les différents échantillons, on pourra alors utiliser une stratification. On va utiliser une stratification en prenant y comme base pour effectuer la stratification :

```
In[] : from sklearn.model_selection import train_test_split
       x_train, x_test, y_train, y_test = train_test_split(x, y, test_size=0.3,
                                                           stratify = y)
       y.value_counts(normalize=True)
Out[] :
0    0.855086
1    0.144914
```

```
Name: Churn?, dtype: float64

In[] : y_test.value_counts(normalize=True)
Out[] :
0     0.855
1     0.145
Name: Churn ?, dtype : float64

In[] : y_train.value_counts(normalize=True)
Out[] :
0     0.855122
1     0.144878
Name: Churn?, dtype: float64
```

Cette approche nous a permis d'utiliser une variable afin de faire de l'échantillonnage stratifié pour la création des jeux de test et d'apprentissage. Néanmoins, cela ne règle pas le problème de classes déséquilibrées.

◆ *Les données déséquilibrées*

Ce problème se pose souvent lorsque vous cherchez à identifier des évènements rares, notamment la recherche de fraudes. Dans ce cas, la variable cible y a souvent moins de 1 % d'une des deux modalités. Il y a peu d'algorithmes de machine learning qui arrivent à correctement gérer ce type de données et on aura différentes options :

- ✓ Chercher un algorithme adapté : les algorithmes de boosting sont généralement efficaces. On peut aussi utiliser des algorithmes spécifiques du type one-class SVM.
- ✓ Utiliser de l'échantillonnage : On peut sur-échantillonner, c'est-à-dire faire en sorte de donner plus de poids aux évènements rares (on les compte plusieurs fois). Sinon, on peut sous-échantillonner, c'est-à-dire donner moins de poids aux évènements les plus communs (on réduit leur nombre). Ces deux approches sont équivalentes.

Pour le second cas, on utilisera un package de Python spécifique nommé imbalanced-learn. Il faut commencer par l'installer dans votre environnement Anaconda :

```
conda install -c conda-forge imbalanced-learn
```

À partir de là, on va pouvoir utiliser les algorithmes disponibles dans ce package.

Pour sous-échantillonner la classe majoritaire, ce package propose de nombreux algorithmes basés généralement sur des plus proches voisins. Nous allons utiliser l'algorithme NearMiss du package. L'utilisation de ces outils est basée sur les mêmes principes que Scikit-Learn : on crée un objet de la classe de l'algorithme et on applique la méthode `.fit_sample()` aux données.

Tout d'abord, nous pouvons observer la distribution de *y* dans nos données d'apprentissage :

```
In[] : y_train.value_counts()
Out[] :
0    1995
1     338
Name: Churn?, dtype: int64
```

L'application de l'algorithme des plus proches voisins se fait en utilisant `imblearn` :

```
In[] : from imblearn.under_sampling import NearMiss
       ss_echant=NearMiss()
       # on applique la méthode fit_sample() sur nos données
       x_sous, y_sous= ss_echant.fit_sample(x_train, y_train)
       # on transforme y_sous en Series pour avoir un affichage plus agréable
       pd.Series(y_sous).value_counts()
Out[] :
1    338
0    338
dtype: int64
```

On voit donc que le nombre de 1 (classe minoritaire) n'a pas changé.

Cette étape permet d'obtenir des données *x* construites de manière à bien différencier les individus.

Pour le sur-échantillonnage, l'algorithme SMOTE (Synthetic Minority Oversampling Technique) fait référence. Cet algorithme va permettre de créer des individus proches de ceux de la classe minoritaire afin de sur-représenter cette classe :

```
In[] : from imblearn.over_sampling import SMOTE
       sur_echant=SMOTE()
       # on applique la méthode fit_sample() sur nos données
       x_sur, y_sur= sur_echant.fit_sample(x_train, y_train)
       # on transforme y_sous en Series pour avoir un affichage plus agréable
       pd.Series(y_sur).value_counts()
Out[] :
1    1995
0    1995
dtype: int64
```

On voit ici que le nombre d'individus de la classe majoritaire reste le même.

Ce package propose aussi une approche intermédiaire qui va combiner du sous-échantillonnage et du sur-échantillonnage, et qui s'adapte bien, soit lorsque le jeu de données global est très grand, soit quand la classe sous-représentée a très peu d'occurrences. On utilise une combinaison de SMOTE et de plus proches voisins :

```
In[] : from imblearn.combine import SMOTEENN
       comb_echant=SMOTEENN()
       # on applique la méthode fit_sample() sur nos données
       x_comb, y_comb= comb_echant.fit_sample(x_train, y_train)
       # on transforme y_comb en Series pour avoir un affichage plus agréable
       pd.Series(y_comb).value_counts()
Out[] :
1    1855
0    1188
dtype: int64
```

On voit qu'on arrive à un jeu de données intermédiaire.

L'approche à privilégier dépendra de vos données. Dans le cadre de notre exemple, nous allons garder la répartition actuelle afin d'illustrer la suite.

Nous avons donc quatre jeux de données prêts à être utilisés pour nos traitements. L'étape suivante est le choix de l'algorithme de machine learning.

6.4.2 Le choix et l'ajustement de l'algorithme

Une fois que nous avons bien préparé les données, nous sommes prêts à appliquer des algorithmes de machine learning. Le choix des algorithmes adaptés est alors un point clé.

Ce choix se fait sur un certain nombre de propriétés, principalement liées à vos données et à l'utilisation qui sera faite de cet algorithme.

Scikit-Learn a développé un arbre de choix qui se trouve dans la figure 6.3

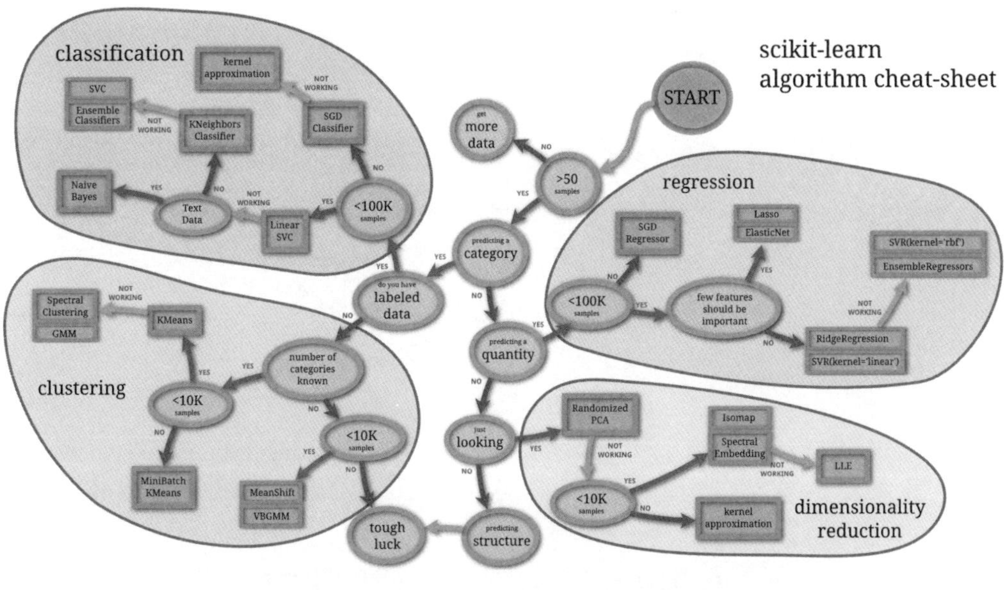

Figure 6.3 – Choix d'un algorithme de machine learning (source : http://scikit-learn.org/stable/tutorial/machine_learning_map/).

◆ *Quel algorithme pour quel type de données ?*

En fonction de vos données et de votre problématique, l'algorithme que vous allez sélectionner sera très différent. Les tableaux suivants rassemblent quelques algorithmes et leurs caractéristiques.

Les méthodes de classification où il s'agit de prédire une variable qualitative :

Algorithme	Classe de Scikit-Learn	Caractéristiques principales
Support vector machines (SVM)	`sklearn.svm.SVC()`	Méthode de classification pour deux classes (adapté à plus de classes). Utilisation de noyaux afin de projeter les données et de mieux les séparer. Beaucoup d'hyperparamètres à régler.
Régression logistique	`sklean.linear_model.LogisticRegression()`	Méthode de classification pour deux classes ou plus permettant de modéliser la probabilité d'appartenance à une classe. Modèle linéaire plutôt orienté vers l'explication que la prédiction. Très peu d'hyperparamètres mais qualité prédictive souvent médiocre.
K plus proches voisins	`sklearn.neighbors.KNeighborsClassifier()`	Méthode de classification basée sur la proximité entre les observations des données. Algorithme dit *paresseux* (*lazy*) car son apprentissage est très rapide, c'est la partie prédiction qui est plus lente. On doit choisir la distance et le nombre de voisins.
Arbres de décision	`sklearn.tree.DecisionTreeClassifier()`	Méthode de classification permettant de construire un arbre de classification. Chaque nœud consiste en une séparation des données basé sur une variable. Les arbres de décision sont des outils pratiques pour la visualisation des résultats. Ils sont néanmoins complexes à paramétrer et fortement soumis au sur-apprentissage.
Forêts aléatoires (random forrest)	`sklearn.neighbors.KNeighborsClassifier()`	Méthode de classification de la famille des méthodes d'agrégation (ensemble) basée sur la multiplication des arbres de décision. Les hyperparamètres de la méthode sont nombreux. Méthode très stable et rapide, surtout en environnement parallélisé.

Algorithme	Classe de Scikit-Learn	Caractéristiques principales
Gradient boosting machine (GBM)	`sklearn.ensemble.GradientBoostingClassifier()`	Méthode de classification de la famille des méthodes d'agrégation (ensemble) basée sur l'enchaînement de classifieurs simples améliorant la qualité du classifieur global. Les hyperparamètres permettent de gérer le principal problème de cette approche : le sur-apprentissage.
Bayésien naïf	`sklearn.naive_bayes.GaussianNB()`	Méthode de classification simple basée sur le théorème de Bayes et supposant l'indépendance des variables de vos données. Méthode efficace dans beaucoup de cas et facile à paramétrer. Elle sert souvent de première approche pour travailler sur les données.
Réseaux de neurones et le perceptron multicouches	`sklearn.neural_network.MLPClassifier()`	Méthode de classification basée sur les réseaux de neurones. Nous utiliserons généralement les environnements de deep learning pour ce type d'algorithmes.

Les méthodes présentées dans le tableau ci-dessus ont toutes été adaptées au cas multi-classes mais certaines méthodes de Scikit-Learn ne le sont pas. Dans ce cas, on pourra utiliser :

- ✓ Des méthodes adaptées en prenant toutes les paires de classes (*one vs one*) : `sklearn.multiclass.OneVsOneClassifier()`.
- ✓ Des méthodes adaptées en adaptant une approche un contre tous (one vs all) : `sklearn.multiclass.OneVsRestClassifier()`.

Si vous essayez de prédire une variable quantitative, le nombre de méthodes est très important. Nous en avons rassemblé quelques-unes dans le tableau ci-dessous :

Algorithme	Classe de Scikit-Learn	Caractéristiques principales
Régression linéaire	`sklearn.linear_model.LinearRegression()`	C'est la méthode la plus simple et la plus connue, elle consiste à utiliser une fonction linéaire pour prédire de nouvelles valeurs. Elle est un peu simpliste et aura tendance à faire du sous-apprentissage.

Algorithme	Classe de Scikit-Learn	Caractéristiques principales
ElasticNet	`sklearn.linear_model.ElasticNet()`	Il s'agit d'une méthode de régression régularisée qui va permettre de combiner une régularisation par la norme L1 et par la norme L2. Elle permet de pénaliser les prédicteurs les moins influents en combinant des régularisations Ridge et Lasso. Elle est très efficace pour le cas où on a beaucoup de variables dans *x* ou que celles-ci sont très liées. Elle possède quelques hyperparamètres.
Régression PLS	`sklearn.cross_decomposition import PLSRegression()`	La régression PLS est une méthode qui vise à résoudre le même type de problème que ElasticNet mais avec une approche différente. En effet, elle se base sur une réduction de dimension en utilisant des composantes orthogonales afin de réduire la dimensionnalité des données explicatives. Elle possède des hyperparamètres notamment le nombre de composantes.
Régressions Ridge/Lasso	`sklearn.linear_model import Ridge()` `sklearn.linear_model import Lasso()`	Ces deux régressions sont des alternatives à la régression linéaire qui utilise une régularisation afin de minimiser les problèmes liés à la régression linéaire. La différence entre les deux approches réside dans le type de régularisation. Elles sont très efficaces pour le cas où on a beaucoup de variables dans *x* ou que celles-ci sont très liées.
Gradient boosting machine (GBM)	`sklearn.ensemble.GradientBoostingRegressor()`	Les méthodes d'agrégation de modèles que sont les GBM et les forêts aléatoires ont été adaptées au cas d'une cible quantitative. Elles sont alors basées sur des principes similaires à ceux du cas qualitatif. Elles sont néanmoins moins utilisées dans ce cadre.
Support vector machine (SVM)	`sklearn.svm.SVR()`	Les SVM ont été adaptés au cas quantitatif avec la notion de régression sur les vecteurs de support. Les hyperparamètres sont les mêmes que dans le cas des SVC.

Algorithme	Classe de Scikit-Learn	Caractéristiques principales
K plus proches voisins	`sklearn.neighbors.KNeighborsRegressor()`	Méthode de classification basée sur la proximité entre les observations des données. Algorithme dit *paresseux* (*lazy*) car son apprentissage est très rapide, c'est la partie prédiction qui est plus lente. On doit choisir la distance et le nombre de voisins.

Il s'agit ici d'une liste indicative et non exhaustive d'algorithmes.

◆ *Ajuster les paramètres de nos algorithmes à nos données*

Si nous reprenons les données issues des télécommunications, nous avons une variable cible binaire et allons tester plusieurs méthodes.

Nous sélectionnons pour notre cas :

✓ *Les forêts aléatoires :* cet algorithme est basé sur la combinaison de plusieurs arbres de décision. Il est basé sur les arbres qui permettent de construire très rapidement des modèles de classification efficaces, à ce titre il aura tous les avantages des arbres. L'une des faiblesses des arbres est leur faible robustesse aux modifications sur les données, ce qui a un impact fort sur la qualité prédictive de ce type de modèle. La forêt aléatoire va combiner des dizaines d'arbres afin de rendre ces algorithmes plus robustes. Pour combiner ces arbres, on va devoir utiliser des données légèrement différentes pour chaque arbre. Pour cela, on utilisera ce qu'on appelle du *rééchantillonnage*. On crée autant de jeux de données que d'arbres en tirant aléatoirement avec remise dans le jeu de données initial et on modifie aussi l'ensemble des variables candidates pour chaque arbre. On obtient ainsi des jeux de données ayant la même forme que les données initiales mais avec un contenu légèrement différent. Les forêts aléatoires ont de nombreux hyperparamètres, notamment le nombre d'arbres et les hyperparamètres liés aux arbres (la profondeur maximale d'un arbre, la taille minimale d'une feuille...).

✓ *Les k-plus proches voisins :* cet algorithme est extrêmement simple. Il consiste à rechercher des individus proches de l'individu pour lequel on désire prédire une valeur. Cette notion de proximité est basée sur une distance. On prendra alors les *k* plus proches voisins en se basant sur cette distance. Ceci nous permet de choisir la classe d'appartenance en regardant la classe d'appartenance de chacun des voisins. L'individu dont la classe est à prédire se voit affecter la classe de la majorité. Les hyperparamètres de cette approche sont le nombre de voisins et la distance utilisée. Cet algorithme a une spécificité : il s'agit d'un algorithme paresseux (*lazy*) car il aura très peu de travail à effectuer lors de l'apprentissage et c'est lors de la prédiction qu'il devra rechercher les voisins du nouvel individu.

Le processus est alors extrêmement court avec Scikit-Learn. On commence par importer les classes des algorithmes :

```
from sklearn.neighbors import KNeighborsClassifier
from sklearn.ensemble import RandomForestClassifier
```

Ensuite, on crée un objet à partir de la classe du modèle en lui fournissant les hyperparamètres dont il a besoin :

```
modele_rf=RandomForestClassifier()
modele_knn=KNeighborsClassifier()
```

Dans ce cas, on prend les hyperparamètres par défaut.

On peut ensuite ajuster notre modèle en utilisant les données :

```
modele_rf.fit(x_train,y_train)
modele_knn.fit(x_train,y_train)
```

Cette étape est la plus longue en termes de calcul car c'est celle qui va faire « tourner le modèle ». Vu la taille de notre jeu de données, le résultat est immédiat.

Une fois qu'on a estimé les paramètres du modèle, on va pouvoir extraire des informations. De nouveaux attributs de chaque classe apparaissent, ils se terminent par le symbole underscore _ :

```
In[] : modele_rf.feature_importances_
Out[] : array([0.05127329, 0.0252525...
```

Cet indicateur nous donne l'importance de chaque variable dans les arbres créés dans la forêt. Comme nous avons pu l'évoquer plus tôt, la sortie est extrêmement simple, sous la forme d'un array.

Ce qui va nous intéresser avant tout, c'est de prédire avec notre modèle. Pour cela nous allons utiliser la méthode `.predict()` :

```
y_predict_rf = modele_rf.predict(x_test)
y_predict_knn = modele_knn.predict(x_test)
```

On obtient ainsi une valeur prédite pour les éléments de notre échantillon de validation.

On peut alors valider notre modèle en comparant `y_predict` aux valeurs réelles de *y* pour les données de validation, stockées dans `y_test`. Nous nous intéresserons aux indices de validation du modèle dans la suite de ce chapitre.

◆ *Cas d'un modèle de régression*

Si la variable à prédire est quantitative, on peut par exemple utiliser un modèle de régression Ridge. Cette version pénalisée de la régression linéaire s'adapte bien lorsque le nombre de variables explicatives est grand et quand il existe des liens forts entre les variables explicatives.

Sur les données des territoires d'Ile-de-France, nous désirons prédire le salaire médian des communes en fonction des autres variables des données. On utilise le code suivant :

```
from sklearn.linear_model import Ridge

# on prépare les données
y=data["MED14"]
```

```
x=data.select_dtypes(np.number).drop(["CODGEO","REG","DEP","MED14"],
                                                                axis=1)

# on sépare les échantillons d'apprentissage
x_train, x_test, y_train, y_test = train_test_split(x,y,test_size=0.3)

# on utilise un modèle de régression de Ridge
modele_ridge = Ridge()

# on ajuste le modèle aux données
modele_ridge.fit(x_train, y_train)

# on peut afficher les coefficients du modèle:
modele_ridge.coef_

# on prédit grâce à ce modèle
y_predict=modele_ridge.predict(x_test)
```

Nous avons aussi des indicateurs de qualité dans ce cas.

6.4.3 Les indicateurs pour valider un modèle

La partie validation d'un modèle d'apprentissage supervisé est extrêmement importante. L'objectif d'un modèle d'apprentissage supervisé est de prédire une valeur la plus proche possible de la réalité. Nous différencions trois types d'indices en fonction du type de variable cible. Tous les indicateurs de qualité du modèle sont stockés dans le module `metrics` de Scikit-Learn.

◆ *Le cas binaire*

Le pourcentage de bien classés

Il s'agit de l'indicateur le plus connu. On le nomme ***accuracy***. Il est calculé à partir du rapport entre le nombre d'individus bien classés et le nombre total d'individus dans l'échantillon.

Il est très fréquemment utilisé mais pose un réel problème dans un cas. Prenons l'exemple de données de fraudes à la carte de crédit. On est dans un cas très classique d'application du machine learning, les données d'apprentissage sont basées sur une variable cible binaire. Bien entendu, il y a beaucoup plus de 0 (pas de fraude liée à une transaction) que de 1 (fraude liée à une transaction). Imaginons que 95 % des transactions soient sans fraudes (y = 0). Dans ce cas, si nous créons un algorithme de classification qui va classer toutes les transactions en tant que non frauduleuses, le pourcentage de bien classés sera alors de 95 % alors que la qualité du modèle est catastrophique.

Si vous faites bien attention à éviter ce type de pièges, il est possible d'utiliser le pourcentage de bien classées avec Python :

```
In[] : from sklearn.metrics import accuracy_score

       accuracy_modele_rf=accuracy_score(y_test,y_predict_rf)
       accuracy_modele_knn=accuracy_score(y_test,y_predict_knn)

       print("Pourcentage de bien classés pour le modèle RF :",
            accuracy_modele_rf)
       print("Pourcentage de bien classés pour le modèle kNN :",
            accuracy_modele_knn)

Pourcentage de bien classés pour le modèle RF : 0.916
Pourcentage de bien classés pour le modèle kNN : 0.873
```

On a donc entre 87,3 % et 91,6 % d'individus bien classés suivant la méthode.

La matrice de confusion

Il s'agit d'un autre indicateur important pour juger de la qualité d'un modèle, il n'est pas défini par une seule valeur mais par une matrice dans laquelle on peut lire le croisement entre les valeurs observées et les valeurs prédites à partir du modèle. Pour calculer cette matrice, on pourra utiliser :

```
In[] : from sklearn.metrics import confusion_matrix

       confusion_matrix_rf=confusion_matrix(y_test,y_predict_rf)
       confusion_matrix_knn=confusion_matrix(y_test,y_predict_knn)

       print("Matrice de confusion pour le modèle RF :",
                                    confusion_matrix_rf, sep="\n")
       print("Matrice de confusion pour le modèle kNN :",
                                    confusion_matrix_knn, sep="\n")

Matrice de confusion pour le modèle RF :
[[847   8]
 [76   69]]
Matrice de confusion pour le modèle kNN :
[[835  20]
 [107  38]]
```

Cette matrice est intéressante car elle nous permet de voir directement les forces et faiblesses de notre classifieur mais elle n'est pas simple d'utilisation dans un système automatisé qui préférera toujours un indicateur à un ensemble d'indicateurs.

Dans notre cas, le plus important sera de bien classer les individus qui ont décidé de quitter l'entreprise de télécommunications. On voit bien que la méthode des forêts aléatoires est plus efficace (elle en retrouve 69 contre 38 pour les plus proches voisins). Nous pouvons voir la signification de cette matrice dans la figure 6.4.

Le rappel (recall), la précision et le f1-score

Ces trois indicateurs sont des compléments importants au pourcentage de bien classés. Le tableau de la figure 6.4 représente une matrice de confusion pour laquelle ces indicateurs sont calculés.

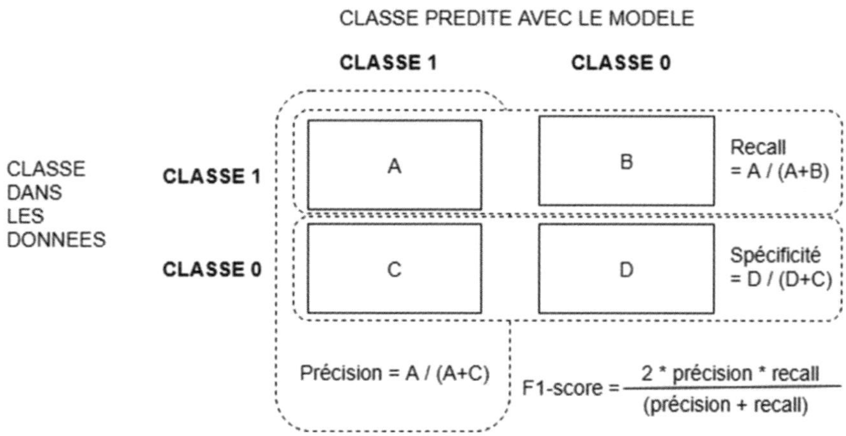

Figure 6.4 – Représentation de quelques indicateurs pour les classifications.

Scikit-Learn possède des fonctions pour chacun de ces indicateurs, mais il peut être intéressant d'utiliser une autre fonction qui les affiche pour chaque classe :

```
In[] : from sklearn.metrics import classification_report

       print("Rapport pour le modèle RF :",
                    classification_report(y_test,y_predict_rf),
                                                        sep="\n")
       print("Rapport pour le modèle kNN :",
                    classification_report(y_test,y_predict_rf),
                                                        sep="\n")

Rapport pour le modèle RF :
             precision recall f1-score support

          0      0.92       0.99       0.95       855
          1      0.90       0.48       0.62       145

avg/total 0.91 0.92 0.90 1000

Rapport pour le modèle kNN:
             precision recall f1-score support

          0      0.92       0.99       0.95       855
          1      0.90       0.48       0.62       145

avg/total 0.91 0.92 0.90 1000
```

On voit ici que le recall pour la classe 1, c'est-à-dire le nombre d'individus bien classés parmi ceux qui ont décidé de partir, est mauvais pour les deux modèles.

La courbe ROC

Nous avons vu que lorsque les classes sont fortement déséquilibrées, la matrice de confusion est parfois dure à interpréter. La courbe ROC (Receiver Operating Characteristic) est là pour combler ce défaut. Elle est en fait la proportion de vrais positifs en fonction de la proportion de faux positifs.

Il s'agit en fait de représenter le rappel (*recall*) en fonction de (1- spécificité) sur une courbe en faisant varier le seuil de classification (c'est-à-dire le point à partir duquel une observation est considérée comme positive).

La courbe ROC s'obtient avec Scikit-Learn et Matplotlib :

```
import matplotlib.pyplot as plt
%matplotlib inline
from sklearn.metrics import roc_curve

proba_rf= modele_rf.predict_proba(x_test)[:,1]
proba_knn=modele_knn.predict_proba(x_test)[:,1]

# cas du modèle RF
fpr, tpr, _ = roc_curve(y_test, proba_rf)
plt.plot(fpr,tpr,"b-.", label="RF")
# cas du modèle kNN
fpr, tpr, _ = roc_curve(y_test, proba_knn)
plt.plot(fpr,tpr,":", label="kNN")
# modèle aléatoire
plt.plot([0, 1], [0, 1],"r-", label="aléatoire", )
# modèle parfait
plt.plot([0,0, 1], [0,1, 1], 'b--', label="parfait")

plt.xlim([-0.01, 1.0])
plt.ylim([0.0, 1.05])

plt.legend()
```

On a donc utilisé la méthode `.predict_proba()` de nos classes de modèles pour obtenir la probabilité d'appartenance à une des deux classes.

On représente ensuite les courbes ROC qui sont visibles dans la figure 6.5. On a ajouté le modèle dit *aléatoire* et le modèle dit *parfait* qui classe parfaitement.

On voit donc que le modèle basé sur une forêt aléatoire est supérieur à celui basé sur les plus proches voisins.

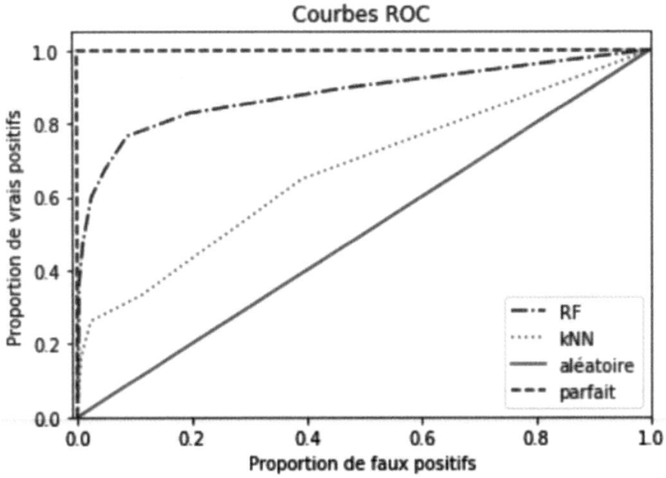

Figure 6.5 – Courbe ROC.

L'aire sous la courbe ROC

La courbe ROC est un indicateur important mais on préfère souvent une valeur plutôt qu'une courbe afin de comparer nos modèles. Pour cela, on utilise l'aire sous la courbe ROC (AUC). Cette aire est calculée directement à partir de la courbe ROC. Ainsi, un modèle aléatoire aura une AUC de 0.5 et un modèle parfait aura une AUC de 1.

Il faut bien utiliser les probabilités d'appartenances pour la fonction `roc_auc_score` et non la classe choisie. Pour nos deux modèles, nous avons :

```
In[] : from sklearn.metrics import roc_auc_score

       auc_modele_rf=roc_auc_score(y_test,
                              modele_rf.predict_proba(x_test)[:,1])
       auc_modele_knn=roc_auc_score(y_test,
                              modele_knn.predict_proba(x_test) [:,1])

       print("Aire sous la courbe ROC pour le modèle RF :",
                                                   auc_modele_rf)
       print("Aire sous la courbe ROC pour le modèle kNN :",
                                                   auc_modele_knn)

Aire sous la courbe ROC pour le modèle RF: 0.8805202661826981
Aire sous la courbe ROC pour le modèle kNN: 0.6690502117362371
```

On voit que le modèle RF est bien meilleur que le modèle kNN.

La validation croisée

Jusqu'ici nous avons utilisé des indicateurs basés sur une seule occurrence de test. Ceci veut dire qu'on ne teste notre modèle que sur un seul échantillon.

Une approche alternative souvent utilisée est la validation croisée. Celle-ci est en fait basée sur la répétition de l'estimation et de la validation sur des données différentes. La figure 6.6 en résume le principe. Le nombre de sous-échantillons devra être défini en fonction de votre cadre technique. En effet, plus on augmente le nombre de sous-échantillons, plus le nombre de modèles à ajuster devient grand. En général, on utilise entre 4 et 10 sous-échantillons (*k-fold* en anglais).

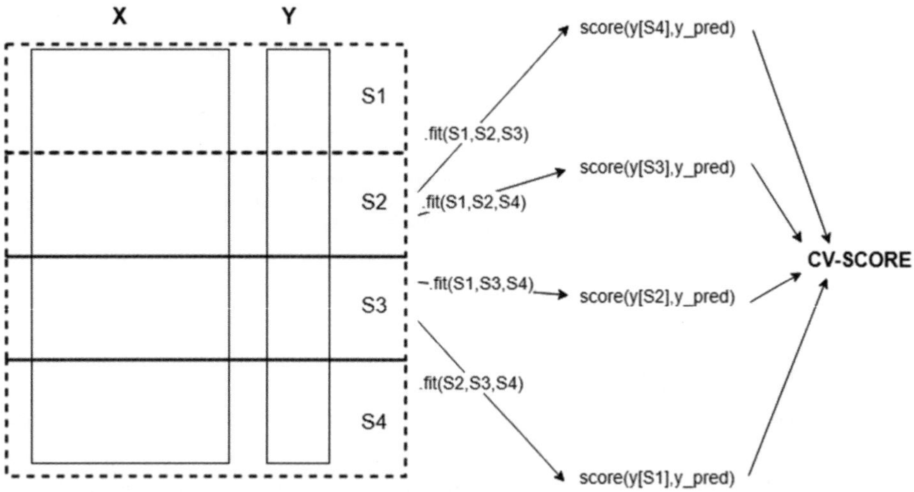

Figure 6.6 – Principes de la validation croisée.

Pour obtenir ce cv-score, on utilise :

```
In[] : from sklearn.model_selection import cross_val_score

       scores_rf = cross_val_score(modele_rf, x, y, cv=5,
                                             scoring='roc_auc')
       scores_knn = cross_val_score(modele_knn, x, y, cv=5,
                                             scoring='roc_auc')

       print("AUC pour RF :% 0.2f (+/-% 0.2f)"% (scores_rf.mean(),
                                            scores_rf.std() * 2))
       print("AUC pour kNN : % 0.2f (+/-% 0.2f)"% (scores_knn.mean(),
                                            scores_knn.std() * 2))

AUC pour RF : 0.90 (+/- 0.04)
AUC pour kNN : 0.68 (+/- 0.04)
```

Dans ce cas, on utilise ***cross_val_score*** qui se trouve dans le module `model_selection`. Il part directement des données complètes pour calculer l'aire sous la courbe ROC en utilisant la validation croisée avec un découpage des données en cinq parties égales. Il calcule la moyenne des AUC.

Cet outil s'applique à de nombreuses métriques, et Scikit-Learn vous fournira d'autres outils pour construire des sous-échantillons d'apprentissage/validation.

◆ *Le cas où le nombre de classe est plus grand que 2*

Dans ce cas, les indicateurs sont bien évidemment moins nombreux. Nous pouvons toujours utiliser l'accuracy. La matrice de confusion est aussi disponible. La fonction `classification_report` de Scikit-Learn fonctionnera aussi car elle travaille classe par classe.

Un autre indicateur intéressant est le kappa de Cohen que vous pourrez utiliser avec Scikit-Learn.

◆ *Le cas continu*

Il s'agit du cas où on essaye de prédire une variable quantitative. Dans ce cas, on ne peut pas utiliser les indicateurs précédents. Les principaux indicateurs se trouvent dans le tableau ci-dessous.

Algorithme	Classe de Scikit-Learn	Caractéristiques principales
Moyenne des carrés des erreurs (MCE)	`sklearn.metrics.mean_squared_error`	Il s'agit simplement de calculer la différence entre les valeurs réelles et les valeurs prédites. On prend le carré : $MCE = \frac{1}{N}\sum\left(y_i - y_i^{pred}\right)^2$ Plus ce score est faible, meilleure est la qualité du modèle.
Variance expliquée	`sklearn.metrics.explained_variance_score`	C'est la variance expliquée par le modèle : $var_{expl} = 1 - \frac{var(y - y_{pred})}{var(y)}$ Plus ce score est élevé, meilleure est la qualité du modèle.
Médiane des valeurs absolues des erreurs	`sklearn.metrics.median_absolute_error`	Au lieu de prendre la moyenne des carrés, on prend ici la médiane des valeurs absolues. Cet indicateur sera moins sensible à des individus fortement aberrants et sera plus général : $MedCE = médiane(\lvert y_i - y_i^{pred}\rvert)$ Plus ce score est faible, meilleure est la qualité du modèle.
R^2	`sklearn.metrics.r2_score`	Le R^2 est aussi appelé coefficient de détermination. Plus il est proche de 1, plus les variables explicatives expliquent une part élevée de la variabilité de y. Plus ce score est élevé, meilleure est la qualité du modèle.
Racine de la moyenne des carrés des erreurs (RMCE)	`Non disponible dans Scikit-Learn`	Il s'agit de la racine carrée du MCE. Plus ce score est faible, meilleure est la qualité du modèle.

On utilise généralement la racine de la moyenne des carrés des erreurs qui n'est pas calculée directement par Scikit-Learn et qui est plus facile à interpréter.

Si nous reprenons l'exemple sur les données d'Ile-de-France, on aura :

```
In[] : from sklearn.metrics import mean_squared_error
       from sklearn.metrics import r2_score
       from sklearn.metrics import explained_variance_score
       from sklearn.metrics import median_absolute_error

       # le R², à la différence des autres scores, est généralement
       # calculé sur l'échantillon d'apprentissage
       print("R2 :",r2_score(y_train,modele_ridge.predict(x_train)))

       # les autres indicateurs sont basés sur l'échantillon de
       # validation
       print("MCE :",mean_squared_error(y_test,y_predict))
       print("RMCE :",np.sqrt(mean_squared_error(y_test,y_predict)))
       print("MAE :",median_absolute_error(y_test,y_predict))

R2 : 0.37377279095965654
MCE : 15757855.015465101
RMCE : 3969.6164821636235
MAE : 2222.4584741259187
```

On voit que le R^2 est de 0,37, ce qui est assez moyen. L'autre indicateur le plus exploitable est le RMCE qui, en prenant la racine du MCE, devient comparable aux données. Sachant que le salaire médian moyen est de 24 944 euros, la moyenne des erreurs est de l'ordre de 4 000 euros, ce qui est raisonnable.

Finalement, on peut aussi faire de la validation croisée. Le code sera équivalent au cas de classification en se basant sur un autre indicateur.

6.4.4 L'ajustement des hyperparamètres d'un modèle

L'une des tâches du data scientist est de trouver le meilleur modèle possible. La plupart des modèles de machine learning ont des hyperparamètres. Il s'agit de paramètres du modèle qui sont définis en amont de l'ajustement.

Dans Scikit-Learn, on définit ces paramètres lors de la définition de l'objet : `RandomForrestClassifier(n_estimator = 100)`. `n_estimators` est un hyperparamètre défini par le data scientist.

La définition des hyperparamètres dépend de beaucoup de facteurs, notamment de la connaissance des données, du contexte et de l'expérience du data scientist. Mais il existe des outils permettant d'ajuster ces hyperparamètres de manière quasi-automatique. La méthode la plus classique se nomme ***grid search***. Cette approche est simple :

✓ On choisit un modèle

✓ On définit les valeurs des hyperparamètres que l'on souhaite tester
✓ On choisit un critère d'évaluation de la qualité du modèle
✓ On définit la méthode de validation
✓ On teste toutes les combinaisons

La figure 6.7 résume la dernière partie du traitement. Dans chaque case, on estime les paramètres du modèle en utilisant de la validation croisée pour les valider.

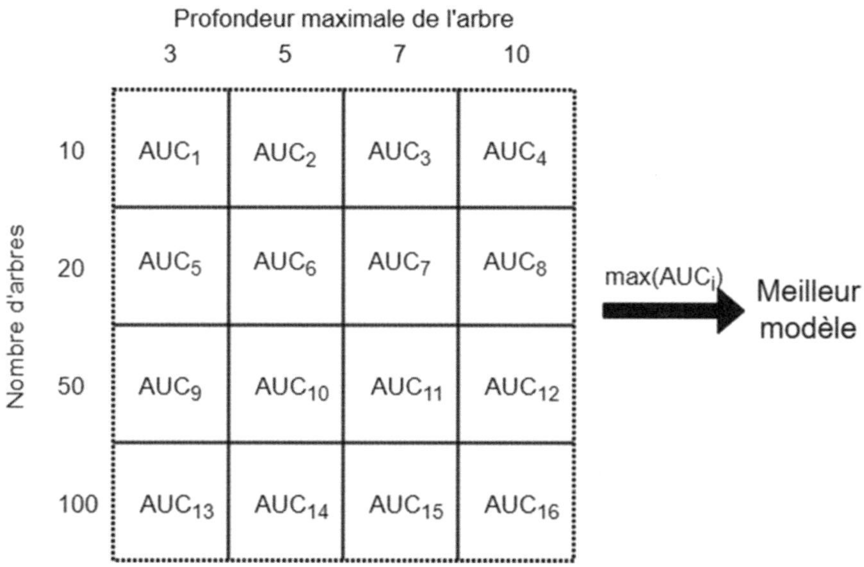

Figure 6.7 – Le recherche dans une grille.

Scikit-Learn propose une classe `GridSearchCV` permettant d'implémenter cette recherche d'hyperparamètres :

```
from sklearn.model_selection import GridSearchCV
```

On va donc devoir définir les hyperparamètres que l'on souhaite tester. Pour cela, on utilisera un dictionnaire d'hyperparamètres, par exemple :

```
dico_param= {"max_depth":[3,5,7,10], "n_estimators"=[10,20,50,100]}
```

On va encore utiliser l'accuracy pour valider notre modèle. Finalement, nous allons utiliser une validation croisée à cinq groupes pour valider les résultats.

Le nouvel objet est le suivant :

```
recherche_hyper = GridSearchCV(RandomForrestClassifier(), dico_param,
metrics="accuracy",cv=5)
```

Une fois qu'on a créé cet objet, on peut lui joindre les données afin d'estimer les meilleurs paramètres du modèle.

Cette étape peut être très longue. Pour chaque combinaison d'hyperparamètres, notre modèle sera estimé cinq fois par validation croisée. On aura donc $5 \times 16 = 80$ modèles à estimer.

Comme évoqué plus haut, on ne fera cette étape que sur les données d'apprentissage. Il faut toujours conserver un jeu de données de validation afin de valider le modèle avec les hyperparamètres choisis.

```
recherche_hyper.fit(x_train, y_train)
```

L'objet obtenu est équivalent au meilleur modèle testé. On peut utiliser :

```
recherche_hyper.predict(x_test)
```

Si nous revenons à notre exemple de données des télécommunications avec nos deux estimateurs par forêt aléatoire et par plus proches voisins. Nous allons faire varier les hyperparamètres de ces deux modèles pour trouver la meilleure combinaison en termes d'aire sous la courbe ROC :

```
In[] : from sklearn.model_selection import GridSearchCV

       # construction des dictionnaires d'hyperparamètres
       dico_param_rf={"n_estimators":[10,100,1000],
                                                   "max_depth":[5,7,9]}
       dico_param_knn={"n_neighbors":[2,5,10,50],
                                          "weights":['uniform','distance']}

       modele_grid_rf=GridSearchCV(modele_rf,dico_param_rf,
                                              scoring="roc_auc",cv=5)
       modele_grid_knn=GridSearchCV(modele_knn, dico_param_knn,
                                              scoring="roc_auc",cv=5)

       # estimation des paramètres et des meilleurs modèles
       modele_grid_rf.fit(x_train,y_train)

Out[] : GridSearchCV(cv=5, error_score='raise',
           estimator=RandomForestClassifier(bootstrap=True,
           class_weight=None, criterion='gini',
           max_depth=None, max_features='auto', max_leaf_nodes=None,
           min_impurity_decrease=0.0, min_impurity_split=None,
           min_samples_leaf=1, min_samples_split=2,
           min_weight_fraction_leaf=0.0, n_estimators=10, n_jobs=1,
           oob_score=False, random_state=None, verbose=0,
           warm_start=False),
       fit_params=None, iid=True, n_jobs=1,
       param_grid={'n_estimators': [10, 100, 1000], 'max_depth': [5, 7,
                                                                  9]},
       pre_dispatch='2*n_jobs', refit=True, return_train_score='warn',
       scoring='roc_auc', verbose=0)

In[] : modele_grid_knn.fit(x_train,y_train)
```

```
Out[] : GridSearchCV(cv=5, error_score='raise',
            estimator=KNeighborsClassifier(algorithm='auto', leaf_size=30,
            metric='minkowski',
            metric_params=None, n_jobs=1, n_neighbors=5, p=2,
            weights='uniform'),
        fit_params=None, iid=True, n_jobs=1,
        param_grid={'n_neighbors': [2, 5, 10, 50], 'weights':
                                                ['uniform','distance']},
        pre_dispatch='2*n_jobs', refit=True, return_train_score='warn',
        scoring='roc_auc', verbose=0)

In[] : # affichage des AUC pour la combinaison obtenant
       # les meilleurs résultats
       print("Meilleurs paramètres RF:", modele_grid_rf.best_params_)
       print("AUC - RF:", modele_grid_rf.best_score_)

       print("Meilleurs paramètres kNN:", modele_grid_knn.best_
                                                         params_)
       print("AUC - kNN:", modele_grid_knn.best_score_)

Meilleurs paramètres RF : {'max_depth': 9, 'n_estimators': 1000}
AUC - RF: 0.9141122895773339
Meilleurs paramètres kNN: {'n_neighbors': 50, 'weights': 'uniform'}
AUC - kNN: 0.7294760823590599
```

On voit que, malgré ce travail, les forêts aléatoires sont toujours plus efficaces que les plus proches voisins.

Si le nombre d'hyperparamètres devient trop grand, on utilise alors une recherche aléatoire parmi les combinaisons avec la classe `RandomSearchCV`.

6.4.5 La construction d'un pipeline de traitement

◆ *Le principe*

Bien souvent vous allez être amené à enchaîner des traitements sur des données. On peut bien sûr développer son code de manière à suivre les étapes une à une mais il est souvent plus intéressant de créer des suites de traitements automatisés avec Scikit-Learn. Ces suites de traitements sont appelées ***pipeline***. Ils simplifieront votre code et permettront de passer en production simplement.

Ainsi, on va pouvoir faire une analyse en composantes principales suivies d'un algorithme de plus proches voisins directement dans un pipeline :

```
In[] : from sklearn.pipeline import Pipeline
       from sklearn.decomposition import PCA
```

```
        acp=PCA(n_components=8)
        knn=KNeighborsClassifier()

        pipe=Pipeline(steps=[("acp",acp),("knn",knn)])
        pipe.fit(x_train, y_train)

Out[] : Pipeline(memory=None,
                 steps=[('acp', PCA(copy=True, iterated_power='auto',
                 n_components=8, random_state=None,
                 svd_solver='auto', tol=0.0, whiten=False)),
                 ('knn', KNeighborsClassifier(algorithm='auto', leaf_ size=30,
                 metric='minkowski', metric_params = None, n_jobs = 1,
                 n_neighbors=5, p=2, weights='uniform'))])

In[] : roc_auc_score(y_test,pipe.predict_proba(x_test)[:,1])
Out[] : 0.6678201250252067
```

On a ainsi enchaîné deux traitements. Si on cherche des sorties liées à chacune des étapes, on pourra le faire simplement. Par exemple, si l'objectif est d'extraire la part de variances expliquées par les composantes de l'analyse en composantes principales, on fera :

```
In[] : pipe.named_steps["acp"].explained_variance_ratio_
Out[] : array([0.32236243, 0.27425559, 0.26087539, 0.04102916, 0.04073781,
               0.03933535, 0.01950316, 0.00085618])
```

On a donc défini des étapes dans notre pipeline et on leur a donné un nom. À partir de là, on peut récupérer simplement les informations sur ces étapes.

◆ *Trouver la meilleure combinaison d'hyperparamètres dans un pipeline*

Essayons de trouver la meilleure combinaison d'hyperparamètres dans un pipeline.

Dans le cadre de cet exemple, nous utiliserons les SVM (support vector machines, également appelés *séparateurs à vaste marge* ou *machines à vecteurs de support*). Ce sont des méthodes assez complexes dans leur principe mais simples dans leur mise en œuvre.

Le principe des SVM est le suivant : on a des variables explicatives X et une variable cible binaire. On va essayer de séparer les deux classes en utilisant un séparateur linéaire mais celui-ci aura deux spécificités :

- ✓ Il va maximiser la marge de ce séparateur (l'algorithme crée une marge linéaire séparant les deux classes, de sorte que les individus soient les plus loin possibles de la marge).
- ✓ La séparation se fera dans un espace différent de l'espace des données. On va utiliser ce qu'on appelle un noyau pour projeter les individus dans un espace de grande

dimension, les séparer dans cet espace et revenir dans l'espace des données. Cette astuce du noyau est la principale force des méthodes du type SVM.

La méthode des SVM a une autre spécificité. La recherche de marge est souvent trop restrictive, nous devrons donc accepter d'avoir quelques individus mal classés par notre système ce qui permettra d'éviter un sur-apprentissage.

Les hyperparamètres d'un modèle de SVM sont assez nombreux. Les plus importants étant le noyau choisi (linéaire, polynomial, sigmoïd, RBF...), les paramètres de ces noyaux (le degré pour le cas polynomiale, gamma...) et le C pour la marge floue.

Dans notre exemple, on utilisera la fonction `make_pipeline` qui est équivalente à la classe précédente avec quelques simplifications :

```
In[] : from sklearn.pipeline import make_pipeline
       from sklearn.svm import SVC
       from sklearn.decomposition import PCA
       from sklearn.model_selection import GridSearchCV

       # construction du pipeline basé sur deux approches
       mon_pipe=make_pipeline(PCA(), SVC(probability=True))

       # construction du dictionnaire des paramètres
       # (attention utilisation de __)
       param_grid = dict(pca__n_components=[5, 10, x_train.shape[1]],
                         svc__C= [1, 10, 100, 1000],
                         svc__kernel= ['sigmoid', 'rbf'],
                         svc__gamma= [0.001, 0.0001])

       # on construit l'objet GridSearch et on estime les hyper-paramètres
       # par validation croisée
       grid_search_mon_pipe = GridSearchCV(mon_pipe, param_grid = param_grid,
       scoring = "roc_auc", cv = 4)
       grid_search_mon_pipe.fit(x_train,y_train)

Out[] : GridSearchCV(cv=4, error_score='raise',
              estimator=Pipeline(memory=None,
              steps=[('pca', PCA(copy=True, iterated_power='auto',
                                  n_components=None, random_state = None,
                                  svd_solver='auto', tol=0.0,
                                  whiten=False)),
```

```
                          ('svc', SVC(C=1.0, cache_size=200,
                                     class_weight=None, coef0=0.0,
                                     decision_function_shape ='ovr',
                                     degree=3, gamma='auto',
                                                      kernel='rbf',
                                     max_iter=-1, probability=True,
                                     random_state=None,
                                                  shrinking=True,
                                     tol=0.001, verbose=False))]),
                    fit_params=None, iid=True, n_jobs=1,
                    param_grid={'pca__n_components' : [5, 10, 28],
                                'svc__C': [1, 10, 100, 1000],
                                'svc__kernel': ['sigmoid', 'rbf'],
                                'svc__gamma': [0.001, 0.0001]},
                    pre_dispatch='2*n_jobs', refit=True,
                    return_train_score='warn', scoring='roc_auc',
                                                          verbose=0)

In[] : # la meilleure combinaisons de paramètres est:
       grid_search_mon_pipe.best_params_
Out[] : {'pca__n_components': 10,
         'svc__C': 10,
         'svc__gamma': 0.0001,
         'svc__kernel': 'rbf'}

In[] : # Aire sous la courbe ROC associée est calculés
       roc_auc_score(y_test,grid_search_mon_pipe.predict_proba(x_test) [:,1])
Out[] : 0.759128856624319
```

Les meilleurs hyperparamètres obtenus en utilisant l'aire sous la courbe ROC sont la combinaison C = 10, gamma = 0.0001, un noyau RBF pour les SVM et dix composantes pour notre analyse en composantes principales.

Dans ce code, on définit les hyperparamètres associés à une méthode du pipeline avec un double underscore : __.

L'utilisation des pipelines de Scikit-Learn va devenir rapidement une étape cruciale de vos développements en Python.

6.4.6 Passer en production votre modèle d'apprentissage supervisé

Cette étape est bien souvent oubliée des ouvrages mais elle est très importante pour le data scientist. Il va falloir faire en sorte que le modèle patiemment développé puisse être utilisé pour des applications sur de nouvelles données, en d'autres termes puisse être mis en production.

On peut bien sûr se dire que c'est simple car on a déjà tout sur notre machine mais cette dernière ne va pas tourner indéfiniment alors voici quelques pistes.

◆ *Séparer l'apprentissage et la prédiction*

Cela peut paraître évident mais on ne fait pas de l'apprentissage et du passage en production au même endroit. Comme on a pu le voir, l'apprentissage se fait sur toutes les données disponibles. Il doit être fait dans un environnement qui a à sa disposition les données et une puissance suffisante pour faire fonctionner nos algorithmes de machine learning.

D'un autre côté, l'environnement de prédiction n'a pas besoin d'avoir accès aux données d'apprentissage pour la plupart des algorithmes et la puissance de calcul nécessaire pour prédire à partir d'un modèle est extrêmement faible pour la plupart des approches.

Nous aurons donc deux environnements séparés qui ne communiquent que lorsque le modèle est mis à jour.

◆ *Persistance de modèle avec Scikit-Learn*

Python possède plusieurs outils pour la persistance d'objets, c'est-à-dire pour stocker des objets dans des fichiers. Les objets de Scikit-Learn sont aussi dans cette situation. On utilise un format pickle qui aura l'extension .pkl.

Par exemple, si nous voulons sauvegarder le dernier pipeline de traitement, nous allons utiliser :

```
from sklearn.externals import joblib
joblib.dump(grid_search_mon_pipe, 'modele_grid_pipe.pkl')
```

Une fois ce modèle stocké, on peut très bien le réutiliser dans un autre cadre. Si nous créons un nouveau notebook, nous allons utiliser :

```
from sklearn.externals import joblib
grid_search_mon_pipe = joblib.load('modele_grid_pipe.pkl')
```

On peut ensuite appliquer le modèle avec tous les paramètres qui ont été appris :

```
grid_search_mon_pipe.predict(x_new)
```

L'utilisation d'un fichier Pickle est une technique assez simple et courante de mise en production.

◆ *Les risques liés à la production*

La mise en production demande une réflexion poussée sur les capacités techniques nécessaires à ce passage. Vous devrez alors vous posez beaucoup de questions sur les préparations à appliquer aux nouvelles données. Vous allez devoir déboguer votre code de manière très poussée, intégrer vos codes dans des fonctions ou des classes, mettre en place des systèmes de gestion des erreurs efficaces.

Tous ces risques demandent une prise de conscience du temps nécessaire au déploiement, et doivent aussi prendre en compte les questions de la rentabilité de ce déploiement en production.

6. 5 L'APPRENTISSAGE NON SUPERVISÉ

6.5.1 Le principe

L'apprentissage non supervisé ou *clustering* ne présuppose pas d'avoir une variable cible. On cherche juste des proximités entre individus ou entre variables de manière à construire des groupes homogènes d'individus. La méthode d'apprentissage non supervisé la plus connue reste la méthode des *k-means*, mais il en existe bien d'autres. On pourra citer notamment les cartes auto-organisatrices (cartes de Kohonen), les classifications hiérarchiques, les classes latentes, les méthodes de mélanges gaussiens... Nous n'allons bien entendu pas toutes les détailler ici mais nous allons donner quelques exemples de code en Python pour appliquer ce type d'algorithmes sur des données réelles.

Un autre aspect qui est souvent inclus dans l'apprentissage non supervisé est la réduction de dimension. Il s'agit d'un aspect central de beaucoup de modélisations avec du machine learning. En effet, les données que nous récupérons ont de plus en plus de variables. Or, la plupart des méthodes de machine learning souffrent d'un problème simple, qu'on appelle généralement « *the curse of dimensionality* ». Il s'agit du fait qu'une méthode sera efficace lorsque les variables explicatives sont informatives, mais lorsque le nombre de variables augmente, la qualité prédictive peut être impactée. Pour éviter cela, on utilise des méthodes de réduction de dimensions. La plus connue étant l'*analyse en composantes principales*, mais de nombreuses autres existent, notamment les analyses des correspondances lorsqu'on travaille sur des données qualitatives, les analyses discriminantes, le *multidimensional scaling*, les méthodes de manifold learning tel que Isomap...

6.5.2 Implémentation d'une méthode de clustering avec Python

Dans le cas d'un clustering, les données consiste en un bloc de variables x desquelles on va extraire des groupes d'observations en utilisant un algorithme.

Nous allons appliquer les k-means directement sur les données. Les k-means (k-moyennes) sont donc un algorithme d'apprentissage non supervisé permettant de construire des classes d'observations à partir d'un jeu de données de grande dimension.

Cet algorithme est un algorithme itératif qui va partir de points choisis aléatoirement et qui va calculer des proximités afin d'associer de nouveaux points à la classe. À chaque étape, le centre de chaque classe est modifié, ce qui va impacter les individus sélectionnés dans chaque classe.

◆ *Préparation des données*

Les données que nous utilisons sont des données sur les communes d'Île-de-France et leurs caractéristiques socio-démographiques. Notre objectif est ici de comprendre s'il existe des classes de communes ayant des caractéristiques proches. On obtiendra ainsi une typologie des communes d'Île-de-France et on pourra représenter ces groupes sur une carte.

Nous allons préparer ces données qui sont disponibles sur le site du livre. Une description est disponible au début du chapitre 4.

```
# on récupère le fichier csv
data=pd.read_csv("../data/base-comparateur-de-territoires.csv",
                                                          sep=";")

# on enlève des variables avec trop de données manquantes
data.drop(["PIMP14","TP6014"],axis=1,inplace=True)

# on enlève les observations avec des données manquantes
data.dropna(inplace=True)

# on extrait dans un DataFrame la position géographique des communes
position=pd.DataFrame(data["geo_point_2d"])

# on crée une colonne longitude en prenant la première partie
# de la colonne geo_point_2
position["longitude"]=pd.to_numeric(position["geo_point_2d"].str.split(',')\
                                                       .str.get(0))


# on fait la même chose pour la latitude
position["latitude"]=pd.to_numeric(position["geo_point_2d"].str.split(',')\
                                                       .str.get(1))


# finalement, on sélectionne uniquement les données numériques
# pour faire notre K-means et on enlève trois variables inutiles
x=data.select_dtypes(np.number).drop(["CODGEO","REG","DEP"],axis=1)
```

◆ *Validation du modèle et choix du nombre de classes*

Dans le cas du clustering, il est très difficile de valider le modèle avec des indicateurs statistiques. En effet, on ne peut pas tester la qualité prédictive. Nous allons essayer de faire en sorte d'obtenir des classes les plus homogènes possibles et de minimiser l'inertie. Afin de choisir le nombre de classes, on peut utiliser un graphique. Il représente l'inertie par nombre de classes. On recherche un coude dans la courbe pour décider le nombre à retenir.

```
from sklearn.cluster import KMeans
import matplotlib.pyplot as plt
%matplotlib inline

# on crée une liste dans laquelle on stocke les inerties
inerties=[]
# on fait une boucle de 2 à 9 pour tester toutes ces possibilités
for k in range(2, 10):
    # pour chaque k, on crée un modèle et on l'ajuste
    kmeans=KMeans(n_clusters=k)
    kmeans.fit(x)
    # on stocke l'inertie associée
    inerties.append(kmeans.inertia_)

# on représente le graphique
fig=plt.figure(figsize=(10, 5))
plt.plot(range(2, 10), inerties)
plt.xlabel("Nombre de clusters")
plt.ylabel("Inertie")
plt.title('Inertie vs nombre de classes')
```

L'inertie continue toujours de baisser, mais on peut « voir » un coude autour de 4 classes sur le graphique 6.8.

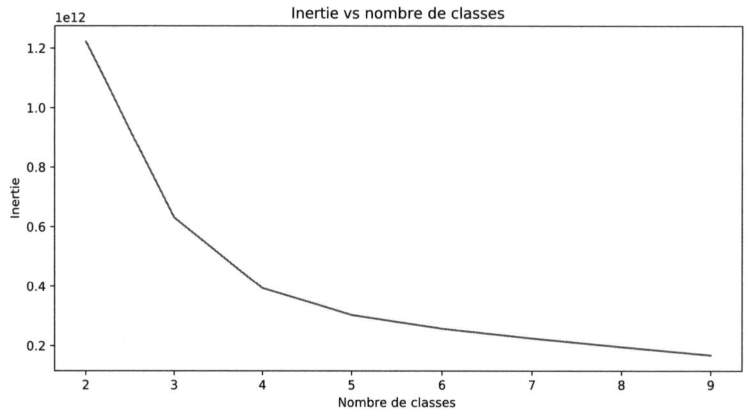

Figure 6.8 – Courbe inertie/nombre de classes.

◆ *Application des k-means*

Pour appliquer les k-means sur nos données, on utilisera :

```
In[] : from sklearn.cluster import KMeans

       modele_km=KMeans(n_clusters=4)
       modele_km.fit(x)
```

```
Out[] : KMeans(algorithm='auto', copy_x=True, init='k-means++', max_iter=300,
    n_clusters=4, n_init=10, n_jobs=1, precompute_distances='auto',
    random_state=None, tol=0.0001, verbose=0)
```

On a donc un modèle de k-means à 4 classes. Les sorties importantes sont les indicateurs de classes pour chaque observation et les centroïdes des classes.

```
In[] : # on stocke les classes d'appartenance dans classes
       classes=modele_km.labels_
       # on crée un DataFrame avec le nombre d'individus par classe
       count=pd.DataFrame(np.unique(classes,return_counts=True)[1],
                          columns=["Nombre d'individus"])
       # on stocke les centres des classes dans un DataFrame
       centre=pd.DataFrame(modele_km.cluster_centers_,columns=x.columns)

       # on affiche le DataFrame avec les deux informations
       pd.set_option('precision',2)
       print(pd.concat([count,pd.DataFrame(centres,columns=x.columns)],
                                                   axis=1).T.head())


       pd.reset_option('precision')

                             0        1        2        3
Nombre d'individus 1062.00 33.00 10.00 172.00
P14_POP 2507.13 74882.36 177206.80 29742.76
P09_POP 2425.18 73448.85 177166.40 28786.04
SUPERF 9.49 8.27 8.21 8.58
NAIS0914 156.18 6125.21 12244.80 2437.08
```

On voit qu'il y a une classe extrêmement majoritaire, composée de petites communes en termes de population.

Si nous désirons visualiser ces résultats, le jeu de données initial est aussi composé de codes géographiques. Nous allons donc transformer ces données et afficher un graphique :

```
# on crée une figure
plt.figure(figsize=(12,7))
# on fait une boucle sur les classes en définissant des marqueurs par classe
markers=["+","s","^","v"]
for val, mark in zip(np.unique(classes),markers):
    plt.scatter(position["latitude"][classes==val],
                position["longitude"][classes==val], marker=mark,
                label="classe% i"%(val))
```

```
plt.title("Représentation des classes sur la région Ile-de-France")
plt.legend()
```

Le graphique obtenu est dans la figure 6.9. On voit que les quatre classes se répartissent très bien sur l'Ile-de-France avec :

✓ Classe 0 : petites communes éloignées de Paris

✓ Classe 1 : grandes communes de la petite ceinture

✓ Classe 2 : arrondissements extérieurs de Paris (12 à 20)

✓ Classe 3 : communes moyennes moins proches de Paris

On pourrait bien entendu ajouter un fond de carte comme nous l'avons fait dans le chapitre 5.

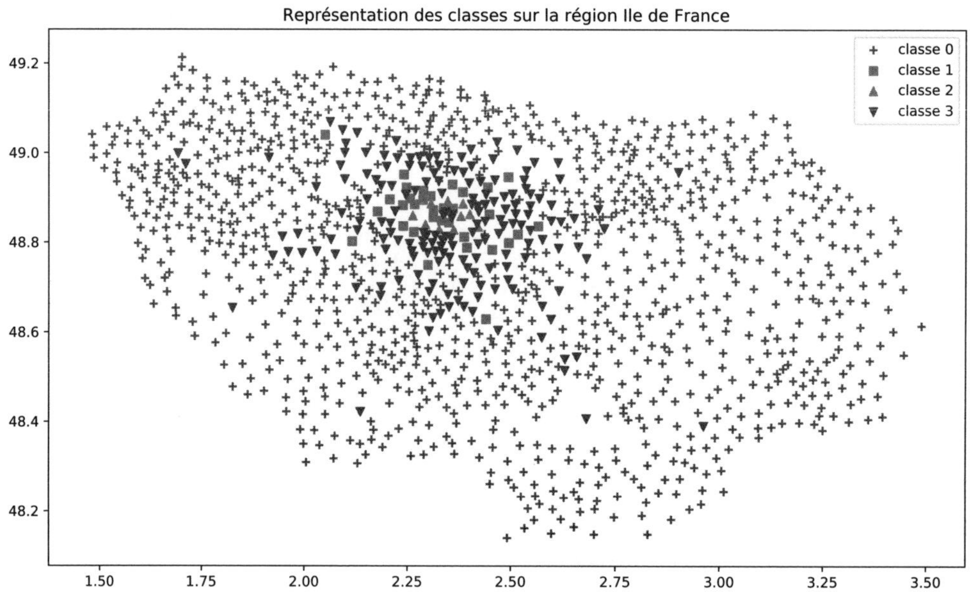

Figure 6.9 – Représentation du résultat des k-means.

Cette méthode des k-means peut s'adapter à beaucoup de cas, notamment le travail sur les images ou la recherche de typologies d'individus.

◆ *Les mélanges gaussiens*

Une méthode moins connue et alternative au k-means se nomme ***mélanges gaussiens***. Son principe est simple : on suppose que les données sur lesquelles nous travaillons sont issues de plusieurs populations suivant des lois gaussiennes multivariées. On va donc essayer d'extraire les populations en utilisant un algorithme EM (*expectation maximisation*). Celui-ci utilise en plus de la moyenne et de la variance (ce qui est le cas des k-means), les structures de covariances. De plus, l'appartenance à une classe devient probabiliste.

Les mélanges gaussiens peuvent être aussi appliqués dans un cadre supervisé mais nous l'utilisons ici en non supervisé :

```
from sklearn.mixture import GaussianMixture

modele_gmm=GaussianMixture(n_components=4)
modele_gmm.fit(x)
```

Nous allons obtenir des classes et des moyennes par classes :

```
In[] : # on stocke les classes d'appartenance dans classes
       classes=modeleGM.predict(x)
       # on crée un DataFrame avec le nombre d'individus par classe
       count=pd.DataFrame(np.unique(classes,return_counts=True)[1],
                                   columns=["Nombre d'individus"])
       # on stocke les centres des classes dans un DataFrame
       centres=pd.DataFrame(modeleGM.means_,columns=x.columns)

       # on affiche le DataFrame avec les deux informations
       pd.set_option('precision',2)
       print(pd.concat([count,pd.DataFrame(centres,columns=x.columns)],
                                              axis=1).T.head())
       pd.reset_option('precision')

                        0         1        2        3
Nombre d'individus 695.00 10.00 422.00 150.00
P14_POP 759.42 177206.80 8184.36 41817.88
P09_POP 739.14 177166.40 7926.74 40642.72
SUPERF 9.75 8.21 9.49 6.93
NAIS0914 41.22 12244.80 554.02 3499.76
```

On voit ici que notre méthode a mieux réparti les individus par classe. On a toujours une répartition qui peut être interprétée :

- ✓ Classe 0 : Petites communes en termes de population
- ✓ Classe 1 : Très grandes communes en termes de population avec une superficie moyenne. Il s'agit ici des arrondissements 11 à 20 de Paris.
- ✓ Classe 2 : Communes de taille moyenne éloignées du centre de Paris.
- ✓ Classe 3 : Communes denses plutôt en petite ceinture.

Le graphique associé se trouve dans la figure 6.10.

Il existe d'autres méthodes de clustering qui pourront être des alternatives intéressantes à ces deux approches, comme par exemple la classification ascendante hiérarchique de SciPy ou les classes latentes. Nous ne les aborderons pas dans cet ouvrage car leur implémentation en Python est similaire à celles présentées jusqu'ici.

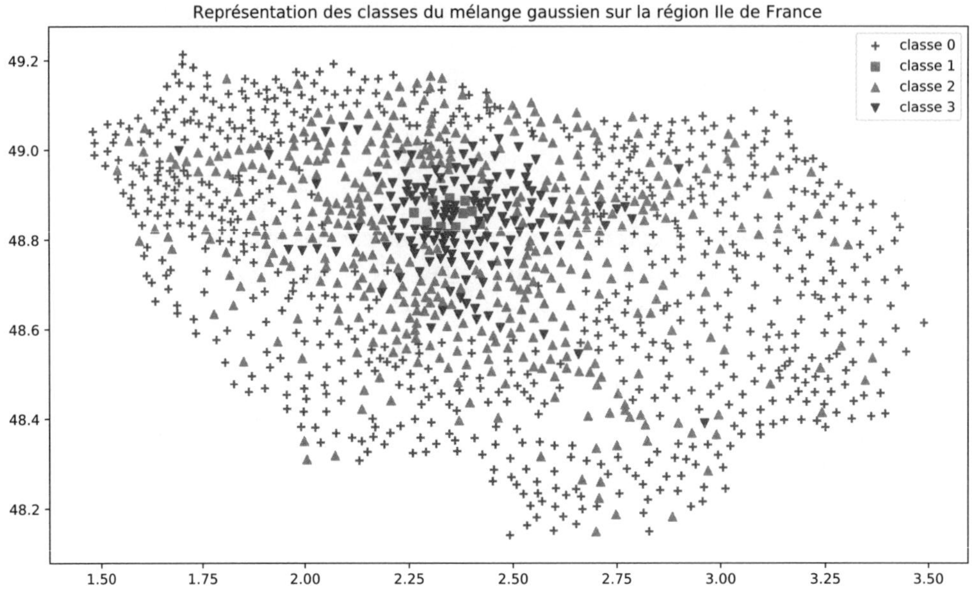

Figure 6.10 – Représentation des classes avec des mélanges gaussiens.

6.6.2 Les méthodes de réduction de dimension

Parmi les algorithmes non supervisés, on inclut souvent des méthodes qui permettent de réduire le nombre de dimensions de vos données. Nous allons présenter l'utilisation de trois d'entre elles : l'analyse en composantes principales et deux méthodes non linéaires.

Les méthodes de réduction de dimensions se divisent en deux familles : les méthodes linéaires et les méthodes non linéaires.

◆ *Méthodes linéaires*

Il s'agit de méthodes d'analyse de données souvent bien connues. On pourra citer :

✓ l'analyse en composantes principales (ACP/PCA)

✓ l'analyse en composantes indépendantes

✓ la décomposition en valeurs singulières

✓ l'analyse factorielle

✓ les analyses multi-tableaux

Et pour des données qualitatives :

✓ l'analyse des correspondances multiples

Scikit-Learn possède de nombreuses approches mais nous allons nous concentrer sur une application de l'analyse en composantes principales.

L'analyse en composantes principales est une méthode d'analyse de données qui permet d'extraire des composantes orthogonales à partir des données. Elle a surtout été utilisée pour faire de l'analyse de données multivariées. Elle permet de comprendre un jeu de données en utilisant quelques composantes qui vont résumer une bonne part de la variabilité des données.

Dans le cadre du machine learning, l'analyse en composantes principales va généralement servir avant tout à réduire le nombre de dimensions dans nos données. Ainsi, on va extraire des composantes obtenues par combinaisons linéaires des variables originales. Ces composantes sont orthogonales, ce qui est très avantageux pour de nombreux traitements.

L'utilisation de cette méthode peut se faire, soit dans une idée de simplification de données, soit s'intégrer dans un traitement plus large, par exemple, pour réduire le nombre de dimensions avant d'appliquer une méthode d'apprentissage supervisé.

Nous développons ici un exemple d'utilisation de Python et de l'ACP sur des données d'images simples.

Nous utilisons une base de données d'images : celle du jeu de données Fashion-MNIST qui rassemble des photographies de vêtements (un vêtement par image). Ces données sont directement disponibles dans le package Keras. Nous allons utiliser l'ACP pour réduire la complexité de ces images. Une description des données est disponible au début du chapitre 4.

```
In[] : %matplotlib inline
       from sklearn.decomposition import PCA
       import numpy as np
       import matplotlib.pyplot as plt
       from keras.datasets import fashion_mnist

       # on récupère les données dans 4 arrays
       (train_img, train_lbl), (test_img, test_lbl)=fashion_mnist.load_data()

       # ce jeu de données d'apprentissage est composé de 600000 images
       # ayant 28 x 28 pixels en noir et blanc
       train_img.shape
Out[] : (60000, 28, 28)

In[] : # l'image 801 a le label 9: chaussure
       train_lbl[800]
Out[] : 9

In[] : plt.imshow(train_img[800])
```

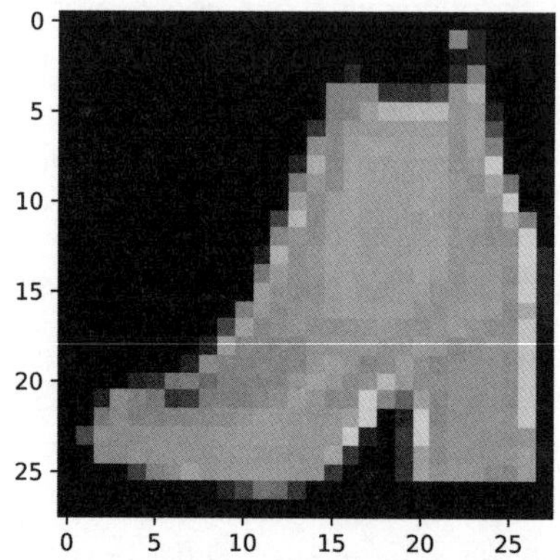

Figure 6.11 – Image associée à l'élément 800.

Nous avons donc récupéré des images de taille 28 par 28 qui sont stockées dans un array avec une image par ligne (la figure 6.11 nous montre l'image indexée 800). L'objectif est de réduire le nombre d'informations nécessaires à l'apprentissage de ces images en vue d'appliquer un modèle prédictif. Nous allons voir comment simplifier ces images en utilisant toutes les données :

```
# on passe les images en deux dimensions
img_acp=train_img.reshape(train_img.shape[0],-1)
# on crée un modèle d'ACP
pca=PCA(n_components=.80)
# on réduit le nombre de dimensions avec l'ACP
donnees_reduites=pca.fit_transform(img_acp)

# Pour capturer 80% de l'information, on utiliser 43 des 784
composantes
# on projette les données réduites dans l'espace d'origine
projection=pca.inverse_transform(donnees_reduites)

# on affiche les résultats
plt.figure(figsize=(8,4))

# image initale
plt.subplot(1, 2, 1)
plt.imshow(img_acp[22000].reshape(28,28))
plt.xlabel('% i composantes'%(img_acp.shape[1]))
plt.title('Image initiale')

# image basée sur l'ACP
plt.subplot(1, 2, 2)
plt.imshow(projection[22000].reshape(28, 28))
plt.xlabel('%i composantes' %(donnees_reduites.shape[1]))
plt.title('%s de variance expliquée'%(str(pca.n_components*100)+"%"))
```

Le fichier obtenu est affiché dans la figure 6.12. On voit que la différence n'est pas marquante et qu'on reconnaît toujours le vêtement.

Nous constatons dans le code que le nombre de composantes `n_components` a été défini en lui allouant la valeur de 0.8. Ce paramètre peut prendre plusieurs types de valeurs. Si le chiffre est situé entre 0 et 1, il prendra le nombre de composantes nécessaires pour avoir ce pourcentage de variance expliqué par notre modèle. Si le chiffre est un entier plus grand que 1, alors ça sera le nombre de composantes conservées.

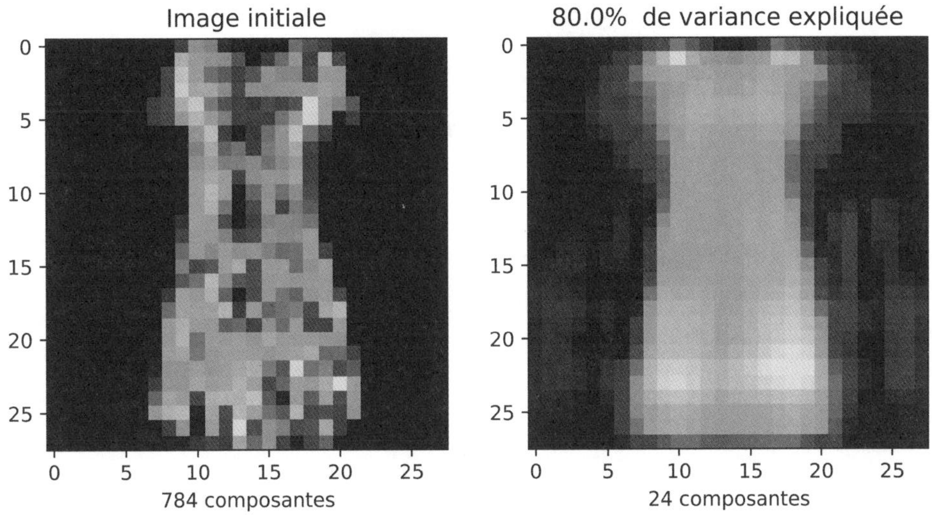

Figure 6.12 – Résultat de l'ACP sur les données Fashion-MNIST.

Une fois cette étape effectuée et à condition d'avoir, pour chaque image, des données avec le chiffre associé, nous pouvons mettre en place un algorithme supervisé.

◆ *Méthodes non linéaires*

Dans le cas de l'ACP, nous réduisons l'espace des données vers un espace de dimension plus petit avec une transformation linéaire. Parfois cela ne suffit pas ou n'est pas adapté aux données. Par exemple, si vos données sont distribuées selon une forme géométrique multivariée, il faudra une transformation non linéaire pour extraire le plus d'informations possible.

La figure 6.13 illustre cette possibilité. Dans ce cas, les méthodes non linéaires peuvent être intéressantes. Une famille de méthodes de ce type se nomme manifold learning. Bien évidemment, l'ensemble de ces approches s'applique à des données de plus grande dimension et c'est, dans ce cas-là, que ces approches seront plus efficaces.

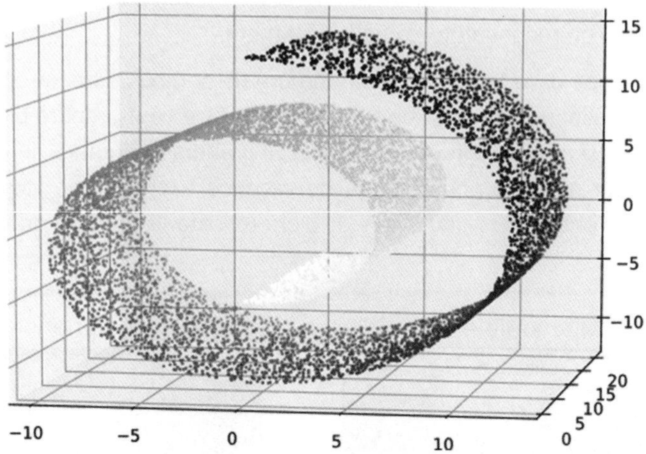

Figure 6.13 – Cas mal géré par l'ACP.

Nous allons utiliser les algorithmes Isomap et t-SNE qui sont deux approches du manifold learning :

```
import matplotlib.pyplot as plt
from sklearn.decomposition import PCA
from sklearn.manifold import Isomap
from sklearn.manifold import TSNE

# génération des données
n_points = 1000
X, color = datasets.samples_generator.make_swiss_roll(n_points)
n_neighbors = 10
n_components = 2

fig = plt.figure(figsize=(15, 8))

# projection vers un espace à deux dimensions
x_acp = PCA(n_components).fit_transform(X)
x_iso = Isomap(n_neighbors, n_components).fit_transform(X)
x_tsne = TSNE(n_components).fit_transform(X)

ax = fig.add_subplot(131)
plt.title("ACP")
plt.scatter(x_acp[:, 0], x_acp[:, 1], c=color, s=8)
ax = fig.add_subplot(132)
plt.title("IsoMap")
plt.scatter(x_iso[:, 0], x_iso[:, 1], c=color, s=8)
ax = fig.add_subplot(133)
plt.title("tSNE")
plt.scatter(x_tsne[:, 0], x_tsne[:, 1], c=color, s=8)
```

Les graphiques de la figure 6.14 permettent de visualiser les résultats d'une réduction à deux dimensions en fonction des algorithmes. Le résultat obtenu par l'ACP ne va pas permettre de trouver ensuite des séparations simples dans les données. IsoMap réussit à garder la distance entre les points tels qu'ils étaient sur la spirale.

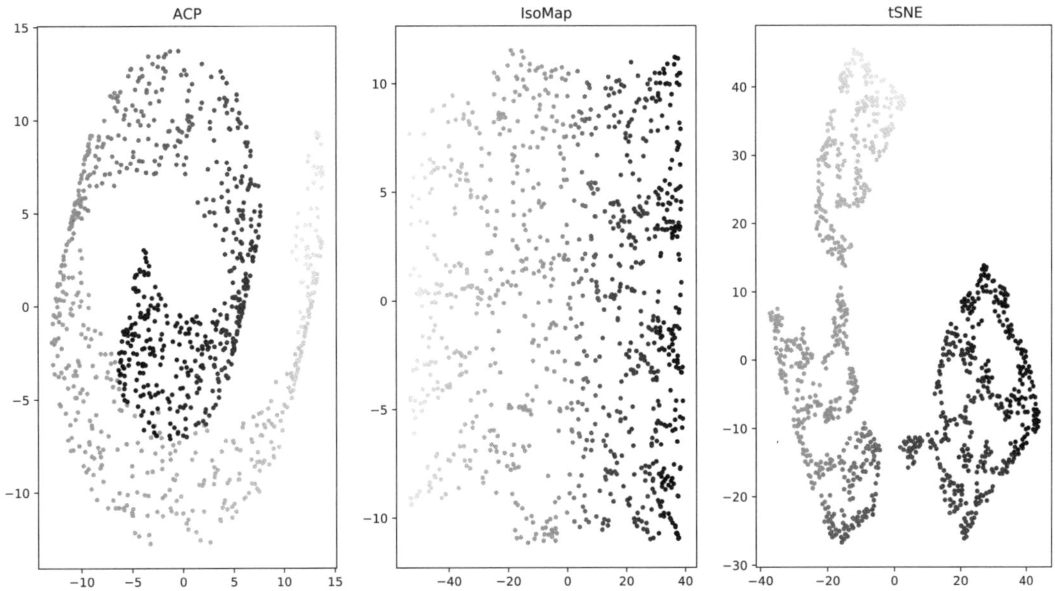

Figure 6.14 – Comparaison de la réduction de dimension avec différentes approches.

Pour aller plus loin sur ce type d'approches, des ouvrages et références sont disponibles dans la bibliographie de l'ouvrage.

6. 6 L'ANALYSE TEXTUELLE AVEC PYTHON

6.6.1 Les données textuelles en Python

◆ *Le contexte*

Le traitement des données textuelles et de la sémantique sont en expansion permanente. Les données textuelles sont la première source de données non structurées que nous pouvons traiter. Python possède tous les outils pour transformer des données brutes en données prêtes à être traitées par des algorithmes de machine learning. Elles sont fréquemment utilisées notamment pour l'analyse de sentiments, la fouille de textes, le *text mining*...

Nous allons détailler les différentes étapes pour préparer des données textuelles afin de les intégrer dans des algorithmes de machine learning. Il va vous falloir de nouveaux outils.

◆ *Les outils*

Les données textuelles sont basées en Python sur la notion de chaîne de caractères (string). La classe str est utilisée pour les définir. Nous avons vu dans le chapitre 2 de nombreux outils pour traiter des chaînes de caractères. Pour aller plus loin nous allons principalement utiliser :

- ✓ String est une librairie interne à Python qui permet des actions plus poussées sur les chaînes de caractère que celles qui sont disponibles dans la classe str.
- ✓ NLTK (Natural Language Toolkit) est le package de traitement du langage de référence avec des fonctions et des bases de données associées.
- ✓ Nous utiliserons aussi Scikit-Learn qui possède des outils de transformation de données textuelles extrêmement efficaces.

Nous commencerons donc par installer NLTK. Pour cela, entrez dans votre invite de commande :

```
conda install nltk
```

Lorsque vous installez NLTK, vous n'installez que quelques fonctions et classes de NLTK, aucune base de données.

Dans votre notebook, vous allez importer NLTK et gérer les modules de NLTK en utilisant la commande suivante :

```
import nltk
nltk.download()
```

La fenêtre de la figure 6.15 s'ouvre. Vous pouvez télécharger tous les packages, ceci ne demande pas beaucoup de mémoire. Il faut néanmoins être connecté à Internet et avoir une connexion permettant de récupérer quelques centaines de méga-octets de données.

Tous ces packages comprennent des collections, des corpus et des modèles qui pourront vous servir dans votre approfondissement de NLTK.

Vous trouverez de nombreuses informations ici : https://www.nltk.org/

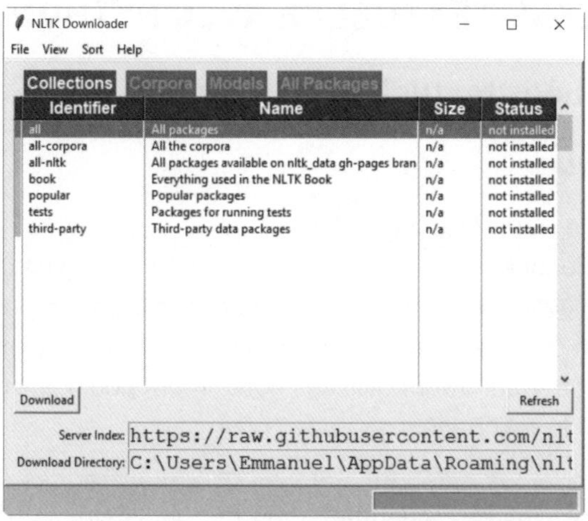

Figure 6.15 – Boîte de dialogue de NLTK.

6.6.2 Le prétraitement des données

La première étape est de transformer les données brutes en données structurées, nous allons avoir de nombreuses approches mais il faut dans un premier temps simplifier les chaînes de caractères en leur appliquant des transformations adaptées aux besoins.

Dans le cadre de cet exemple, nous allons extraire les thèmes clés d'une page web. Nous travaillons sur la page Wikipédia en français dédiée au langage Python.

◆ *1re étape : tokeniser*

Il est souvent utile d'extraire des mots ou des phrases d'un texte, cette action est appelée « *tokeniser les données* ».

Tous les outils de NLTK sont disponibles en anglais mais un certain nombre sont aussi disponibles en français.

Le code suivant va utiliser le package Beautiful-Soup dont nous avons déjà parlé lors de l'importation de données dans le chapitre 4. Nous allons récupérer les données d'une page web directement dans une seule chaîne de caractères :

```
In[] : from bs4 import BeautifulSoup
       import urllib.request

       # on récupère dans reponse les données de la page
       reponse = urllib.request.urlopen(
                      'https://fr.wikipedia.org/wiki/Python_(langage)')

       # on extrait le texte en html
       html = reponse.read()

       # on crée un objet de la classe BeautifulSoup pour
       # traiter le code html
       soup = BeautifulSoup(html,"html5lib")

       # on récupère tout le code à partir d'une balise à partir de
       # laquelle on s'intéresse aux données
       tag = soup.find('div', {'class' : 'mw-parser-output'})

       # on extrait le text du code
      text=tag.text
      print(type(text),len(text), sep=",")

<class 'str'>,55219
```

Nous venons ainsi de récupérer une chaîne de caractères composée de 55219 caractères.

Notre objectif est maintenant d'extraire les mots de cette chaîne. Nous pouvons utiliser :

```
In[] : tokens=nltk.word_tokenize(text.lower(),language="french")
       print(type(tokens),len(tokens))

<class 'list'> 8397
```

On obtient donc une liste de 8 397 tokens qui sont des groupes de caractères en minuscules. Si on regarde ces termes en utilisant la classe `FreqDist` qui nous permet d'étudier les fréquences, on a :

```
In[] : freq = nltk.FreqDist(tokens)
       freq.most_common(10)
Out[] :
[('de', 354),
 ('python', 185),
 ('la', 155),
 ('le', 150),
 ('des', 146),
 ('et', 139),
 ('les', 129),
 ('en', 105),
 ('à', 95),
 ('pour', 94)]
```

On voit bien que la plupart des mots sont inintéressants.

◆ 2e étape : Nettoyage des mots peu importants

Débarrassons-nous de ce qu'on appelle les *stopwords*. Il s'agit de mots courants qui n'ont pas d'influence sur le sens du texte.

NLTK possède une liste de *stopwords* en français. Nous allons de plus ajouter des termes spécifiques et enlever la ponctuation résiduelle en utilisant le module string de Python :

```
%matplotlib inline
from nltk.corpus import stopwords
import string

# création d'une liste de mots, combinée à des mots personnalisés
# et à la liste de ponctuation
sr = stopwords.words('french')+['les','a','il','↑','«','»','·','``']\
                              +list(string.punctuation)
```

```
# on crée tokens_propres qui consiste en tokens duquel on a retiré les tokens
# indésirables
tokens_propres = [i for i in tokens if i not in sr]

# on crée un objet pour calculer les fréquences et on affiche le
graphique
freq = nltk.FreqDist(tokens_propres)
freq.plot(20, title="Fréquence des mots dans la page")
```

On obtient un graphique de distribution des mots dans la figure 6.16. On voit que dans cette page sur le langage Python, on retrouve de nombreux mots clés de cet ouvrage.

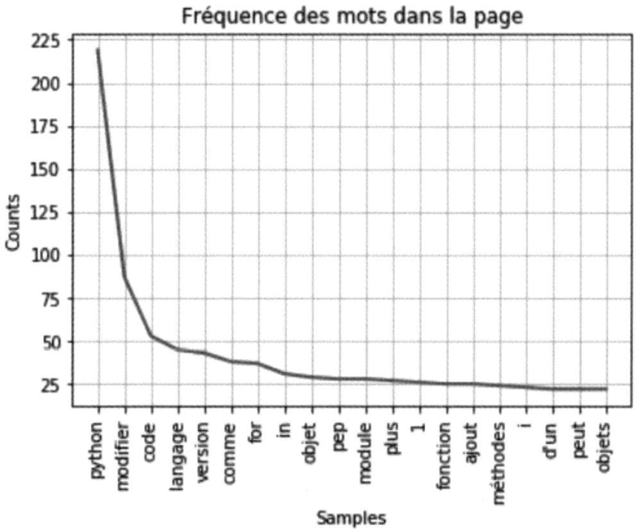

Figure 6.16 – Fréquence des mots dans une page Web après nettoyage.

On peut aussi utiliser d'autres outils de NLTK tel que ***sent_tokenize*** qui va extraire des phrases. On peut récupérer des synonymes, par exemple, en utilisant le package de NLTK nommé WordNet qui possède aussi des synonymes en français.

Vous trouverez sur le site associé à cet ouvrage des exemples plus poussés de transformations de tokens.

Jusqu'ici nous avons fait en sorte de transformer des données textuelles non structurées afin d'éliminer des informations peu importantes et de les structurer. Ce que nous voulons faire maintenant, c'est traiter ce type de données avec du machine learning.

6.6.3 La mise en place d'un premier modèle prédictif

Nous allons donc partir d'un exemple pratique simple, il s'agit de construire un filtre anti SMS indésirables (spam) pour notre téléphone portable.

L'identification des messages non désirables se base sur des techniques d'apprentissage combinées à un prétraitement des données.

Nous commençons par récupérer des données (disponibles sur le site associé à l'ouvrage). Ces données sont décrites plus en détails au début du chapitre 4 :

```
In[] : import pandas as pd

       # recuperation des données
       data_sms=pd.read_table("../data/SMSSpamCollection",
                                                  names=["label", "message"])
       # statistique des labels
       data_sms["label"].value_counts()
Out[] :
ham 4825
spam 747
Name: label, dtype: int64
```

À partir de là, nous avons des données non structurées, une colonne de label (ham ou spam) et une colonne avec des messages textes.

Nous pouvons utiliser différentes approches mais nous en choisirons deux pour transformer nos messages en matrice de données :

- ✓ La méthode CountVectorizer transforme un ensemble de documents en une matrice de comptage pour chacun des mots utilisés dans les textes. Cet algorithme va donc créer une matrice avec une ligne par document et une colonne par mot. Cette matrice sera très creuse (sparse) remplie de valeurs entières et surtout de 0. Python et NumPy font en sorte de stocker ce type de matrices dans un format adapté de manière à minimiser la taille de stockage et le temps d'accès aux données.
- ✓ La transformation TF/IDF part des comptages de mots par message et obtient un indicateur d'importance du mot. Il utilise le fait qu'un mot extrêmement fréquemment utilisé dans le corpus complet sera moins discriminant qu'un mot plus rare.

Scikit-Learn propose des classes pour ces deux approches mais comme on les combine généralement, on préfère utiliser la classe `TfidfVectorizer` :

```
from sklearn.preprocessing import LabelEncoder

# on commence par transformer notre variable à prédire en variable binaire
encode_y=LabelEncoder()
y=encode_y.fit_transform(data_sms["label"])

# on sépare en apprentissage/validation
```

```
from sklearn.model_selection import train_test_split
x_train,x_test,y_train,y_test = train_test_split(data_sms[«message»],
                                                  y,test_size=0.2)


# on transforme en matrice creuse d'occurrence des mots (on transforme x_train
# et on applique à x_test la transformation)
from sklearn.feature_extraction.text import TfidfVectorizer
trans_vect=TfidfVectorizer()

x_train_trans=trans_vect.fit_transform(x_train)
x_test_trans=trans_vect.transform(x_test)
```

Une fois la transformation effectuée, nous pouvons appliquer un modèle prédictif sur les données obtenues afin d'apprendre les paramètres du modèle. On essayera le classifieur bayésien naïf et les support vector machines :

```
In[] : from sklearn.naive_bayes import MultinomialNB
       from sklearn.svm import SVC

       # on définit deux modèles
       modele_bayes=MultinomialNB()
       modele_svm=SVC()

In[] : modele_bayes.fit(x_train_trans, y_train)
Out[] : MultinomialNB(alpha=1.0, class_prior=None, fit_prior=True)

In[] : modele_svm.fit(x_train_trans, y_train)
Out[] : SVC(C=10, cache_size=200, class_weight=None, coef0=0.0,
             decision_function_shape='ovr', degree=3, gamma=0.001,
             kernel='rbf', max_iter=-1, probability=False, random_
                                                      state=None,
             shrinking=True, tol=0.001, verbose=False)

In[] : # on vérifie la qualité du modèle sur les données de validation
       from sklearn.metrics import roc_auc_score, accuracy_score
       print("Accuracy pour naive Bayes:",
            accuracy_score(y_test, modele_bayes.predict(x_test_trans)))
       print("AUC pour naive Bayes:",
             roc_auc_score(y_test, modele_bayes.predict(x_test_trans)))

Accuracy pour naive Bayes : 0.9650224215246637
AUC pour naive Bayes : 0.8691275167785235
```

```
In[] : print("Accuracy pour SVC :",
             accuracy_score(y_test, modele_svm.predict(x_test_trans)))
       print("AUC pour SVC :",
              roc_auc_score(y_test, modele_svm.predict(x_test_trans)))

Accuracy pour SVC : 0.8663677130044843
AUC pour SVC : 0.5
```

On voit bien ici que le modèle SVM n'est pas adapté dans sa forme par défaut alors que le modèle bayésien est bien meilleur malgré sa simplicité.

Si nous voulons automatiser ce traitement en production, il nous suffit de construire un pipeline de traitement et de le sauvegarder afin d'appliquer des traitements à un nouveau SMS :

```
In[] : from sklearn.pipeline import make_pipeline
       import numpy as np

       # on construit un pipeline de traitement
       pipe_text=make_pipeline(TfidfVectorizer(),MultinomialNB())

       # on l'ajuste à toutes les données
       # sachant qu'on a déjà validé le modèle
       pipe_text.fit(data_sms["message"],y)

Out[] : Pipeline(memory=None,
                  steps=[('tfidfvectorizer', TfidfVectorizer(analyzer= 'word',
                  binary=False, decode_error='strict',
                  input='content', lowercase=True, max_df=1.0,
                  max_features=None, min_df=1, ngram_range=(1,1),
                  norm='l2', preprocessor=None, smooth_i...
                  vocabulary=None)),
                ('multinomialnb', MultinomialNB(alpha=1.0,
                  class_prior=None, fit_prior=True))])

In[] : # on crée une fonction de filtre qui affiche un message
       def message_filter(message):
           arr_mess=np.array([message])
           result=encode_y.inverse_transform(pipe_text.predict(arr_mess))[0]
           print("The message you received is a :", result)

In[] : # on appelle la fonction message_filter avec un nouveau message
       message_filter("URGENT, You are a Winner")
```

```
The message you received is a : spam

In[] : message_filter("Hello, how are u?")

The message you received is a : ham
```

On a donc créé une fonction qui permet de prédire si n'importe quel message est un SMS indésirable. Il ne reste plus qu'à sauvegarder le modèle dans un fichier pickle pour une intégration dans un produit, qui peut être une extension de votre application de messages.

6.6.4 Aller plus loin

Il existe un grand nombre de méthodes alternatives pour les traitements des données textuelles. Des ouvrages entiers existent sur le sujet. L'utilisation de ces données, combinée avec du machine learning, est un réel atout.

Nous avons jusqu'ici utilisé ce qu'on appelle des *bag of words*[2]. Pour aller plus loin, on peut analyser des groupes de mots, on appelle cela des *n-grams*. NLTK permet d'analyser ce type de structures. Par exemple, on cherche à détecter les associations de deux mots les plus récurrentes dans un corpus (bi-grams) :

```
In[] : from nltk.util import ngrams

       # transformer en bi-grams
       finder = nltk.BigramCollocationFinder.from_words(tokens)
       # ne pas utiliser les bi-grams avec une fréquence plus petite que 2
       finder.apply_freq_filter(2)
       # suppression des stopwords
       finder.apply_word_filter(
             lambda tok: tok in nltk.corpus.stopwords.words('french'))

       # obtention des 10 résultats avec le score de Jaccard le plus élevé
       finder.nbest(nltk.collocations.BigramAssocMeasures().jaccard,
                                                                  10)
Out[] :
[('andrew', 'm.'),
 ('duck', 'typing'),
 ('expression', 'conditionnelle'),
 ('liens', 'externes'),
 ('m.', 'kuchling'),
 ('mark', 'lutz'),
```

2. Il s'agit de traiter un texte comme un ensemble de mots dans lequel on pourra étudier les fréquences des mots mais pas la grammaire et la position des mots les uns par rapport aux autres.

```
('shed', 'skin'),
('unladen', 'swallow'),
('van', 'rossum'),
('software', 'foundation')]
```

On a obtenu les bi-grams les plus importants de notre page web. On peut retravailler ces bi-grams afin de les intégrer dans des algorithmes complexes comme Word2Vec ou des algorithmes de deep learning.

6.7 LE DEEP LEARNING AVEC KERAS

6.7.1 Pourquoi le deep learning ?

Le deep learning est aujourd'hui un sous-domaine du machine learning extrêmement efficace pour traiter des données non structurées. L'histoire du deep learning est liée à celle du machine learning. Le deep learning est issu des recherches sur les réseaux de neurones depuis le milieu du xxe siècle. Le réseau de neurones et son évolution sous forme de perceptron multicouches a pendant longtemps été une méthode de machine learning efficace mais peu utilisée pour deux raisons :

- ✓ Son aspect boîte noire qui empêche d'expliquer les décisions de l'algorithme.
- ✓ Son aspect calculatoire qui nécessite à la fois des gros jeux de données d'apprentissage et des puissances de calcul importantes.

Grâce à des puissances de calculs sans cesse augmentées et des données grossissant exponentiellement, ces approches sont aujourd'hui en plein essor.

L'engouement pour Python en data science vient aussi de l'émergence du deep learning en tant que méthodes prédictives. En effet, les environnements de développement de modèles de deep learning ont trouvé en Python un allié de taille pour leurs API. Le langage Python n'est bien sûr pas un langage adapté au développement d'algorithmes de deep learning mais il propose une API simple et adaptée au data scientist pour automatiser des traitements de deep learning.

De plus en plus d'outils sont disponibles pour l'utilisation du deep learning avec Python mais il en existe un qui offre une qualité et une fréquence de mise à jour satisfaisante. Il s'agit de TensorFlow. Par ailleurs, nous nous intéressons à Keras qui est une surcouche en Python qui simplifie grandement la création de modèles plus ou moins complexes.

6.7.2 Installer votre environnement

Comme nous avons pu le voir au début de ce chapitre, les environnements de deep learning sont très variés. Ils s'adaptent aux nouvelles nécessités de rapidité et de volume en utilisant la puissance des cartes graphiques (GPU). L'ensemble des environnements sont créés pour faire leurs calculs sur du CPU et du GPU. Dans le cadre de cet ouvrage, nous n'irons pas dans le détail de la mise en place d'un environnement utilisant du GPU multiple (généralement des cartes graphiques NVIDIA). La documentation des outils vous aidera à adapter votre installation dans ce cas. En revanche, si vous avez du GPU classique sur votre machine, l'environnement s'adaptera directement (si vous travaillez avec TensorFlow comme nous allons le faire).

Nous allons utiliser deux outils : TensorFlow et Keras. Le premier sert d'environnement de calcul et sera invisible depuis notre code et le second sert d'API et sera notre principal package de traitement. Nous utiliserons aussi Pandas, NumPy et Scikit-Learn pour certaines étapes du traitement.

Pour installer TensorFlow et Keras, il vous suffit de soumettre ces lignes de code dans votre invite de commande Anaconda :

```
conda install keras
conda install TensorFlow
```

Une fois ces étapes passées, vous avez un environnement de deep learning prêt à l'emploi.

6.7.3 Principe d'un réseau de neurones et première utilisation avec Keras

◆ *Les réseaux de neurones*

Le deep learning est basé sur des réseaux de neurones. Ces réseaux de neurones sont en fait des algorithmes permettant d'appliquer de nombreuses petites transformations appelées neurones, interconnectés afin d'aboutir à une prévision.

Un réseau de neurones est toujours composé d'une couche d'entrée dans laquelle on fait « entrer » les données qui se trouvent dans votre jeu de données initial et d'une couche de sortie qui nous permet de prédire une valeur. Ces couches d'entrée et de sortie sont communes à tous les réseaux de neurones profonds ou non. Ce qui va varier, c'est ce qu'on trouve entre ces deux couches.

Les réseaux de neurones peuvent être utilisés pour résoudre de nombreux problèmes, aussi bien en apprentissage supervisé qu'en non supervisé.

Nous détaillons ici leur utilisation pour l'apprentissage supervisé.

Le réseau est composé de couches qui prennent en entrée des données et qui transforment ces données en utilisant une combinaison linéaire associée à une transformation qui peut être non linéaire, il s'agit de la **fonction d'activation**. Les coefficients associés aux transformations linéaires sont les poids w et nous allons essayer d'estimer ces poids à partir des données.

Un réseau de neurones est construit en empilant les couches de neurones : la sortie d'une couche correspond à l'entrée de la suivante.

On empile les couches pour aboutir à une dernière couche qui nous donne la valeur prédite. Dans le cas où on essaye de prédire une classe d'appartenance, on utilise dans la dernière couche une fonction d'activation qui sera une fonction logistique dans le cas binaire ou softmax dans le cas où l'on aurait plus de deux classes.

De plus, on définit une fonction de perte associée à la sortie de cette dernière couche, elle va mesurer l'erreur de classification.

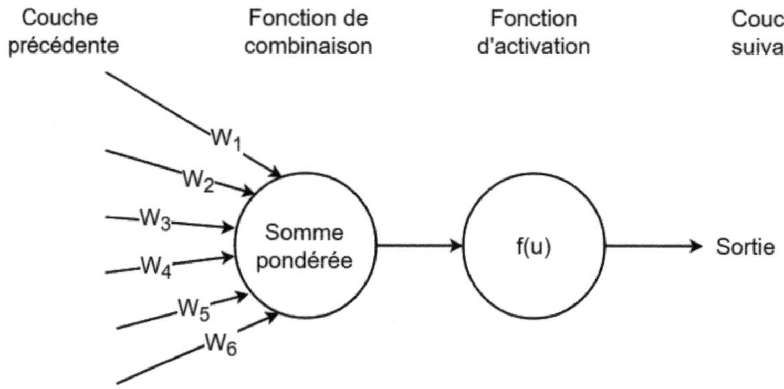

Figure 6.17 – Un neurone simple.

L'objectif lors de l'apprentissage du réseau de neurones est de calculer les poids en minimisant la fonction de perte. Cet apprentissage se fait par rétropropagation. C'est-à-dire que l'on part de la dernière couche et que l'on calcule les poids en utilisant un algorithme de descente de gradient stochastique.

La forme de réseau de neurones la plus classique est ce qu'on appelle *perceptron multicouche*. Cette approche est disponible dans Scikit-Learn mais aussi dans tous les environnements de deep learning.

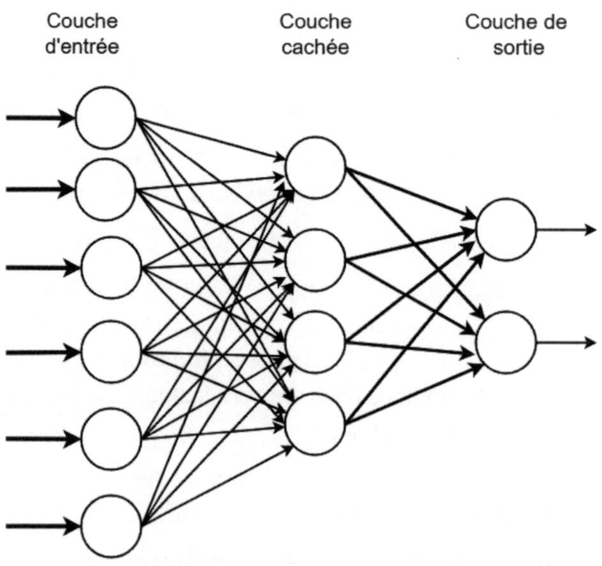

Figure 6.18 – Un perceptron multicouche simple.

◆ *L'utilisation de Keras*

Le package Keras que nous avons installé est basé sur une structure extrêmement simple à mettre en œuvre. On commence par définir le type de réseau utilisé. Dans cet ouvrage, il s'agira de réseaux séquentiels :

```
from keras.models import Sequential

model = Sequential()
```

Cet objet modèle sera peuplé en utilisant des couches de réseaux de neurones. Par exemple, on pourra ajouter une couche dense à huit neurones qui est une couche complètement connectée avec huit sorties, cette couche utilisera la fonction d'activation du type Rectified Linear Units (voir plus loin pour une définition plus détaillée) :

```
from keras.layers import Dense, Activation

model.add(Dense(8,… ))
model.add(Activation('relu'))
```

S'il s'agit du neurone d'entrée de votre réseau, on ajoutera aussi le paramètre `input_shape = (, )`.

On pourra ajouter autant de couches que nécessaires.

Finalement, on va devoir définir le processus d'apprentissage avec la méthode compile :

```
model.compile(optimizer='adam',
              loss='binary_crossentropy',
              metrics=['accuracy'])
```

On voit ici qu'on sélectionne une méthode d'optimisation (*optimizer*), une fonction de perte (ici pour un cas binaire) et une mesure d'évaluation du modèle qui ne sert pas à l'optimisation mais à des affichages et à des calculs en fin de l'optimisation.

Ensuite, on peut ajuster et valider le modèle :

```
model.fit(x_train, y_train, batch_size=100, epochs=100)

score = model.evaluate(x_test, y_test)
```

Les paramètres importants de la méthode `fit()` sont bien entendu les données d'apprentissage mais aussi le paramètre `batch_size` qui donne le nombre d'échantillons utilisés à chaque étape de la rétropropagation pour estimer les poids. Par ailleurs, `epochs` indique le nombre de répétitions de l'optimisation, il s'agit d'améliorer les résultats sans en faire trop du fait du risque de sur-apprentissage. Finalement, la méthode `evaluate` renvoie la meilleure valeur de la fonction de perte et de la métrique (dans notre cas l'accuracy).

Si nous prenons les données sur les télécommunications que nous avons utilisées précédemment, nous pouvons simplement utiliser Keras pour créer un réseau de neurones assez évolué (on suppose ici que les données ont été préparées comme dans la première partie de ce chapitre avec Scikit-Learn) :

```
In[] : from keras.models import Sequential
       from keras.layers import Dense, Dropout
       from keras.layers import BatchNormalization, Activation
       from sklearn.model_selection import train_test_split

In[] : # on sépare nos données en apprentissage/validation avec Scikit-Learn
       x_train, x_test, y_train, y_test=train_test_split(x,y,test_size =0.2)

       # on crée le modèle
       model = Sequential()

       # on ajoute des couches avec des fonctions d'activation
       model.add(Dense(50, input_shape=(28,)))
       model.add(Activation("relu"))
       # cette couche permet de normaliser les données
       model.add(BatchNormalization())
       # cette couche va faire en sorte d'éviter l'overfitting
       model.add(Dropout(0.1))

       # on ajoute un autre groupe de couches
       model.add(Dense(10))
       model.add(Activation("relu"))
       model.add(BatchNormalization())
       model.add(Dropout(0.1))

       # on ajoute la couche de sortie
       model.add(Dense(1))
       model.add(Activation('sigmoid'))

       # on définit la fonction de perte et la fonction d'optimisation
       model.compile(loss='binary_crossentropy', optimizer='adam',
                                                 metrics=["accuracy"])

       # on ajuste le modèle
       model.fit(x_train, y_train, batch_size=100, epochs=100)

In[] : # on calcule l'AUC pour les données de validation
       from sklearn.metrics import roc_auc_score
       print("AUC pour RN :", roc_auc_score(y_test,
                 model.predict_proba(x_test, verbose=0).reshape(-1),))

AUC pour RN : 0.9082195191350121
```

On voit ici qu'on a utilisé un réseau de neurones avec quelques couches et que le résultat de notre AUC est très bon.

Les réseaux de neurones sont des méthodes extrêmement efficaces à condition de bien les paramétrer, ce qui peut s'avérer très difficile.

6.7.4 Le deep learning et les réseaux de neurones à convolutions

◆ *Principes*

Jusqu'ici les réseaux de neurones peuvent être vus comme des méthodes d'apprentissage classiques. Une évolution majeure, qui a abouti à la création du deep learning, est la mise en place des réseaux de neurones à convolutions (CNN). Leur spécificité est liée à deux points :

- ✓ Les données en entrée ne sont plus des colonnes d'un tableau de données comme c'était le cas jusqu'ici mais des structures beaucoup plus complexes telles que des images, des vidéos, des sons... Le réseau va apprendre directement ces structures et pouvoir travailler dessus.
- ✓ Les couches utilisées jusqu'ici étaient des couches qu'on appelle généralement des *couches denses* ; les CNN ajoutent des nouveaux types de couches qui vont s'adapter spécifiquement aux nouvelles structures de données.

On n'aura plus besoin de prétraiter les images afin d'en extraire les informations. C'est l'algorithme qui travaillera à l'extraction des spécificités de l'image.

Ces réseaux sont donc composés de deux groupes de couches distincts :

- ✓ Un premier groupe permet d'extraire des caractéristiques liées aux images, il est composé lui-même de plusieurs couches. Nous détaillerons par la suite ces différentes couches.
- ✓ Un second groupe récupère les données en sortie du premier groupe et applique des couches de réseaux de neurones « classiques » en finissant par une fonction d'activation logistique pour le cas binaire.

Le premier groupe est spécifique à ce type de réseaux. Il extrait des spécificités de nos images, et utilise pour cela du filtrage par convolution. La première couche filtre l'image avec plusieurs noyaux de convolution, elle transforme donc les images en structures de même taille mais recodées afin de faire ressortir des *features* intéressantes. Un neurone est associé à un type de filtrage.

La couche suivante est généralement une couche de pooling[3] qui permet de réduire la taille de l'image. On va découper notre image en cellules de taille standard à partir desquelles on va extraire la caractéristique la plus importante de chaque case (en prenant le maximum issu de la couche de convolution).

On aura ainsi autant de features qu'en entrée mais des structures de plus petite taille. Ces couches ont un rôle pour accélérer les calculs et éviter le sur-apprentissage.

---

3. Le pooling est la mise en commun, il s'agit d'une couche de sous-échantillonnage. On va mettre en commun des groupes de pixels et leur alouer une valeur.

La couche suivante, que nous avons pu déjà croiser dans un réseau plus classique, est la couche ReLU (Rectified Linear Units). Cette couche de correction est en fait une fonction d'activation de ce type :

$$ReLU(x) = max(0,x)$$

Elle remplace donc toutes les valeurs négatives reçues en entrées par des zéros. Elle permet d'éviter des erreurs dans les calculs mathématiques, notamment des problèmes de nombres négatifs mal gérés par les algorithmes.

Le reste du réseau à convolutions est un réseau de neurones classique.

On voit maintenant ce qu'est un réseau de neurones à convolutions mais ceci ne nous explique pas pourquoi on parle de deep learning. La réponse est simple, on va multiplier les suites de couches à convolutions et de pooling dans le même réseau, et à chaque fois « creuser » en profondeur dans les images pour extraire de l'information. Il s'agit de réseaux de neurones profonds qui pourront avoir des centaines de couches.

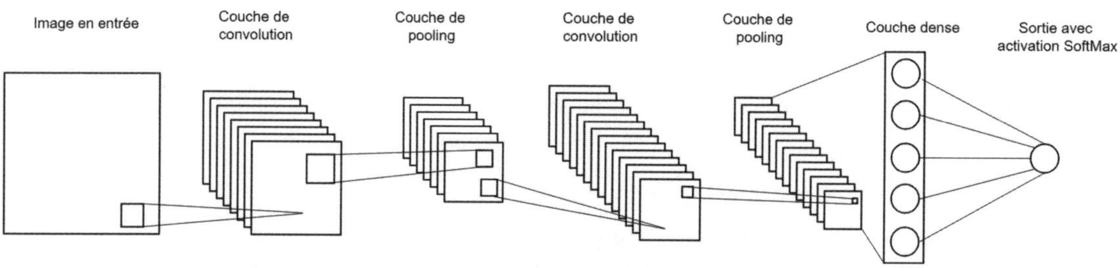

Figure 6.19 – Schéma d'un réseau de neurones à convolutions.

◆ *Comment paramétrer un modèle de CNN ?*

Il existe deux niveaux de paramètres :

- ✓ Le choix des couches
- ✓ La paramétrisation des couches

Les couches de convolution et de pooling possèdent en effet des hyperparamètres. Nous les détaillerons dans l'exemple qui va suivre.

En ce qui concerne les couches à utiliser, il faut s'inspirer des réseaux déjà existants pour créer vos propres réseaux. Il en existe de nombreux.

◆ *Exemple avec Keras*

Nous désirons créer un système capable de reconnaître un vêtement à partir d'une photographie afin d'automatiser la catégorisation de vêtements pour une grande enseigne. L'échantillon d'apprentissage est composé d'images de vêtements auxquelles des codes sont associés. Ces codes vont de 0 à 9 et sont associés à un type d'article. Vous trouverez plus de détails sur ce jeu de données au début du chapitre 4. Par ailleurs, il est directement disponible dans Keras.

Keras permet de créer très facilement un réseau de neurones à convolutions :

```
from keras.utils import to_categorical
from keras.models import Sequential
from keras.layers import Dense, Dropout, Activation, Flatten
from keras.layers import Conv2D, MaxPool2D
from keras.utils import np_utils
from keras.datasets import fashion_mnist

# récupération des données
(x_train, y_train), (x_test, y_test) = fashion_mnist.load_data()

# les données sont transformées pour passer sous un format d'image
# standard avec des valeurs entre 0 et 1
x_train = (x_train/255).reshape(x_train.shape[0], 28, 28,1)
x_test = (x_test/255).reshape(x_test.shape[0], 28, 28,1)

# passage à 10 colonnes pour y(une par modalité)
y_train = to_categorical(y_train, 10)
y_test = to_categorical(y_test, 10)

# construction du modèle
model = Sequential()

model.add(Conv2D(32, (3, 3), activation = 'relu', input_shape = (28,28,1)))
model.add(Conv2D(32, (3, 3), activation = 'relu'))
model.add(MaxPool2D(pool_size=(2,2)))
model.add(Dropout(0.25))

model.add(Flatten())
model.add(Dense(128, activation='relu'))
model.add(Dropout(0.5))
model.add(Dense(10, activation='softmax'))

# compilation du modèle
model.compile(loss='categorical_crossentropy',
              optimizer='adam',
              metrics=['accuracy'])

# ajustement du modèle
model.fit(x_train, y_train,
          batch_size=100, epochs=10, verbose=1)

# évaluation du modèle
score = model.evaluate(x_test, y_test, verbose=0)
```

Nous avons appliqué deux couches de convolutions à 32 neurones avec une taille de fenêtre de 3 par 3. Puis une couche de pooling avec une réduction sur des fenêtres de 2 par 2. Nous obtenons les résultats suivants :

```
In[] : # obtention de l'accuracy sur les données de validation
       print("Pourcentage de bien classées :", score[1])
Pourcentage de bien classées : 0.9208
```

On voit qu'on est au-delà de 92 % de bien classés sur l'échantillon de validation.

Dans notre cas, on a utilisé des images directement du package Keras. Généralement, les images sont stockées dans des répertoires différents. Keras possède de nombreux outils pour charger ces images, on peut par exemple utiliser `ImageDataGenerator` :

```
from keras.preprocessing.image import ImageDataGenerator

# on définit un générateur qui pourrait modifier nos images
# (dans ce cas on passe en float 0 à 1)
train_datagen = ImageDataGenerator(rescale=1./255)
test_datagen = ImageDataGenerator(rescale=1./255)

# on définit le dossier dans lequel se trouve les images
train_generator = train_datagen.flow_from_directory(
        '../data/train',
        target_size=(150, 150),
        batch_size=32,
        class_mode='binary')
# on définit le dossier dans lequel se trouve les images
validation_generator = test_datagen.flow_from_directory(
        '../data/validation',
        target_size=(150, 150),
        batch_size=32,
        class_mode='binary')

# on ajuste notre modèle de deep learning avec les images
# de nos dossiers
model.fit_generator(
        train_generator,
        epochs=50,
        validation_data=validation_generator)
```

Vous avez maintenant les outils pour vous lancer dans la construction de réseaux de deep learning avec Python.

6.7.5 Aller plus loin : génération de features, transfer learning, RNN, GAN...

Le domaine du deep learning est en évolution permanente. De nouvelles méthodes se développent chaque mois pour répondre à des questions précises. Nous allons évoquer rapidement quelques thèmes actuels.

◆ *La génération de features*

Il s'agit de méthodes qui, à partir d'un échantillon de petite taille, va effectuer des modifications sur les images afin de générer plus de données. Keras possède ce type d'outils notamment avec :

```
from keras.preprocessing.image import ImageDataGenerator
```

Une fois qu'on a généré de nouvelles images, on a des jeux de données d'apprentissage plus grands. On utilisera des couches supplémentaires dans le réseau de neurones pour éviter le sur-apprentissage.

◆ *Le transfer learning*

Entraîner un réseau de neurones à convolutions est coûteux : plus les couches s'empilent, plus le nombre de convolutions et de paramètres à optimiser est élevé.

En revanche, il est simple de stocker le résultat d'un réseau de neurones. Le principe du *transfer learning* (ou *apprentissage par transfert*) est d'utiliser les connaissances acquises par un réseau de neurones afin d'en résoudre un autre considéré comme proche.

Cette approche évite le sur-apprentissage et permet de créer des modèles efficaces, même lorsque le nombre d'échantillons utilisés est faible. Keras possède des outils pour le transfer learning. Les modèles pré-entrainés se trouvent dans le module keras.applications. Vous trouverez tous les détails sur ces modèles ici : https://keras.io/applications/

On charge facilement un modèle avec :

```
In[] : from keras.applications.resnet50 import ResNet50
       from keras.preprocessing import image
       from keras.applications.resnet50 import preprocess_input
       from keras.applications.resnet50 import decode_predictions
       import numpy as np

In[] : # on utilise le modèle ResNet50
       model = ResNet50(weights='imagenet')

       # on récupère une nouvelle image
       img_path = '../data/elephant.png'
       img = image.load_img(img_path, target_size=(224, 224))
```

```
        x = image.img_to_array(img)
        x = np.expand_dims(x, axis=0)
        x = preprocess_input(x)

        # on applique le modèle
        preds = model.predict(x)

In[] : print('Prédit (classe/ %):', decode_predictions(preds, top=1)[0])

Prédit (classe/%): [('n02504458', 'African_elephant', 0.87271774)]
```

On obtient donc un résultat à partir du modèle chargé. On pourra utiliser ce modèle et ses poids dans des couches intermédiaires de notre modèle.

Dans ce cas, on a chargé un modèle et on lui a fourni une photographie d'éléphant. Le modèle considère que c'est un éléphant d'Afrique à 87 %. La photo est dans la figure 6.20.

Figure 6.20 – Photographie d'éléphant à classifier.

◆ *Les autres réseaux de neurones du deep learning*

Keras implémente de nombreux autres types de réseaux, notamment avec les réseaux de neurones récurrents qui s'adaptent très bien à des données en entrée ayant des tailles variables. Il existe beaucoup d'applications dans le domaine du traitement du langage (NLP) ou dans le traitement des séries temporelles telles que le traitement des données sonores.

Les couches utilisées dans ce type de réseaux se trouvent dans le module layer de Keras avec notamment les couches du type RNN ou LSTM :

```
keras.layer.RNN()
keras.layer.LSTM()
```

On gardera le même principe de réseau que pour les CNN mais on ajoutera ces couches spécifiques.

Finalement, Keras implémente aussi les réseaux GAN (Generative Adversarial Networks) ou *réseaux antagonistes génératifs* qui se basent sur deux réseaux de neurones profonds qui vont « s'entraider » pour s'améliorer. D'un côté, on aura un premier réseau qui va générer des données et, d'un autre côté, le second va juger de la véracité de ces données. Le premier réseau va donc devoir tromper le second pour générer des données crédibles. Il utilise bien entendu une base d'apprentissage importante pour juger de la qualité de ce qui est généré par le premier réseau.

Le développement avec Keras de ce type de réseau sera bien plus complexe et sort du cadre de cet ouvrage.

En résumé

Nous avons effectué un panorama approfondi de l'utilisation de Python pour faire du machine learning, du deep learning et du traitement des données textuelles. Python ressort comme un langage adapté à toutes ces approches et un outil indispensable pour le data scientist.

7

Python et le big data : tour d'horizon

Objectif

Comprendre les outils utilisés lorsqu'on veut travailler sur des infrastructures spécifiques à l'environnement big data. Il s'agit notamment d'utiliser Python pour travailler avec l'environnement Apache Hadoop ou avec Apache Spark.

7.1 EST-CE QU'ON CHANGE TOUT QUAND ON PARLE DE BIG DATA ?

◆ *L'univers du big data*

Python est souvent considéré comme le langage du big data. Ceci vient du fait que la notion de big data est souvent mal définie par beaucoup d'utilisateurs. On a pu voir que Python est un langage bien adapté au traitement de la donnée et au machine learning grâce à sa simplicité, ses principes de fonctionnement et toutes les API disponibles. Dans le cadre du big data, on est exactement dans le même cas de figure qu'en deep learning. Vous ne trouverez aucun environnement big data nativement développé en Python. Ils sont majoritairement développés en Java. Cependant, Python sera très souvent un langage pour lequel il existe des API assez poussées.

Les principes du langage Python restent les mêmes mais les commandes, fonctions et actions dépendront de l'API utilisée et donc du package sollicité.

Par exemple, sur une infrastructure telle qu'Apache Spark, on ne pourra pas utiliser Scikit-Learn comme on l'a fait jusqu'ici car Scikit-Learn suppose que nous chargeons en mémoire toute la table de données. Comme nous travaillons sur une base de données dites massive, on suppose que celle-ci est trop grande pour tenir en mémoire sur une seule machine. On utilisera donc des algorithmes de machine learning similaires à ceux de Scikit-Learn mais implémentés dans l'environnement Apache Spark. Ceci nous permettra donc d'utiliser nos connaissances en Python dans un environnement différent.

◆ *À quoi ressemble une infrastructure big data ?*

Nous présentons ici l'infrastructure qui peut être utilisée. Elle est composée :

✓ d'un cluster : il s'agit d'un ensemble de machines (généralement des serveurs Linux) qui communiquent entre elles et qui permettent de stocker et d'analyser de manière distribuée les données massives.

✓ des nœuds qui distribuent les tâches et récupèrent des résultats (les NameNode de Hadoop ou le Spark Master de Spark). Le data scientist soumettra ses requêtes à ces nœuds.

✓ des nœuds de calcul dans lesquels les données sont stockées ou/et analysées (DataNode de Hadoop ou Spark Worker de Spark).

La figure 7.1 illustre un exemple d'infrastructure avec un cluster à trois nœuds de calcul. Bien évidemment, vous n'aurez pas dès le début une infrastructure conséquente. Il est assez simple d'installer un bac à sable big data sur votre machine en utilisant une machine virtuelle (VirtualBox) et un environnement clé en main fourni par un éditeur (Cloudera ou Hortonworks). Par ailleurs, si vous désirez pratiquer un peu plus, les services de cloud grand-public (AWS, Azure, Google) propose des infrastructures big data sur leurs serveurs (attention aux coûts).

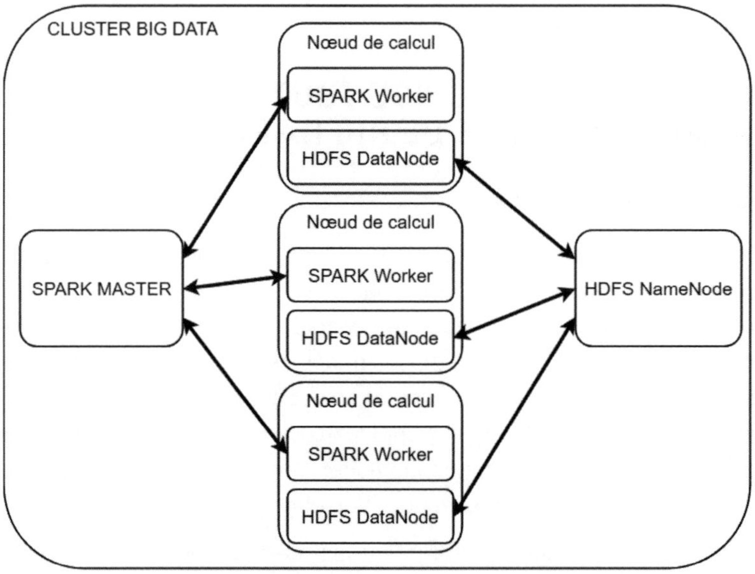

Figure 7.1 – Exemple de cluster big data.

7.2 COMMENT TRAITER DE LA DONNÉE MASSIVE AVEC PYTHON

Les données sont dites massives lorsqu'elles dépassent un certain volume qui nous empêche de les charger directement en mémoire. De plus, la notion de big data est associée à deux autres termes, la *variété* et la *vélocité*. On considère que l'on travaille dans un environnement big data lorsque les conditions suivantes sont réunies :

- ✓ des tables de données trop grandes pour être chargées en mémoire,
- ✓ une demande de rapidité de traitement,
- ✓ une variété de données qui s'éloignent des données « classiques » avec notamment des stockages NoSQL.

Cet ouvrage n'est pas dédié au big data et à ces environnements. Pour découvrir en détail ces concepts, la bibliographie comprend quelques références.

Nous avons déjà abordé la notion de variété avec le traitement de données textuelles, de JSON, de sons ou d'images. La notion de vélocité peut être prise en compte par l'utilisation de parallélisation, avec ce que nous avons vu avec Dask ou avec l'utilisation de GPU en deep learning.

Dans le cadre de ce chapitre, il s'agit d'adresser le problème du volume combiné à celui de la vitesse. Aujourd'hui, les environnements big data s'articulent principalement autour d'Apache Hadoop. Celui-ci sert avant tout à assurer un stockage distribué et extrêmement accessible. Le data scientist doit travailler sur les données distribuées de manière à en extraire de la valeur. Or, les algorithmes que nous utilisons sont inadaptés à un stockage physique distribué sur des machines. Le système de fichier de Hadoop HDFS est bien adapté pour faire des requêtes simples de manière très rapide. En revanche, dès qu'on répète ces requêtes ou qu'on les complexifie, le système ralentit et aboutit à des temps de traitement insatisfaisants. On imagine que l'application d'algorithmes de machine learning n'est pas du tout adaptée à cet environnement. Deux solutions s'offrent à nous :

- ✓ Utiliser des requêtes simples pour récupérer des données et les traiter en mémoire.
- ✓ Utiliser un autre environnement qui permet d'appliquer nos algorithmes directement sur les données sans « allers-retours ».

Nous allons détailler ces deux approches dans le reste du chapitre.

7.3 RÉCUPÉRER DES DONNÉES AVEC PYTHON

7.3.1 Les approches classiques

Apache Hadoop est donc un environnement big data écrit en Java donnant accès à un système de fichiers distribués appelé HDFS et à des outils permettant d'extraire des informations de ces données. Il est aussi composé de trois systèmes de requêtage :

- ✓ MapReduce : système distribué permettant de mapper sur les nœuds du cluster et de rassembler les résultats de la requête de manière très rapide.
- ✓ Pig : pour pallier la complexité des requêtes en MapReduce, Pig latin est un langage de script efficace qui optimise la combinaison de requêtes MapReduce.
- ✓ Hive : il s'agit d'un système rapprochant l'aspect NoSQL des bases de données stockées en Hadoop avec des systèmes SQL plus classiques. Il s'associe au langage HiveQL, fortement inspiré du SQL.

Nous n'allons pas nous intéresser à ces langages mais plutôt à une approche pour nous connecter à l'infrastructure Hadoop et en extraire des données afin de les traiter avec les packages de Python.

Nous sommes donc dans un cas, où nos données sont stockées dans des formats dits ***NoSQL*** (*Not Only SQL*) et où vous désirez les récupérer pour vos analyses en Python. Si vous passez par Python, vous allez charger en mémoire les données que vous récupérez de votre infrastructure. Ainsi, si ces données sont massives, vous allez très rapidement vous trouver face à un problème de taille : la capacité de votre machine en termes de mémoire vive.

Il faut donc faire en sorte de ne charger sur votre machine que les données utiles et, réfléchir à la mise en place d'infrastructures plus puissantes. Par exemple, un serveur JupyterHub extrêmement puissant qui pourra traiter des masses de données plus importantes que votre machine.

7.3.2 Se connecter aux fichiers HDFS en Python – Utilisation de PyArrow

Le système de fichiers HDFS est accessible en utilisant la commande hdfs depuis le terminal. Néanmoins, cet outil est codé en Java et ne possède pas nativement d'API Python.

La seule solution simple adaptée à Python 3 est liée au projet Apache Arrow. Il s'agit d'un environnement visant à unifier le traitement en mémoire de données colonnes.

Apache Arrow est un projet prioritaire de la fondation Apache afin de créer un environnement de traitement de données en mémoire unifié et multi langage. Les équipes contribuant au code comprennent des développeurs d'autres projets big data gérés par Apache, tels que Calcite, Cassandra, Drill, Hadoop, HBase, Impala, Kudu, Parquet, Phoenix, Spark et Storm. L'objectif est de mettre en place un système comme dans la figure 7.2.

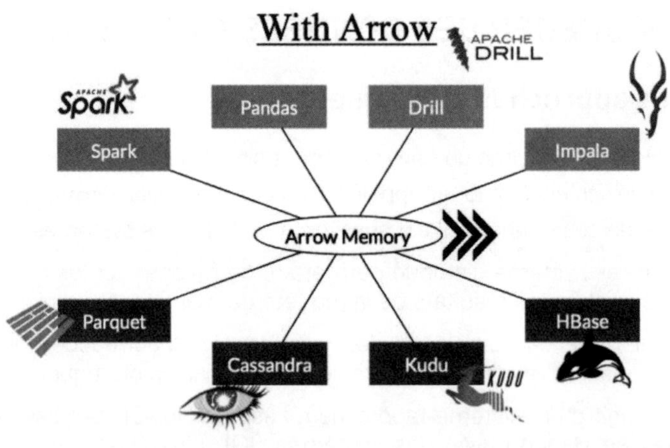

Figure 7.2 – Principe de Apache Arrow (source : Apache Arrow).

L'idée est de pouvoir très simplement passer d'un système à un autre sans perte de mémoire et sans copies inutiles.

Pour utiliser Arrow, nous allons installer son API Python qui est dans le package PyArrow. Nous le récupérons grâce à Anaconda :

```
conda install -c conda-forge pyarrow
```

Une fois que vous l'avez installé dans votre environnement, vous pouvez vous connecter au système de fichiers :

```
from pyarrow import HdfsClient

hdfs_alt = HdfsClient(host, port, username, driver='libhdfs3')

with hdfs.open('/path/to/file') as f:
    ...
```

Vous pouvez utiliser les commandes qui se trouvent dans l'objet de la classe `HdfsClient` que vous avez créé pour faire des actions sur votre environnement Hadoop.

Ceci vous permettra de gérer de nombreux types de fichiers, notamment les fichiers Apache Parquet de votre environnement big data.

Le projet Apache Arrow est en pleine expansion et, selon les responsables de la fondation Apache, il devrait traiter près de 80 % des données big data dans les prochaines années.

7.3.3 Faire du Hive avec Python – Utilisation de PyHive

Apache Hive est un autre projet de l'environnement big data qui est beaucoup plus ancien mais qui donne accès à une interface du type SQL pour requêter vos données stockées en environnement big data.

Le package disponible pour faire des requêtes Hive en Python est pyHive. Vous pouvez l'installer dans votre environnement Anaconda avec :

```
conda install -c anaconda pyhive
```

Lorsque vous avez installé PyHive, vous pouvez alors travailler directement sur vos tables Hive créées dans votre environnement Hadoop.

On utilise :

```
from pyhive import hive
cursor = hive.connect('localhost').cursor()
cursor.execute('SELECT * FROM ma_base LIMIT 10')
for row in cursor.fetchall():
print(row[0], row[1])
```

Lors de l'appel de la méthode `connect`, on utilisera aussi les caractéristiques utilisateur de votre session Hadoop.

Ce code va vous permettre de charger des données directement sur votre machine et ainsi de travailler sur ces données. Il faut être très attentif à la taille de ces données. Par ailleurs, les données obtenues ne sont pas sous forme d'arrays ou d'objets DataFrame, vous devrez effectuer des transformations afin de les intégrer dans une structure utilisable en Python.

Les approches présentées jusqu'ici ne sont pas utilisées de manière généralisée. L'outil de big data employé par les data scientists, c'est Apache Spark. Il permet, entre autres, de charger des fichiers en Hive, mais surtout de faire du machine learning.

7.4 UTILISATION D'APACHE SPARK AVEC PYSPARK EN PYTHON

7.4.1 Principes de Spark

Apache Spark est un projet de la fondation Apache (actuellement dans sa version 2). Il a pour objectif de pallier les lacunes de Hadoop quant au traitement nécessitant de nombreux allers-retours.

Si, malgré tous vos efforts, vous n'avez pas réussi à extraire des données de manière à ce qu'elles tiennent dans votre mémoire RAM, le recours à une autre solution deviendra indispensable. Cette solution est Apache Spark.

Cet environnement, développé à Berkeley, est un système de traitement distribué sur les nœuds d'une infrastructure big data.

◆ *Quelle différence avec Hadoop ?*

Apache Spark est basé sur des structures spécifiques, les RDD (resilient distributed datasets) qui sont chargées en mémoire de manière distribuée.

Il faut donc s'assurer de deux choses :

- ✓ Les nœuds de votre infrastructure ont suffisamment de mémoire vive pour charger les données et les traiter.
- ✓ Les algorithmes que vous avez choisis sont parallélisables pour être utilisés sur cette infrastructure.

Pour le premier point, il s'agit rarement d'une décision du data scientist. Pour le second, nous avons la chance d'avoir une communauté extrêmement active qui développe les algorithmes.

◆ *Mais qu'est-ce qu'un RDD ?*

Les RDD sont tolérants à la panne et proposent des structures de données distribuées qui permettent aux utilisateurs de faire persister explicitement les données intermédiaires en mémoire, de contrôler leur partitionnement afin d'optimiser l'emplacement des données, et de manipuler les données en utilisant des opérateurs.

Un RDD est une collection partitionnée d'enregistrements en lecture seule qui ne peut être créée que :

- ✓ à partir de données présentes dans un stockage classique,
- ✓ ou à partir d'autres RDD.

Les RDD n'ont pas besoin d'être matérialisés tout au long du traitement car ils disposent de suffisamment d'informations sur la façon dont ils ont été produits à partir d'un autre ensemble de données pour pouvoir être recalculés. Ainsi, un programme ne peut faire référence à un RDD s'il n'est pas capable de le reconstruire suite à une panne.

Enfin, les utilisateurs peuvent contrôler deux autres aspects des RDD :

- ✓ La persistance : il est possible de préciser quels sont les RDD réutilisés ainsi que la stratégie de stockage.
- ✓ Le partitionnement : les éléments des RDD peuvent être partitionnés entre les machines en se basant sur une clé dans chaque enregistrement.

Les RDD possèdent deux types de méthodes :

- ✓ les *transformations* qui donnent en sortie un autre RDD,
- ✓ les *actions* qui donnent en sortie autre chose qu'un RDD.

◆ *Pourquoi doit-on différencier les transformations des actions ?*

Les transformations ne sont pas évaluées immédiatement. On dit qu'elles sont évaluées de manière paresseuse. Et on a besoin du résultat d'une transformation seulement lorsqu'on effectue une action.

Les transformations permettent de définir un nouveau RDD alors que les actions permettent d'exécuter un calcul et de retourner une valeur au programme ou de l'écrire sur un stockage externe.

Ceci va changer votre façon de programmer en Python. En effet, vous avez l'habitude en Python de soumettre vos traitements et d'afficher des résultats intermédiaires. Dans ce cas, Spark ne serait pas efficace car le fait de ramener les résultats a un coût important.

La notion de RDD est parfois difficile à cerner pour un utilisateur peu habitué. C'est pour cette raison que depuis la version 2, Spark permet de gérer des DataFrames plutôt que des RDD avec Spark SQL. Ceci rendra vos traitements beaucoup plus transparents. Par ailleurs, Spark possède des bibliothèques de machine learning assez puissantes. La plus connue se nomme MLLib. Cependant, depuis la version 2 de Spark, une nouvelle bibliothèque de machine learning existe, il s'agit de spark.ml qui est basée sur les objets DataFrame et sur un codage beaucoup plus intuitif (MLLib est basé sur les RDD). Les développeurs de Spark ont officiellement annoncé que cette nouvelle bibliothèque serait la référence pour le machine learning avec Spark et que MLLib ne sera plus maintenu à partir de la version 3 de Spark.

◆ *Quel langage utiliser ?*

Spark est écrit en Java et contient une surcouche fonctionnelle en Scala. Le langage « natif » de Spark est Scala. Cependant, une API bien développée existe en Python, elle est basée sur PySpark qui va permettre de lancer des opérations en Python sur l'infrastructure Spark.

L'utilisation de Scala permet une gestion plus fine de votre environnement Spark mais il faut noter que l'API Python est tout de même très complète et vous permettra de mettre en place tous les traitements classiques. De plus, l'utilisation d'un langage connu aboutit souvent à du code plus efficace que lorsqu'on utilise un nouveau langage.

Si vous êtes familier de Scala, utilisez-le pour Spark. Si tel n'est pas le cas, Python est une solution efficace qui vous permettra d'être opérationnel très rapidement.

Avant de développer l'utilisation des DataFrame et de spark.ml, nous devons suivre quelques étapes pour installer Spark.

7.4.2 Installer une infrastructure Spark

◆ *Différents types d'installation*

Apache Spark étant un environnement orienté big data, son installation n'est pas triviale. Pour le mettre en œuvre, vous avez plusieurs possibilités :

- ✓ Utiliser un service cloud avec Hadoop et Spark tel que fourni par Microsoft ou Amazon. Dans ce cas, vous n'aurez pas beaucoup de travail, mise à part la connexion vers cet environnement depuis votre machine.
- ✓ Utiliser un « bac à sable » big data avec Apache Spark installé nativement. Il vous suffit pour cela de suivre les étapes décrites par les fournisseurs d'environnements tels que Cloudera ou Hortonworks. Il faut être prudent avec ces outils car ils consomment souvent beaucoup de mémoire sur votre machine, veillez à avoir un ordinateur suffisamment puissant.
- ✓ Utiliser Spark en local sur votre machine. Apache Spark s'installe en local dans une version *stand alone* qui vous permettra de bien le paramétrer. Dans ce cas, Apache Spark est mis en œuvre uniquement pour effectuer des tests. Nous allons détailler les étapes de cette installation.

Remarque – Lorsque vous traiterez vos données avec Apache Spark dans un environnement d'entreprise, vous n'aurez pas à effectuer les étapes précédentes. De plus, c'est dans cette configuration-là que Spark prendra toute sa valeur.

◆ *Installer Spark en version stand alone*

Spark est disponible pour Windows mais on a tendance à éviter de l'installer sous Windows. Nous supposons que vous travaillez avec une machine Linux ou que vous avez créé une machine virtuelle Linux sur votre ordinateur Windows (en utilisant par exemple VirtualBox).

Nous utiliserons Apache Spark 2.3 et Python 3.6 dans tous les exemples.

On peut facilement récupérer la dernière version de Spark et d'Anaconda sur leurs sites respectifs.

Dans votre terminal Linux, vous allez installer : Java, Scala, Anaconda et Spark. Vous trouverez toutes les étapes dans les documents disponibles en ligne. En voici les principales :

1. Installer Anaconda
2. Installer ou vérifier l'installation de Java (utilisez la version 8 de Java)
3. Installer ou vérifier l'installation de Scala
4. Télécharger et dézipper le fichier de Spark : spark-2.3.0-bin-hadoop2.7.tgz
5. Ajouter au path les chemins vers votre environnement Spark :
export PATH = $PATH :/usr/local/spark/bin si vous avez dézippé le fichier dans usr/local/spark.
6. Vous pouvez lancer PySpark dans le terminal et vous obtenez la figure 7.3.

```
Welcome to
      ____              __
     / __/__  ___ _____/ /__
    _\ \/ _ \/ _ `/ __/  '_/
   /__ / .__/\_,_/_/ /_/\_\   version 2.3.0
      /_/

Using Python version 3.6.5 (default, Apr 29 2018 16:14:56)
SparkSession available as 'spark'.
>>>
```

Figure 7.3 – Ligne de commande de PySpark.

Notre objectif est d'utiliser les Jupyter notebooks pour travailler sur notre environnement Spark. Pour cela, on peut modifier les options de lancement de PySpark de manière à lancer automatiquement un notebook lorsqu'on lance PySpark depuis le terminal. On peut aussi se baser sur un package Python qui permet d'identifier l'environnement Spark nommé findspark. On va donc devoir l'installer en utilisant Anaconda :

```
$conda install -c conda-forge findspark
```

Dans votre terminal Linux, il vous suffit donc d'entrer la commande :

```
$jupyter notebook
```

De plus, en important findspark dans votre notebook, vous allez pouvoir créer votre session Spark directement.

7.4.3 Le DataFrame de Spark SQL

Dans le cadre de cette partie, nous allons nous concentrer sur Spark SQL. Ceci nous permettra d'introduire un objet : le DataFrame de Spark. Il s'agit d'un objet proche du RDD, mais qui permet de stocker de manière distribuée des données structurées, là où les RDD nous permettent de stocker des données non structurées. Il se rapproche très fortement du DataFrame de Pandas.

Cette avancée de Spark permet à des data scientists d'utiliser ces systèmes de manière très simple.

◆ *Lancer votre session Spark*

Commençons par lancer une session Spark en utilisant dans un premier temps le package findspark et la classe `SparkSession` de pyspark.sql :

```
# on importe findspark
import findspark
# on initialise findspark pour identifier nos chemins Spark
findspark.init()
# on importe SparkSession
from pyspark.sql import SparkSession
# on crée une session Spark
spark = SparkSession.builder \
    .appName("Exemples avec Python et Spark SQL") \
    .getOrCreate()
```

Nous pouvons maintenant travailler avec Spark en Python.

◆ *Lecture des données (json, parquet, csv, hive)*

Spark vous permet de lire de nombreux types de données, que ce soit des données csv ou SQL classiques ou des données issues d'environnements big data. En voici quelques exemples :

```
# lecture d'un fichier json
df = spark.read.json("data.json")

# lecture d'un fichier parquet
df3 = spark.read.load("data.parquet")
```

Spark permet aussi d'utiliser des données issues de fichiers csv :

```
data_idf=spark.read.format("csv").option("header", "true")\
                                 .option("delimiter",";")\
                                 .option("inferSchema", "true")\
                  .load("../Data/base-comparateur-de-territoires.csv")
```

On choisit dans Spark le module `read`. On lui donne le format grâce à la fonction `format()` puis on ajoute des options. Le premier paramètre est le nom de l'option et le second correspond à sa valeur. Finalement, on charge le fichier.

Un autre format important dans le cadre du big data est le format Hive. Pour se connecter à une table Hive et soumettre du code SQL, on utilisera :

```
from pyspark.sql import SparkSession

# on crée une session avec accès à Hive
spark = SparkSession.builder\
                   .config("spark.sql.warehouse.dir", warehouse_ location) \
```

```
                    .enableHiveSupport().getOrCreate()

# on peut afficher une base
spark.sql('show databases').show()

# on peut créer une base
spark.sql('create database base1')

# on peut faire des requêtes en SQL
spark.sql("select * from table1").show()
```

On peut aussi transformer un DataFrame Pandas en DataFrame Spark en utilisant :

```
spark_df = spark.createDataFrame(pandas_df)
```

Bien évidemment, le DataFrame Pandas ne prend pas ici en charge l'aspect distribué des traitements.

◆ *Manipuler des objets DataFrame*

Il est très simple de manipuler des objets DataFrame de différentes manières. Spark part du principe que les calculs ne sont pas effectués chaque fois que vous soumettez du code. Ils le sont lorsque vous demandez explicitement à Spark de faire les calculs ou d'afficher les résultats. Ces opérations de calcul ou d'affichage sont appliquées avec les méthodes `.collect()` ou `.show()`.

Nous allons manipuler les données sur les communes d'Île-de-France. Nous voulons extraire des informations de ces données sur les communes de la région Île-de-France (les données sont disponibles sur le site associé à l'ouvrage et une description détaillée est incluse au début du chapitre 4). Les codes ci-dessous nous permettent d'effectuer la plupart des manipulations dont nous avons besoin :

```
In[] : # on récupère les données d'Ile-de-France
       # on a des titres dans la première ligne
       # le séparateur est le ;
       # on demande à Spark d'inférer les types
       data_idf = spark.read.format("csv").option("header", "true")\
                                          .option("delimiter",";")\
                                          .option("inferSchema",
                                                              "true")\
                   .load("../Data/base-comparateur-de-territoires.csv")

In[] : # on peut afficher les 8 premiers noms de colonnes :
       data_idf.columns[: 8]
Out[] : ['CODGEO', 'LIBGEO', 'REG', 'DEP', 'P14_POP', 'P09_
                                      POP','SUPERF','NAIS0914']

In[] : # on sélectionne une colonne et on affiche le résultat
       data_idf.select("LIBGEO").show()
```

```
Out[] :
+--------------------+
|              LIBGEO|
+--------------------+
|       Saint-Gratien|
| Pierrelaye|
|Saint-Cyr-en-Arthies|
| La Roche-Guyon|
| Villiers-Adam|
| Vallangoujard|
| Le Plessis-Gassot|
| Seugy|
| Villers-en-Arthies|
| Vaudherland|
| Asnières-sur-Oise|
| Saint-Maurice|
| Arnouville|
| Bray-et-Lû|
| Santeny|
| Le Plessis-Trévise|
| Bezons|
| Butry-sur-Oise|
| Beauchamp|
| Banthelu|
+--------------------+
only showing top 20 rows
```

Il faut noter que PySpark utilise une approche légèrement différente de la méthode classique de Pandas pour extraire des colonnes. On utilise la méthode `.select-(noms des colonnes)` plutôt que les `[]` de Pandas. Cette approche est aussi disponible avec Pandas mais moins utilisée.

```
# on crée un DataFrame par opération avec deux colonnes dont une colonne
# qui indique si la commune est dans Paris
data_reduced=data_idf.select("P14_POP", data_idf["LIBGEO"].
                                        startswith("Paris"), "LIBGEO")

# on peut aussi travailler sur les colonnes
# on peut renommer une colonne:
data_col = data_idf.withColumnRenamed('P14_POP', 'Population_2014')

# on peut supprimer une colonne:
data_col = data_col.drop("LIBGEO", "Population_2014")
```

Les opérations ci-dessus sont stockées en mémoire et ne renvoient rien. C'est uniquement lorsqu'on ajoute `show()` ou `collect()` que les opérations sont effectuées.

```
# on peut filtrer les observations
In[] : data_reduced.filter(data_reduced['startswith(LIBGEO, Paris)'] == \
                                                                True).show()
Out[] :
+--------+------------------------+--------------------+
| P14_POP|startswith(LIBGEO, Paris)| LIBGEO|
+--------+------------------------+--------------------+
| 21263.0|                    true|Paris  2e Arrondis...|
| 26796.0|                    true|Paris  4e Arrondis...|
|165745.0|                    true|Paris  16e Arrondi...|
|170186.0|                    true|Paris  17e Arrondi...|
| 60030.0|                    true|Paris  5e Arrondis...|
| 55486.0|                    true|Paris  7e Arrondis...|
|182318.0|                    true|Paris  13e Arrondi...|
|141230.0|                    true|Paris  14e Arrondi...|
|195468.0|                    true|Paris  20e Arrondi...|
|199135.0|                    true|Paris  18e Arrondi...|
|187156.0|                    true|Paris  19e Arrondi...|
| 35077.0|                    true|Paris  3e Arrondis...|
| 43134.0|                    true|Paris  6e Arrondis...|
| 38257.0|                    true|Paris  8e Arrondis...|
| 59389.0|                    true|Paris  9e Arrondis...|
| 92228.0|                    true|Paris  10e Arrondi...|
|151542.0|                    true|Paris  11e Arrondi...|
| 16717.0|                    true|Paris  1er Arrondi...|
|143922.0|                    true|Paris  12e Arrondi...|
|235366.0|                    true|Paris  15e Arrondi...|
+--------+------------------------+--------------------+
```

Nous avons sélectionné uniquement les observations commençant par « Paris », on obtient donc les 20 arrondissements et leurs populations.

On peut alors sauver ces données sous forme de fichiers parquet ou json :

```
data_reduced.select("P14_POP"," LIBGEO").write.save("resultat.parquet»)

data_reduced.select("P14_POP","LIBGEO").write.save("resultat.json",
format="json")
```

◆ *Afficher des statistiques descriptives*

Spark permet aussi de calculer des statistiques sur les données en utilisant, par exemple, une opération groupby :

```
In[] : # on utilise un groupBy par département et
       # on affiche le salaire médian moyen
       salaire_med_moy = data_idf.groupBy("DEP").agg({"MED14":"mean"})
       salaire_med_moy.show()
Out[] :
+---+------------------+
|DEP| avg(MED14)|
+---+------------------+
| 78|27908.276609517692|
| 91|25505.856457531612|
| 93|18004.142505975004|
| 94|23223.062544887238|
| 92|27815.275831569437|
| 77|23544.776856209497|
| 95| 24901.96792722259|
| 75|29629.178876815004|
+---+------------------+

In[] : # on peut transformer le résultat en format Pandas
       salaire_med_moy_pandas = salaire_med_moy.toPandas()

In[] : # on aura les sorties de Pandas
       salaire_med_moy_pandas.head()
Out[] :
     DEP    avg(MED14)
0    78     27908.276610
1    91     25505.856458
2    93     18004.142506
3    94     23223.062545
4    92     27815.275832
```

De nombreuses opérations proches de celles de Pandas sont disponibles avec Spark. Nous ne rentrerons pas plus dans le détail ici.

◆ *Terminer votre session Spark*

Une fois que vous avez terminé de travailler sur votre session Spark, vous pouvez la fermer :

```
spark.stop()
```

Il est important de bien fermer une session si vous êtes dans un environnement big data complexe. Sur votre machine, cela n'aura pas d'effet majeur.

7.4.4 Le machine learning avec Spark

◆ *Principes*

Apache Spark prend toute sa valeur lorsqu'on arrive au machine learning. En effet, c'est dans ce cadre-là que tout l'intérêt de Spark est révélé. Il utilise une bibliothèque nommée spark.ml qui permet de faire du machine learning sur les DataFrame. Comme pour la manipulation de données, il est très important de combiner les traitements afin d'appliquer des transformations et de récupérer les résultats le moins souvent possible.

La bibliothèque spark.ml ressemble beaucoup par ses principes à Scikit-Learn. On crée des objets en utilisant des classes spécifiques et on applique des méthodes `.fit()` sur ces objets.

Dans le cadre du machine learning sur un environnement comme Spark, le pipeline que nous avons pu découvrir avec Scikit-Learn, est extrêmement important. Il va permettre de ne pas avoir à récupérer des informations intermédiaires et fera en sorte de bien gérer le calcul parallélisé.

Dans le cadre de ce chapitre, nous utilisons spark.ml et non MLlib qui est basé sur des RDD. MLllib est en perte de vitesse et va être remplacé par spark.ml dans la version 3 de Spark. Cependant, il reste quelques outils non disponibles en Spark. ml. Si vous vous aidez des forums sur Spark pour développer votre code, soyez bien attentif aux outils utilisés. En fonction de la version de Spark, de PySpark et de la bibliothèque utilisée (SQL, ml, MLlib), les réponses seront très différentes. Basez-vous surtout sur la documentation la plus récente de Spark et de PySpark.

◆ *Problématique et données*

Pour illustrer l'utilisation de Spark pour le machine learning, nous utilisons un modèle déjà utilisé dans le chapitre 6 basé sur des données issues du domaine des télécommunications.

Nous utiliserons le jeu de données telecom.csv décrit au début du chapitre 4. Ce jeu de données est disponible sur le site associé à ce livre. Nous allons construire un modèle de classification afin de prédire si un client va ou non quitter son opérateur de télécommunication. Nous utilisons une forêt aléatoire à 100 arbres comme algorithme de classification.

◆ *Préparation des données*

Nous supposons que nous avons déjà créé notre session Spark. Nous devons maintenant récupérer nos données :

```
# on récupère les données telecom
churn=spark.read.format("csv").option("header", "true")\
                              .option("inferSchema", "true")\
                              .load("../Data/telecom.csv")
```

La phase de préparation qui suit est importante. Il s'agit de définir les variables explicatives (*x*) et la variable cible (*y*) tout en transformant les variables non adaptées :

```
# on importe une classe qui transforme les colonnes qualitatives en colonnes
# sous forme d'entiers (équivalent de LabelEncoder de Scikit-Learn)
from pyspark.ml.feature import StringIndexer
# on va transformer la colonne Churn? et on va la nommer Churn2
indexer = StringIndexer(inputCol='Churn?', outputCol='Churn2').fit(churn)

# on construit ensuite un vecteur rassemblant toutes les colonnes
explicatives
from pyspark.ml.feature import VectorAssembler

# on rassemble la liste des colonnes numériques que l'on va utiliser
numericCols = ['Day Mins','Day Calls','Day Charge','Eve Mins',
               'Eve Calls','Eve Charge','Night Mins','Night Calls',
               'Night Charge','Intl Mins','Intl Calls']
# on crée un objet qui rassemble toutes ces colonnes dans une colonne
# nommée var_expl
assembler = VectorAssembler(inputCols=numericCols, outputCol="var_expl")

# on divise le DataFrame initial (churn) en deux DataFrame représentant
# respectivement 70% et 30% des données
(trainingData, testData) = churn.randomSplit([0.7, 0.3])
```

À la différence de Scikit-Learn, on va devoir nommer les groupes de variables en entrée et en sortie lors de la création de l'objet à partir de la classe du modèle. Les données doivent donc avoir le format spécifié dans l'objet. Par ailleurs, on utilise un format spécifique pour les variables explicatives qui sont toutes stockées dans une structure à l'intérieur du DataFrame.

◆ *Création du modèle et du pipeline*

Nous pouvons créer notre modèle de forêt aléatoire ainsi que le pipeline associé :

```
from pyspark.ml.classification import RandomForestClassifier
# on crée notre modèle
model=RandomForestClassifier(labelCol="Churn2", featuresCol="var_expl",
                             numTrees=100)

from pyspark.ml import Pipeline
# on construit le pipeline qui est composé des 3 étapes développées
auparavant
pipeline = Pipeline(stages=[indexer, assembler, model])
```

◆ *Ajustement et validation du modèle*

Nous faisons les calculs sur les données d'apprentissage et testons sur les données de validation :

```
# ajustement du modèle
model = pipeline.fit(trainingData)

# prévision sur les données de validation
predictions = model.transform(testData)
```

Par défaut, Spark va créer de nouvelles colonnes dans nos données avec les prédictions (colonne `prediction`) et les probabilités de prédiction (colonne `rawPrediction`).

Nous pouvons calculer des métriques comme l'AUC ou le pourcentage de bien classés (accuracy) :

```
In[] : from pyspark.ml.evaluation import BinaryClassificationEvaluator

       # cette classe calcule l'AUC de notre modèle
       evaluator = BinaryClassificationEvaluator(
                                    rawPredictionCol="rawPrediction",
                                    labelCol="Churn2")
       # on applique les données prédites à notre objet d'évaluation
       evaluator.evaluate(predictions)
       # L'AUC est affichée

Out[] : 0.7546938059308642

In[] : # on calcule l'accuracy manuellement
       accuracy = predictions.filter(
       predictions.Churn2==predictions.prediction)\
                   .count() / float(testData.count())
       accuracy
       # on obtient l'accuracy


Out[] : 0.885
```

Les métriques utilisées nous permettent de voir que notre modèle ressemble à celui de Scikit-Learn en termes de performance (il est moins bon car nous avons moins de variables explicatives).

Nous avons effectué tous les calculs dans notre environnement big data. Le seul moment où les données sont revenues vers nous est situé à la fin, pour récupérer le résultat.

Cet exemple illustre bien la simplicité de Spark. L'utilisation de Spark pour des tâches plus complexes demande plus de travail mais PySpark et les DataFrame rendent ce passage très aisé pour un data scientist à l'aise avec les outils de traitement de données de Python.

Les possibilités de Spark sont nombreuses et son évolution est rapide. Vous trouverez de nombreuses références dans la bibliographie de l'ouvrage.

En résumé

Ce chapitre nous a permis d'entrevoir les possibilités de l'utilisation de Python dans le cadre d'environnements big data. Même si Python n'est pas le langage de prédilection de ces environnements, il offre une alternative de qualité qui vous permet de traiter des données massives en utilisant votre langage préféré !

Lexique de la data science

La data science se trouve à la croisée de beaucoup de domaines, ce lexique vous permet de bien appréhender certains des termes qui sont utilisés. N'hésitez pas à le consulter lorsque vous découvrez un terme qui vous paraît peu clair. Il ne comprend pas les termes directement liés au langage Python qui sont définis dans le cours de l'ouvrage et que vous trouverez dans l'index.

◆ *Apache Software Foundation*

L'Apache Software Foundation est une organisation à but non lucratif qui développe des logiciels open source sous la licence Apache. Elle héberge la plupart des projets de l'environnement big data (Apache Hadoop, Apache Spark...).

◆ *API (application programming interface)*

Il s'agit de l'équivalent de l'interface utilisateur pour le développeur. Une API est un ensemble de fonctions, de classes ou de méthodes normalisées permettant de se connecter et d'effectuer des actions sur un outil à partir d'un autre outil. Il existe de nombreuses API Python pour se connecter aux outils de traitement de données.

◆ *Cluster*

Le terme cluster est généralement utilisé pour désigner un ensemble de serveurs interconnectés capables de faire des calculs en parallèle.

◆ *CPU*

Le CPU (central processing unit) est le processeur classique de votre machine. On le nomme aussi unité centrale de traitement. Il est généralement opposé au GPU (graphical processsing unit) pour comparer leurs capacités de traitement.

◆ *Data analyst*

Le *data analyst* (analyste de données) est chargé de l'exploitation des informations recueillies par le biais de différents canaux afin de faciliter les prises de décision. Son rôle est plus orienté vers l'analyse et la description des données et la création de rapports. Ses outils sont plutôt des logiciels de statistiques ou des langages de haut niveau (R, Python, SQL...).

◆ *Data engineer*

Le *data engineer* doit s'assurer de la collecte, du stockage et de l'exploitation fluides des données en développant des solutions qui peuvent traiter un gros volume de données dans un temps limité. Il aura un rôle plus technique lié à la mise en production des algorithmes.

◆ *Data scientist*

Le *data scientist* est celui qui mettra en place des processus de data science au niveau opérationnel. Son rôle est de faire le lien entre des problèmes métiers et des solutions par le biais d'algorithmes et d'infrastructures modernes. À ce titre, il devra avoir une vision assez large du cadre opérationnel, technique et théorique. On demande aujourd'hui au data scientist d'être très technique mais il faut garder en tête que sa principale plus-value sera sa capacité à résoudre des problèmes qui n'avaient pas de solutions opérationnelles jusqu'alors. Bien entendu, le data scientist doit avoir de bonnes connaissances en statistique, en machine learning mais aussi des compétences techniques en développement et une bonne appréhension des environnements de traitement.

◆ *Environnement*

Un environnement est un ensemble de composantes logiciels et d'infrastructures permettant, lorsqu'ils sont combinés, d'accomplir des actions complexes. Par exemple, l'environnement big data comprend de nombreux outils pour traiter des données massives.

◆ *Framework*

Un Framework est l'équivalent logiciel d'un environnement (cf ci-dessus). Il est constitué d'outils permettant au développeur d'interagir avec l'environnement.

◆ *Git*

Git est un outil de gestion de versions décentralisé. Il s'agit d'un outil libre largement développé dans les entreprises et dans la communauté open source.

◆ *GitHub*

GitHub est un service web d'hébergement et de gestion de développement de logiciels, il est basé sur le logiciel de gestion de versions Git. La plupart des projets open source actuels sont hébergés sur GitHub.

◆ *GPU (graphical processing unit)*

Il s'agit d'un processeur de carte graphique. Les cartes graphiques ont des processeurs spécifiques permettant une parallélisation extrêmement forte des traitements. C'est tout leur intérêt dans le cadre des traitements de deep learning. Les principales cartes graphiques sont développées par l'entreprise NVIDIA.

◆ *IDE*

IDE signifie interface de développement. Il s'agit de l'outil qui va vous permettre de coder. Spyder ou les Jupyter notebooks sont des IDE.

◆ *Infrastructure*

Lorsqu'on parle d'infrastructure, on parle de l'organisation des réseaux auxquels vous avez accès. Une infrastructure sera composée de différents composants logiciels et d'environnements de traitement.

◆ *In memory*

Des données sont traitées *in memory* lorsqu'elles sont chargées sur la mémoire vive de la machine afin d'être traitées.

◆ *NLP*

Le traitement du langage naturel (natural language processing) est la capacité d'un programme à comprendre le langage humain. Il est extrêmement lié au machine learning.

◆ *Nœuds de calcul*

Il s'agit de serveurs au sein d'un cluster de calcul qui vont effectuer les calculs.

◆ *Open data*

L'open data (donnée ouverte) est un type de données mis à la disposition du public de manière gratuite. Les données ouvertes sont généralement issues de services publics mais peuvent aussi venir d'entreprises privées.

◆ *OpenStreetMap*

OpenStreetMap est une cartographie du monde qui est sous licence libre. Elle est créée et améliorée par ses utilisateurs au même titre qu'un outil open source.

◆ *Parallélisation*

Pour faire du traitement distribué, il faut que le code qui est appliqué soit parallélisé, c'est-à-dire qu'il puisse être appliqué en parallèle sur plusieurs machines, processus ou cœurs.

◆ *RAM (random acces memory)*

C'est la mémoire vive de votre machine.

◆ *Terminal – invite de commande*

Sous Linux, le terminal est l'interface permettant de soumettre des lignes de commandes. Sous Windows, on a tendance à lui donner le nom d'invite de commande.

◆ *Traitement distribué*

Il s'agit de répartir des calculs sur plusieurs structures afin d'en accélérer le traitement. Les structures peuvent être des nœuds d'un serveur ou des cœurs d'un processeur.

Mettre en place votre environnement

Ce livre est avant tout basé sur des exemples pratiques. Pour pouvoir les utiliser, voici un petit guide qui vous permettra de mettre en place l'environnement nécessaire pour les traitements des chapitre 1 à 6. En ce qui concerne le big data, le processus d'installation est détaillé à l'intérieur du chapitre 7.

◆ *Installation et utilisation d'Anaconda*

Pour pouvoir utiliser le code en Python, le plus simple est d'utiliser Anaconda qui offre un environnement complet pour travailler (vous pouvez aussi utiliser Miniconda).

Allez sur le site d'Anaconda et téléchargez la dernière version d'Anaconda **pour Python 3** :

https://www.anaconda.com/download/

Anaconda est une solution multi-plateforme. Téléchargez la version adaptée à votre système d'exploitation (Linux, Windows ou Mac OS).

Une fois téléchargé, lancez le fichier d'installation et suivez la procédure d'installation.

Cas Windows :

On va vous demander si vous désirez ajouter Anaconda au Path, il est préférable de ne pas le faire afin de minimiser les risques de conflit (voir figure A.1)

Une fois le processus terminé, Anaconda est prêt à être utilisé.

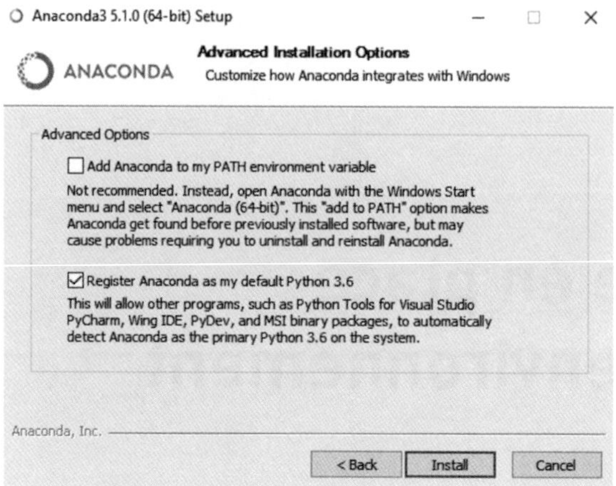

Figure A.1 – Étape de l'installation sous Windows.

Cas OS-X :

Le processus d'installation est simple sous Mac, il peut se faire soit en cliquant sur l'exécutable soit en ligne de commande.

Cas Linux :

Dans ce cas, le processus d'installation se fait dans le terminal :

```
$bash ~/Téléchargements/Anaconda3-5.2.0-Linux-x86_64.sh
```

Une fois la licence d'utilisation acceptée, répondez aux différentes étapes. Il faut bien accepter d'ajouter vos chemins d'installation au Path Linux (à la différence de Windows, c'est dans le terminal que nous lancerons les différents outils).

◆ *Utilisation des notebooks et des fichiers de données de l'ouvrage*

Tous les codes et toutes les données utilisés dans cet ouvrage sont disponibles dans un répertoire GitHub dédié. Il se trouve ici :

https://www.github.com/emjako/pythondatascientist/

Pour utiliser ces données, le plus simple est de télécharger ou de cloner tout le répertoire.

- ✓ Télécharger un répertoire GitHub : lorsque vous arrivez dans le répertoire, vous verrez un bouton indiquant : clone or download comme dans la figure A.2. Cliquez dessus et sélectionnez l'option Download ZIP. Une fois le fichier ZIP téléchargé, il vous suffit de le stocker sur votre machine et d'extraire son contenu.
- ✓ Cloner un répertoire GitHub : si vous utilisez Git ou GitHub Desktop, vous allez pouvoir cloner le répertoire GitHub sur votre machine. Ceci revient à créer une copie qui pourra être mise à jour en cas de modifications. Pour cela, utilisez le même bouton que dans le cas du téléchargement (figure A.2) et récupérez le lien à utiliser dans Git.

Pour exécuter le code, lancez l'application Jupyter notebook :

- ✓ Sous Windows : lancez l'invite de commande Anaconda et utilisez la commande jupyter notebook
- ✓ Sous Linux : lancez le terminal et entrez la commande jupyter notebook

Dans votre navigateur, rendez-vous à l'emplacement du répertoire que vous avez téléchargé ou cloné et cliquez sur le notebook qui vous intéresse.

C'est prêt, vous pouvez coder !

Figure A.2 – Bouton pour télécharger le répertoire GitHub.

Remarque – Dans le répertoire que vous avez téléchargé, il y a un fichier environment.yml. Vous pouvez l'utiliser afin de créer un environnement Anaconda avec les packages dont vous aurez besoin. Il vous suffit d'entrer dans l'invite de commande Anaconda ou le terminal : conda env create -f environment.yml

◆ *Installation et utilisation de MyBinder*

MyBinder est un service gratuit qui met à la disposition des utilisateurs un système de conteneurs intégrant des outils de traitement de données. L'accueil de MyBinder se trouve ici :

https://mybinder.org/

Lorsque vous allez sur cette page, on vous propose d'entrer le nom d'un répertoire GitHub dans lequel des notebooks Jupyter et des données sont disponibles. Dans le cas de cet ouvrage, vous pouvez entrer le nom du répertoire GitHub dans lequel toutes les données et notebooks sont disponibles :

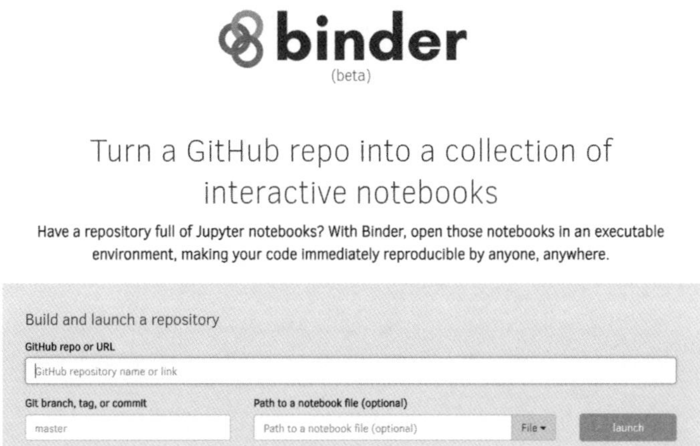

Figure A.3 – Utilisation de Binder.

Dans ce répertoire, un fichier environment.yml est disponible. Il indiquera à MyBinder les packages de Python à installer. La figure A.3 illustre l'utilisation de MyBinder.

Une fois les informations lancées, MyBinder crée le conteneur et ouvre l'accueil des notebooks Jupyter grâce à JupyterHub. Vous pouvez alors utiliser les notebooks du livre et les données associées pour vous entraîner dans un environnement interactif.

Bibliographie

Cette bibliographie est organisée sous forme thématique. Elle comprend des références à des ouvrages mais aussi à des sites web. Une version mise à jour en ligne est disponible sur le site associé à cet ouvrage.

◆ *Les outils pour développer en Python*

- ✓ Anaconda : https://www.anaconda.com/download/
- ✓ Jupyter Project : http://jupyter.org/
- ✓ JupyterLab : https://github.com/jupyterlab
- ✓ IPython project : https://iPython.org/
- ✓ PyCharm : https://www.jetbrains.com/pycharm/
- ✓ Spyder : https://github.com/spyder-ide

◆ *Le langage Python*

Ouvrages en français :

- ✓ Bob Cordeau, Laurent Pointal, *Python 3 – Apprendre à programmer en Python avec PyZo et Jupyter Notebook*, InfoSup, Dunod, 2017.
- ✓ Gérard Swinnen, *Apprendre à programmer avec Python*, Eyrolles, 2012.
- ✓ Mark Lutz, *Python précis & concis*, O'Reilly/Dunod, 5e édition, 2017.

Contenus en ligne :

- ✓ La documentation de python.org : https://www.python.org/doc/
- ✓ Une version en français : https://docs.python.org/fr/3/tutorial/
- ✓ Le guide de mise en forme : https://www.python.org/dev/peps/pep-0008/
- ✓ PyPi : https://pypi.Python.org/pypi
- ✓ Python software foundation : https://www.Python.org/psf/
- ✓ PyCon : https://www.python.org/community/pycon/

◆ *La gestion des données avec Python*

Ouvrages en anglais :

- ✓ William McKinney, *Python for Data Analysis*, O'Reilly, 2nd edition, 2017.
- ✓ Jake VanderPlas, *Python Data Science Handbook, Essential Tools for Working with Data*, O'Reilly Media, 2016.

Contenus en ligne :

- ✓ PyData : https://pydata.org/
- ✓ NumPy : http://www.numpy.org/
- ✓ Pandas : https://pandas.pydata.org/
- ✓ SQLalchemy : https://www.sqlalchemy.org/

◆ *La visualisation des données*

Contenus en ligne :

- ✓ Matplotlib : https://matplotlib.org/
- ✓ Seaborn : https://seaborn.pydata.org/
- ✓ Bokeh : http://bokeh.pydata.org/en/latest/
- ✓ Dash : https://plot.ly/products/dash/

◆ *Le machine learning*

Ouvrages sur la théorie :

- ✓ Trevor Hastie, Robert Tibshirani, Jerome Friedman. *The Elements of Statistical Learning*, Springer Series in Statistics, 2nd Edition, 2009.
- ✓ Stéphane Tufféry, *Data mining et statistique décisionnelle* - 4ème édition, Editions Technip, 2012

Ouvrages pratiques :

- ✓ Aurélien Géron, Machine *Learning avec Scikit-Learn, Mise en oeuvre et cas concrets*, Dunod, 2017.
- ✓ Sarah Guido, Andreas Müller, *Introduction to Machine Learning with Python, A Guide for Data Scientists*, O'Reilly Media, 2016

Contenus en ligne :

- ✓ Scikit-Learn : http://scikit-learn.org/stable/
- ✓ Kaggle : https://www.kaggle.com/

Sur la statistique :

- ✓ Scipy : https://www.scipy.org/
- ✓ StatsModels : https://www.statsmodels.org/stable/index.html

Sur le NLP :

- ✓ Le package NLTK (Natural Language Toolkit) : https://www.nltk.org/

◆ *Le deep learning*

Ouvrages de référence :

✓ Ian Goodfellow and Yoshua Bengio and Aaron Courville. *Deep Learning*, MIT Press, 2016 (http://www.deeplearningbook.org).

Ouvrages pratiques :

✓ Aurélien Géron, *Deep Learning avec TensorFlow, Mise en oeuvre et cas concrets*, Dunod, 2017.

✓ François Chollet, *Deep Learning with Python*, Manning Publications, 2017.

Contenus en ligne :

✓ TensorFlow : https://www.tensorflow.org/

✓ Keras : https://keras.io/

◆ *Le big data :*

Ouvrages :

✓ Pirmin Lemberger, Marc Batty, Médéric Morel, Jean-Luc Raffaëlli, *Big Data et Machine Learning* - 2e édition, Dunod, 2016.

✓ Bill Chambers, Matei Zaharia, Spark : The definitive Guide : Big Data Processing Made Simple, O'Reilly, 2018.

Contenus en ligne :

✓ Apache Hadoop : http://hadoop.apache.org/

✓ Apache Spark : https://spark.apache.org/

✓ Apache Arrow : https://arrow.apache.org/

✓ Cloudera : https://www.cloudera.com/

✓ Hortonworks : https://fr.hortonworks.com/

✓ PySpark : https://spark.apache.org/docs/latest/api/python/pyspark.html

✓ H2O.ai : https://www.h2o.ai/

◆ *Optimisation du code en Python*

✓ Numba : https://numba.pydata.org/

✓ Dask : https://dask.pydata.org/en/latest/

✓ Cython : http://cython.org/

Index

A

B

C

77075 – (I) – OSB 90° – PCA – NRI
Imprimerie Chirat – 42540 Saint-Just-la-Pendue

Dépôt légal : octobre 2018
Imprimé en France